Michael Turzynski

Auf dem E1 von Göteborg über Flensburg nach Genua

Zu Fuß von Schweden an der Ostsee über den Gotthard zum Mittelmeer

Die Deutsche Bibliothek verzeichnet diese Publikation in der Deutschen Nationalbibliographie; detaillierte bibliographische Daten sind im Internet unter http://dnb.ddb.de abrufbar.

www.e1-nach-genua.de

ISBN 978-3-83349-275-4

Herstellung und Verlag: Books on Demand GmbH, Norderstedt

Nachdruck auch auszugsweise nur mit schriftlicher Genehmigung des Verlages.

Bei Interesse an Lesungen oder ähnlichen nehmen Sie gerne Kontakt zu mir auf.

Warnung

Einige Wegstrecken, die hier beschrieben wurden, erfordern Kondition und Erfahrung.

Beim Wandern muss immer mit wechselndem Wetter, Straßenverkehr, nicht oder schlecht markierten Wanderwegen, geschlossenen Übernachtungsmöglichkeiten sowie unzuverlässigen öffentlichen Verkehrsmitteln gerechnet werden.

Weder der Autor noch der Verlag empfiehlt die hier beschriebenen Strecken so oder ähnlich nachzuwandern. Es kann auch trotz persönlicher Recherche keine Gewähr für Richtigkeit, Vollständigkeit und Aktualität übernommen werden.

Das gilt auch für die angegebenen GPS - Waypoints. Die US-amerikanische Regierung behält sich außerdem vor, jederzeit eine Abschaltung des GPS – Systems vollziehen zu können. Grundsätzlich, aber auch aus diesem Grund sollte außer GPS – Empfänger geeignetes Kartenmaterial sowie Kompass und Höhenmeter benutzt werden.

Inhalt

Wie alles begann.

1989 war ich mit einem Schulkameraden in Hamburg beim 800. Hafengeburtstag. Da wir relativ früh da waren, haben wir damals einen der wenigen damals noch kostenlosen Parkplätze in der Innenstadt ergattert. Alexander hatte immer schon ein Faible fürs Noble. Deshalb wollte er einige der damals in Hamburg schon vorhandenen Einkaufsgalerien besichtigen.

Bei einer kurzen Rast am Auto haben wir festgestellt, dass die Parkplatzlage in Hamburg damals schon besorgniserregend war. Fast jeder Vorbeifahrende wollte wissen, ob wir gleich wegfahren würden.

Wir beschlossen also, an diesem sonnigen Samstag zum Hafen zu wandern. An den „Planten un Blomen" am Dammtorwall in der Nähe des umstrittenen, in der NS-Zeit errichteten Denkmals „Kriegsklotz" für das 76. Infanterieregiments sah ich ihn, den E1, zum ersten Mal.

Eine kleine Tafel informierte, dass es von hier aus nur etwas weiter als 1 km zu den Landungsbrücken wäre. Das darüber angebrachte Schild "Europäischer Wanderweg E1" / "Nordsee – Bodensee – Gotthard – Mittelmeer" ließ uns eine Unterhaltung zum Thema Wandern anfangen. Alexander meinte "Ein paar Opas gehen den Weg wohl schon" und "der ist bestimmt schlecht markiert". Zumindest was den letzten Punkt angeht, bewahrheitete sich seine Aussage nicht. Bis zu den Landungsbrücken waren die Andreaskreuze sehr gut zu verfolgen.

Der 1989er Sommer war eine Zeit des Umbruchs. Die russischen Schiffe im Hafen haben bereits die weiß-blau-rote Fahne gehisst, obwohl die offizielle Auflösung der Sowjetunion noch über zwei Jahre auf sich warten sollte. Der Fall der Mauer kam bekanntlich schon in einigen Monaten.

Ich bin bis dahin in Deutschland nur einmal im Harz gewandert, weil die Erfahrungen mit den norddeutschen Wandermarkierungen dieser Zeit im Vergleich zu denen in Polen, wo ich bis 1982 gelebt habe, ernüchternd waren.

Ich verlor nach dieser kurzen Begegnung mit dem E1 diesen erstmal aus den Augen. Die Schiffe im Hafen sowie das Drumherum waren interessanter.

Ein markiertes Wandergebiet gefunden (Pforzheim - Achdorf)

Ein paar Monate später war ich zwei Tage dienstlich im Pforzheim. In einer Buchhandlung sah ich eine Wanderkarte "Enzkreis" Ich kaufte sie und stellte überrascht fest, dass es südlich von Pforzheim sehr wohl markierte Wanderwege gab. Besonders der Weg mit der rot-schwarzen Raute markierte Weg hatte es mir angetan. Da es bereits Nachmittag war, kaufte ich mir an einer Tankstelle eine Taschenlampe und beschloss, diesem Weg bis nach Bad Liebenzell zu folgen. Er sollte sich als der sog. "Ostweg", der den Schwarzwald von Pforzheim bis nach Schaffhausen durchquert, entpuppen.

Bereits bei dieser Wanderung machte ich Bekanntschaft mit den drei typisch deutschen Wanderwidrigkeiten.

a) der Fahrplan der DB (Bundesbahn oder Deutsche Bahn das macht keinen Unterschied) ist immer unpassend
b) auch wenn die letzte Woche schön war – Regenwahrscheinlichkeit ist bei Wandern höher
c) kein deutscher Autofahrer nimmt Wanderer mit

Als damals untrainierter Mensch habe ich für die etwas mehr als 20 km nach Bad Liebenzell sechs Stunden gebraucht, so dass ich dort kurz nach 22 Uhr angekommen bin. Der letzte Zug zurück nach Pforzheim war allerdings seit 20 Minuten weg. Um den einsetzenden Regen zu entkommen setzte ich mich in eine Kneipe und versuchte vergebens eine Mitfahrgelegenheit nach Pforzheim zu finden. Taxi wollte ich mir nicht leisten. Ich war damals nach dem Abitur noch in der Berufsausbildung.

So beschloss ich, die Bundesstraße nach Pforzheim zurück zu gehen, in der Annahme jemand würde mich schon mitnehmen. Pustekuchen. Da damals Handy noch „In" war, konnte ich auch später kein Taxi mehr rufen. Gegen 6 Uhr früh erreichte ich das Hotel. Duschen, 90 Minuten schlafen und dann die restlichen vier Stunden im Büro unauffällig überleben lautete die Devise. Den restlichen Schlaf holte ich dann im Zug nach Hannover nach.

Obwohl ich es absolut nicht geplant hatte, habe ich damals meinen ersten "inoffiziellen" Marathon gemacht. Über 300 "offizielle" in der Zeit von 1997 bis 2005 sollten folgen – aber das ist eine andere Geschichte. Auf jeden Fall war der Ostweg gut markiert – ich habe mich kein einziges Mal verlaufen.

In den nächsten Jahren durchwanderte ich den Schwarzwald auf dem Ostweg, dem Mittelweg und auch auf dem Westweg. Auf dem letzteren brachte ich auch in Erfahrung, dass dieser bis zum Feldberg Teil des E1 ist. Meines Erachtens ist das auch der schönste der drei Höhenwege. Das ist allerdings wie immer subjektiv.

Wer Weitblick über Felder mag, wird sicherlich den Gäurandweg oder den Ostweg bevorzugen. Bezüglich der Etappeneinteilung lässt sich sagen, dass die Orte mit Übernachtungsmöglichkeiten nicht immer passend zu den avisierten oder tatsächlich geschafften Tagesetappen passen. Da man was sehen will, will man auch nicht allzu lange in der Dunkelheit wandern. Hier ist jedoch der Westweg verglichen mit den anderen Höhenwegen weitgehend unproblematisch, da er lange parallel zu der B 500

(Schwarzwaldhochstraße) verläuft. Diese Höhenstraße wird auch immer wieder kurz berührt. Dort befinden sich dann auch Unterkunftsmöglichkeiten, teilweise Hotels / Pensionen aber auch Jugendherbergen. Hier möchte ich als besonders positiv die "Zuflucht" bzw. den "Hebelhof" unterhalb des Feldberges erwähnen.

Zwei zwischenmenschliche Erlebnisse sollten hier nicht unerwähnt bleiben – ein Positives und ein Negatives. Zunächst das Positive. Als ich in Richtung Norden am späten Nachmittag am Farrelkopf einen Betriebsausflug traf wurde ich spontan zum Essen und Trinken eingeladen. Anschließend übernachtete ich in der Schutzhütte da.

Am nächsten Tag machte ich am späten Nachmittag eine nicht so freundliche Erfahrung mit dem damaligen Wirt des Hotels Alexanderschanze. Nachdem ich dort gespeist und mich nach einem Zimmer erkundigt hatte, meinte er nur, das könnte ich vorab nicht sehen. „Das sind einfache Zimmer, das Vertrauen müssen Sie schon haben." Ich hatte es nicht und wanderte noch ein paar Kilometer weiter zur Zuflucht. Nicht, dass ich besonders anspruchsvoll wäre. Aber ich denke, das Zimmeransehen gehört bei einem Hotel einfach dazu.

Landschaftliche Höhepunkte des Westweges sind das Moorgebiet unweit von Forbach, der Mummelsee, das Feldberggebiet sowie der Titisee.

Was den E1 betrifft, so war ist mir aufgefallen, dass zwar auf diesen Wanderweg an den Kreuzungen hingewiesen wird, jedoch keine Informationen gegeben werden "Woher komme ich" und "Wohin gehe ich." Da musste es doch andere Quellen geben. In der Stadtbücherei fand ich dann auch das Standardwerk zum E1 von Krause, was ich mir dann auch kaufte. Es wurde sofort klar, dass obwohl die Projektierung des E1 vom Nordkap nach Sizilien ist, zur damaligen Zeit nur der Abschnitt Flensburg – Genua ohne größere Probleme für mich machbar war.

Das liegt daran, dass ich es zu schwer finde, einen 20 kg Rucksack womöglich noch mit Zelt zu schleppen. Es macht einfach dann keinen Spaß mehr. Ich würde dann auch nur noch die Hälfte statt der ca. 30 km / Tag, die für mich nach einigem Training ohne Probleme machbar waren, schaffen. Mit über 2500 km ist es auch faszinierend genug, unseren Kontinent einmal von Nord nach Süd, von der Nordsee bis zum Mittelmeer zu durchqueren. Als vorläufigen Abschluss der Schwarzwaldhöhenwege habe ich die Wutachschlucht vom Lenzkirch nach Achdorf auf dem Querweg Freiburg Bodensee bewandert. So richtig entschieden, den E1 zu gehen, hatte ich mich zu diesem Zeitpunkt noch nicht.

Dieser Abschnitt des E1 ist in Deutschland mit das schönste, was dieser Wanderweg zu bieten hat. Da an der Wutachmühle damals keine Übernachtung möglich war, bin ich auf die 3 km von der Schlucht entfernte Jugendherberge Bonndorf ausgewichen. Das war in 1992 und ich musste nach Hannover zurück um eine der Abschlussprüfungen an der Universität zu absolvieren.

Es sollte bis 2006 dauern, bis ich den E1 an dieser Stelle in Achdorf wieder fortgesetzt habe.

"Fremdgehen" vom E1 endet fast mit einer Katastrophe

Nach der bestandenen Abschlussprüfung wollte ich etwas "über den Tellerrand" schauen. Das bedeutete mal ein anderes Mittelgebirge zu sehen. Ich war im ersten Urlaub nach dem Studium mit meiner Mutter im Osten der USA unterwegs. Im Rahmen meiner Recherche zu Fernwanderwegen bin ich nämlich darauf gestoßen, dass es in Europa ein ganzes Netz von Fernwanderwegen gibt. Allerdings endete der Versuch den Verlauf des E6 nördlich des bayrischen Waldes zu finden in einem Brenneselfeld.

Aber jenseits des "Großen Teichs" in den USA gibt es bereits länger zwei ganz lange Fernwanderwege. Der westliche, der sog. Cascade Crest Trail durchquert die Gebirgszüge in den westlichen Staaten Washington, Oregon und Kalifornien und ist schwer zugänglich.

Der andere, der Appalachian Trail (AT) schien mir einfacher und tagestourenfreundlicher zu sein. Leider ist das in den USA so, dass der Streckenwanderer noch größere Probleme hat zum Ausgangspunkt zurück zu kommen als in Mitteleuropa. Auf diesem Grund wollte ich eine AT Wanderung im Shenandoah National Park beginnen. Dort verläuft der AT parallel zur Parkstraße und kreuzt diese auch mehrfach. Meine Mutter sollte mich immer an dem nächsten Punkt, wo der Skyline Drive den AT kreuzt, wieder treffen. Mit Getränken und Essen versorgt, wurde dann der nächste Abschnitt in Angriff genommen. Es klappte einigermaßen. Es gab nur zwei kleine Probleme.

Meine Mutter war aufgrund der seit einigen Jahren fehlenden Fahrpraxis mit der stark frequentierten Kammstraße etwas überfordert. Außerdem hatte sie bezüglich des Urlaubs die Vorstellung, nicht nur den einen Nationalpark in der von mir geplanten Weise zu durchqueren. Sie wollte schon etwas mehr von der Ostküste sehen. Wir beschlossen daraufhin, nachdem ich streckenweise ca. 40 km von den ca. 160 km Wanderweg im Park gegangen bin, in den weiter südlich gelegenen Great Smoky Mountains Nationalpark zu fahren

Es war Frühling, genauer gesagt der 20.04.1993. Der ehemalige "Führers Geburtstag" sollte auch für mich ein schlechtes Datum werden. Da der Great Smoky Mountains National Park südlicher als der Shenandoah National Park liegt und fast schon subtropisch ist, ahnte ich nichts Böses. Anders ist im Shenandoah NP konnte ich im Sugarlands Visitor Center allerdings keine topographischen Karten des Parks erwerben – sie waren ausverkauft. In diesem Park ist das Abgehen kurzer Abschnitte des AT im Gegensatz zum Shenandoah NP nicht so ohne weiteres möglich. Dieser verläuft hier nur auf einem kleinen Abschnitt parallel zu einer Straße.

Wir fuhren deshalb zum Newfound Gap - Pass und weiter nach rechts zum Ausgangspunkt einer Kurzwanderung zum Clingmans Dome am Ende der Clingmans Dome Road. Dieser Berg ist von dem bereits knapp 2000 Meter hoch gelegenen Parkplatz in ca. 10 Minuten auf einem befestigten Wanderweg von 800 Metern Länge zu erreichen. Es ist mit 2025 Metern bzw. 6643 feet, der höchste Punkt des Parks und auch des Bundesstaates Tennessee. Die Mittagssonne schien und nach dem Erklimmen des Aussichtsturms über eine Rampe war meine Energie noch lange nicht verbraucht. Ich war ja schon längere Strecken als 1,6 km gewohnt.

Ich wollte mir zumindest ein kurzes Stück auf dem AT gönnen. Da es windig war, habe ich an dieser Stelle glücklicherweise beschlossen, die dicke Jacke nicht gegen eine ganz dünne auszutauschen. Auf der Übersichtskarte des Parks sah alles auch recht einfach aus. Vom Clingmans Dome auf dem AT 3,1 km runter, danach vom Kamm nach links 3,8 km auf den Welch Ridge Trail. Von diesem dann weiter runter 6,6 km auf den Jonas Creek Trail und dann 9,6 km auf dem Forney Creek Trail hoch zurück zum Clingmans Dome Parking Lot. Insgesamt also 23,1 km. Normalerweise in den verbliebenen sechs Stunden Tageslicht für einen inzwischen trainierten Wanderer machbar. Gesagt, getan. Die ersten Kilometer waren auch kein Problem. Ich kam am Double Spring Gap an einer typischen Hütte am AT vorbei. Dabei sind drei Seiten gemauert und eine offen. Das bedeutet, dass man anders als z.B. im Schwarzwald ohne größeres Gepäck nicht ernsthaft auf dem AT wandern kann. Isoliermatten, Schlafsack sowie unter Umständen ein Zelt würden das Gewicht in für mich unakzeptable Höhen treiben. Vielleicht ist das heute möglich, da einige zusätzliche Forstwege in den letzten 20 Jahren gebaut worden sind. Man kann so von einer Begleitperson nach 20-40 Kilometern abgeholt werden. Ich habe es seitdem jedoch noch nicht ausprobiert.

Seit meinem Desaster in 1993 habe ich den Appalachian Trail nur noch als Zugangsweg zu den höchsten Bergen der einzelnen Bundesstaaten (Maine, Massachussetts, Virginia, Conneticut usw.) benutzt, aber keine längere Wanderung darauf mehr unternommen.

Ich habe nach wie vor eine, wenn auch schwindende Abneigung gegen diesen Trail. Es ist unlogisch, weil die Probleme erst nach der Abzweigung nach unten angefangen haben. Der AT war es aber, der mich auf diesen selbst gewählten Rundwanderweg "gelockt" hatte.

Die Abzweigungen zu finden war kein Problem und dann ging es erstmal bequem ein paar hundert Höhenmeter runter. Der Welch Ridge Trail war immer schlechter gepflegt, was mir eine Warnung hätte werden sollen. Auf dem Jonas Creek Trail fing es dann an. Ich kam an einigen umgestürzten Bäumen vorbei.

Das Umgehen, darüber Kriechen, drunten Ducken etc. hat gut Zeit gekostet. Je mehr Hindernisse man überwunden hatte, desto weniger Lust hatte man darauf, die einzig konsequente und vernünftige Entscheidung zu treffen, nämlich umzukehren. Kurz vor dem Sonnenuntergang erreichte ich dann schon reichlich müde die untere Abzweigung. Dem arg verwitterten Wanderwegweiser entnahm ich, dass es noch sechs Meilen den Berg hoch zurück zum Clingmans Dome waren. Nach den neuesten Karten der Nationalparkverwaltung sind es sogar 7,8 Meilen also drei Kilometer mehr! Dazwischen sollte der Weg jedoch Campingplätze 70, 69 und 68 passieren.

Die beiden ersten Campingplätze waren menschenleer. Etwa eine Stunde nach Einbruch der Dunkelheit kam ich an dem dritten Campingplatz mit einem einzigen Zelt vorbei. Die beiden jungen Männer waren freundlich. Ich konnte aufgrund ihrer vermutlich homosexuellen Veranlagung mich nicht dazu entschließen, ihr Angebot anzunehmen, in ihrem Zelt zu übernachten. Es ist eine dieser Entscheidungen im Leben, bei denen man nie erfahren wird, ob die eigene Entscheidung richtig war oder man eine andere hätte treffen sollen. Laut der Karte war es nicht mehr weit zum Clingmans Dome und meine Mutter wartete dort auf mich.

Leider fiel kurz danach die Taschenlampe aus. Die Birne war durchgebrannt. Ersatzbatterien hätte ich gehabt. Ich versuchte den Weg in der Dunkelheit zu finden, jedoch vergebens. Es blieb mir also nichts anderes übrig, als an einem Baum angelehnt, versuchen einzuschlafen, was mir spät nach Mitternacht auch gelungen ist. Sich hinzulegen hielt ich für riskant, weil es in dem Park einige dem Menschen nicht genehme Tierarten von Braunbären über Schlagen bis Skorpione geben soll.

Ich bekam den Wettersturz in der Nacht so gar nicht mit und wachte durchgefroren in einer mit Bäumen durchsetzten Schneewüste auf. Vom Trail war nichts mehr zu sehen. Da der Wanderweg zum Clingmans Dome nach oben führen sollte, habe ich versucht nach oben zu gehen und kam an einigen bewaldeten Berggipfeln an. Von dem Aufstiegsweg oder dem AT war nichts zu sehen. Es war auch kein Verkehr von der Clingmans Dome Road zu hören an dem man sich hätte orientieren können. Sie wurde nämlich, wie ich später erfahren sollte, wegen des Wettersturzes gesperrt.

Völlig ausgehungert, und nur mit dem Wasser aus diversen Creeks versorgt beschloss ich am späten Nachmittag entlang eines Bachlaufes nach unten zu gehen. Die Hoffnung war, irgendwann einmal, was bei amerikanischen Verhältnissen auch 50 km bedeuten kann, auf eine Straße zu stoßen oder zumindest in niedrigeren Regionen nicht mehr so zu frieren. Es gelang nicht.

Nach Einbruch der Dunkelheit bin ich im Schnee umgekippt und bin zum nächsten Morgen eine Nacht liegen geblieben. Dabei habe ich die Erfahrung gemacht, dass man Halluzinationen auch ohne Drogen bekommen kann. Ich träumte davon in einem warmen kanadischen Blockhaus zu schlafen. Am nächsten Morgen setzte ich bei schon etwas höheren Temperaturen meinen Abstieg fort. Ich glaube nicht dass ich schneller als zwei km pro Stunde vorankam. Irgendwann einmal erreichte ich wieder meinen Aufstiegsweg, den Forney Ridge Trail in der Höhe des Campingplatzes 69.

Aufgrund der Erschöpfung beschloss ich die Richtung nach oben nicht wieder zu versuchen, sondern weiter runter zu gehen, um über einen 20 km langen Weg eine andere Parkstraße zu erreichen. Inwieweit ich diese Wanderung überlebt hätte, weiß ich nicht. Die Rangermannschaft, die meine Mutter in der Zwischenzeit rausgeschickt hatte und denen ich 30 Minuten nach dem Erreichen des Trail in die Arme lief, beschlossen nach Prüfung meines Blutbildes, einen Rettungshubschrauber anzufordern.

Damit dieser überhaupt eine Trage herunterlassen konnte, mussten einige Bäume der Umgebung ihre letzte Lebenserfahrung mit einer Kettensäge machen. Immerhin ein schwacher Trost, dass die Kobolde dieses Waldes, der mich drei Tage gefangen hielt, jetzt über ein paar Bäume weniger verfügten. Die Behandlung in der Klinik in Knoxville wegen Unterkühlung und Übersäuerung des Körpers dauerte eine Woche. Danach hatte ich von Fernwanderwegen erstmal genug.

Ich konzentrierte mich bis zum Jahr 2000 ausschließlich auf Bergsteigen (Tagestouren) und ab dem Jahr 1995 auch auf den Langstreckenlauf insbesondere Marathon. Zwei Wochen nach dem Geschehen in den USA stand ich auf dem Gipfel des Popocatepetl (5452 m) in Mexiko. Meine Mutter hat es immerhin noch bis zum Kraterrand (5254 m) geschafft, mit 63 Jahren eine ansehnliche Leistung.

Wahrscheinlich ist dieser Vulkan aus Wut über ihre Äußerung am Kraterrand „Sieht nicht besonders interessant aus, kalt und neblig ist es hier auch." seit 1994 wieder aktiv und jagt den Einheimischen in seiner Umgebung Angst und Schrecken ein…

 Ironischerweise führte mein erster Marathon in Bühlertal / Schwarzwald im Jahre 1995 teilweise auf dem Westweg also dem E1. Ich schenkte diesem aber keine Beachtung. Die Ziele beim Bergsteigen, nämlich einmal über 6000 Meter über Meer ohne Schnee- und Eisausrüstung zu kommen, sowie beim Marathonlauf unter drei Stunden zu laufen, waren jetzt wichtiger. Sie ließen sich dank meiner Beharrlichkeit in 1995 bzw. 1997 auch erreichen.

Auch das politische Engagement habe ich ausgebaut. Am 17.04.1999 lief ich während der Kosovokrise in Belgrad den Friedensmarathon gegen den NATO – Angriff auf Jugoslawien zusammen mit Heinz in 3 Stunden 15 Minuten und 16 Sekunden.

Ein neuer Wanderanfang

Ich lernte meine Frau in September 2000 nach einigem E-Mail – Austausch persönlich auf den Philippinen kennen. Ich hatte auch hier vor, einen Berg zu besteigen, nämlich den Mt. Apo in der Nähe ihrer Heimatstadt Davao City. Das ist der höchste Berg des Landes und erreicht ähnlich wie die Zugspitze in Deutschland eine Höhe von knapp 3000 Metern. Leider war das aus politischen Gründen im Herbst 2000 nicht möglich. Weihnachten 2006 konnte ich den schweren Aufstieg nachholen, er stellt was die Schwierigkeiten angeht so manche 4000er in Nordamerika in den Schatten.

Wir wichen damals auf einen kleineren Berg auf der Insel Camiguin aus. Das war der Hibuk – Hibuk, der zwar nur 1300 m hoch ist, aber der Aufstieg dorthin bereits in 300 m Höhe beginnt. Entgegen meiner bisherigen Gewohnheiten hatte ich ein Zelt und einen Schlafsack mit. Eine Übernachtung mit einer neuen Liebe am Kraterrand sollte schließlich romantisch sein. Wie heißt es so schön bei Jürgen Markus „Eine neue Liebe ist wie ein neues Leben"

Da wir einen Führer / Träger hatten, der die Sachen hoch bringen sollte, sollte dies auch kein Problem sein. Leider verließ uns der Typ kurz nachdem wir ihm voreilig seinen Lohn ausgezahlt hatten. Da wir die Sachen jetzt selbst weiter tragen mussten, kamen wir erst bei Dunkelheit und Nieselregen oben an.

Es wurde für diesen Breitengrad ungewöhnlich kühl da oben und so erwärmten wir uns gegenseitig nicht nur aber auch mit Unterhaltung zum Thema Wandern. Ich erzählte meiner künftigen Ehefrau Daisy, dass es in Deutschland nicht nur Bergwege, sondern auch Fernwanderwege gäbe. Diese seien im Regelfall nicht so steil wie ein Gipfelanstieg.

Nach dem Abstieg haben wir uns bei den herrlichen Ardent Hot Springs im dortigen Resort erfrischt. Für die nächste Nacht hatten wir eine Hütte gemietet. So nahm im Mondschein des Südens das E1 – Projekt wieder Konturen an.

Laufserie in Bredenbeck (Bad Nenndorf - Bredenbeck)

Meine Frau reiste am 28.12.2000 nach Deutschland ein. An Wochenenden fuhren wir nach Bredenbeck am Deister. Dieser Ort ist nur 25 km von Hannover entfernt. Der Deister ist das Mittelgebirge, das am Nächsten an Hannover liegt und erreicht mit dem Annaturm eine Höhe von knapp über 400 m.

Der Sportverein SG Bredenbeck veranstaltete bis 2006 jeden Winter von Anfang November bis Ende Februar eine Winterlaufserie. Auf zwei vermessenen Strecken von 11,4 und 20 km konnte man laufen oder wandern und damit Kilometer sammeln. Diese wurden dann am Ende der Laufserie auf einen Pokal eingraviert. Die Pokale wurden dann bei einer Abschlussfeier den Teilnehmern überreicht. In der Teilnahmegebühr von 40,- DM (!) war außer dem Pokal die Benutzung der Infrastruktur des Vereins inbegriffen. Diese bestand insbesondere aus den Duschmöglichkeiten und des freien Tees. Andere Getränke, sowie leckere Kuchen und Torten konnten zum Selbstkostenpreis erworben werden.

Als Läufer hatte ich mich bis 1999 vor allem auf die Gesamtzeiten sowie Zwischenzeiten auf der 20 km Strecke konzentriert. Da diese so beschaffen war, dass sich nach 4 km "Anlauf" eine 12 km Runde anschloss, war es möglich, entsprechende Kondition vorausgesetzt, auch 32 oder gar 44 km zu laufen. Letzteres habe ich aufgrund der fehlenden Verpflegungsmöglichkeiten an der Strecke nur ein einziges Mal ausprobiert.

Als Wanderer wurde mir und Daisy die Strecke nach ein paar Malen etwas langweilig, obwohl es ein paar kleinere Sehenswürdigkeiten gibt. Hier wäre ein Försterdenkmal, der Goethestein am höchsten Punkt der Strecke, die Feldbergfichte sowie die Wasserräder zu erwähnen.

Besonders der Goethestein mit dem Gedicht "Ein Gleiches" regt zum Nachdenken über das eigene Dasein an.

Wir fragten deshalb an, ob auch eigene Strecken für den Pokal mitzählen würden und erfuhren, dass dies kein Problem sei, wir müssten nur so in etwa wissen wie lang die sind.

So machten wir uns auf den Weg zum Annaturm, was den angenehmen Nebeneffekt hatte, dass sich dort eine Waldgaststätte befand. Die dann insgesamt 25 km lange Wanderung konnte bei Kaffee, Pommes, Bratwurst sowie ggf. einem Schnäpschen unterbrochen werden. Diese typisch deutsche Art des Wanderns gefiel meiner Frau noch besser als die übliche 20 km Runde. Hier stießen wir wieder auf den E1, weil dieser vom westlich gelegenen Bad Nenndorf kommend auf den Deisterkamm ansteigt, diesem bis 0,5 km östlich des Annaturms folgt, um dann Richtung Kölnischfeld mit dem Abstieg nach Bad Münder zu beginnen.

Wir beschlossen nunmehr eine "Testwanderung" auf dem E1 zu machen. So fuhren wir an einem Samstag nach Bad Nenndorf und wanderten von dort aus über den auch im Winter schönen Kurpark zu unserer üblichen Rast am Annaturm. Zwischenstationen waren die "Heisenküche", die "Alte Taufe", der Nordmannsturm sowie der Nienstädter Pass. Kurz nach dem Annaturm verließen wir den E1 und wanderten nach Bredenbeck von wo aus wir mit dem am Vortag sorgfältig im Internet ausgesuchten Bus zurück nach Bad Nenndorf fuhren. Die ersten bescheidenen 20 km auf dem E1, abgesehen von den in den neunziger Jahren von mir begangenen Schwarzwälder Abschnitten, waren erwandert. Es war im Gegensatz zu einigen Strecken, die folgen sollten, ein Genuss. Gute Wege, gute Markierungen, gute Einkehrmöglichkeiten, gutes Wetter...

Ein paar Wandertage im Eggegebirge (Altenbeken - Deisfeld)

Da ich Anfang 2001 noch über einige Woche Resturlaub aus 2000 verfügte, machten wir uns bereits am 03.02.2001 auf, weitere Teile des E1 zu erkunden. Es wäre natürlich logisch gewesen, hinter dem Annaturm die Wanderung fortzusetzen. Da uns jedoch die Gesamtlänge des E1 ebenfalls bewusst war, hielten wir es für sinnvoller, zusammenhängende freie Tage für einen weiter entfernten Abschnitt dieses Wanderweges zu nutzen. Teile des Weges im Umkreis von bis zu 100 km von Hannover aus gesehen kann man schließlich auch als Tagestour gestalten. Unsere Wahl fiel auf den Startpunkt Altenbeken. Dieser Ort ist von der Eisenbahn aus allen Richtungen seit jeher erschlossen, so dass es mit der Rückfahrt dorthin keine Probleme geben sollte.

Von Altenbeken nach Willebadessen

Von Bahnhof aus wanderten wir einen Zugangsweg und stießen dann an der Rehberghütte auf den E1, der in diesem Streckenabschnitt sogar nicht mit den in Deutschland üblichen Andreaskreuzen, sondern mit E1 markiert war.

Der E1 ist in diesem Bereich Teil des Eggewegs. Es ging an diesem 03.02.2001 durch den verschneiten Winterwald immer weiter Richtung Süden. Meine Frau meinte, es wäre so wie auf Weihnachtspostkarten, die sie von früher kannte.

Sie hatte in Ihrem Leben noch nie soviel Schnee gesehen. Glücklicherweise machte ihr die damit verbundene Kälte nichts aus. In Hebram - Wald kehrten wir kurz ein. Ähnlich wie sonst nur in Osteuropa waren die Gäste bereits zur Mittagszeit betrunken. Muss hart sein, in einer so abgelegenen Gegend zu leben. Die Bedienung versuchte die Scherben der gerade zu Bruch gegangener Gläser zusammenzukehren. Durch freundlichen Rauswurf einiger Gäste wurde weiterer Schwund vermieden.

Es ging danach weiter Richtung Paderborner Berg. Am Sendemast gab es ein rosa T der Telekom zu bewundern, dass immerhin ca. 1,60 m hoch war und demnach zehn Zentimeter größer als Daisy. Leider gibt es in diesem Abschnitt des E1 keine Übernachtungsmöglichkeiten direkt am Fernwanderweg. Wir mussten also ca. zwei Kilometer im Regen nach Willebadessen absteigen. In der Pension wurde erstmal ein Heizkörper entlüftet. Man hatte um diese Jahreszeit nicht unbedingt mit Gästen gerechnet. Ansonsten verbrachten wir dort einen angenehmen Abend.

Von Willebadessen nach Marsberg

Am nächsten Morgen standen wir früh auf und wollten bis nach Marsberg. Da wir es eilig hatten, fiel das Frühstück schnell und nicht so reichhaltig aus – der erste Fehler an diesem Tag. Zusammen mit den zwei Kilometer Wiederanstieg von Willebadessen aus, sollten es 34 Kilometer werden. Das schreckte uns nicht. Immerhin sind wir am Vortag 28 Kilometer gelaufen und waren noch frisch.

Doch wir sollten an diesem Tag einige bittere Wahrheiten über das Fernwandern kennen lernen.

- Bist Du noch so verliebt, vergiss die Andreaskreuze nicht!
- Die Wahrscheinlichkeit für einen Ruhetag oder Betriebsferien ist umso höher je hungriger man ist.
- Taxi fahren am E1 ist nicht nur teuer. Bis das Taxi da ist hätte man die Hälfte des Weges auch schon geschafft.
- Bei Differenzen zwischen Gefühl / Wanderführer und Wanderzeichen sollte auf jeden Fall versucht werden, die Wanderzeichen zu finden. Die beiden ersteren können irren.

Die Probleme fingen schon kurz nach 10 an. Es begann zu regnen. Wir haben uns deshalb auf einen Brunch an dem Gasthaus Grunewald an der B 68 gefreut. Leider Betriebsferien. Wir gingen auf und ab weiter.

So kamen wir an einen Waldweg wo es sooo schön runter ging. Nach 1 km ohne Zeichen merkten wir, dass etwas nicht stimmte. Wir haben den E1 verloren! Also den schönen Waldweg wieder hoch. Fast ganz oben angekommen bemerkten wir dann die verpasste Abzweigung. Auf dem sehenswerten Hardehauser Klippenweg wanderten wir dann weiter zu der Stadtwüstung Alt-Blankerode.

Nachdem ich meiner Frau, die zu diesem Zeitpunkt nur Englisch und Tagalog sprach die Hinweistafeln unter anderen am Jungfrauenbrunnen übersetzt hatte, fing es auch schon an dunkel zu werden. Wir kamen an eine Stelle an der die inflationär angebrachten Wanderzeichen keine brauchbaren Informationen lieferten, außer der Aussage "wir sind auch schon da".

Da zog ich den „Krause" zu Rate. "Aufstieg zur Stadtwüstung Alt-Blankerode, hinter der man rechts absteigend Blankerode erreicht" Der Haken war jedoch, dass es von der Richtung aus gesehen, aus der wir gekommen waren zwei Wege nach rechts gab, einen stark absteigenden und einen leicht ansteigenden. Wir entschieden uns für den falschen, den absteigenden. Es waren dort zwar Wanderzeichen angebracht, jedoch keine Andreaskreuze.

Nachdem wir einige Kilometer so abgestiegen sind, kamen wir unter einer Talbrücke der A45 durch, um kurz danach beim Forsthaus Jägerpfad die B7 zu erreichen. Da es inzwischen schon dunkel und regnerisch geworden ist, haben wir beschlossen, uns für die verbliebenen sieben Kilometer nach Marsberg ein Taxi zu rufen.

Genauso wie in New York englischsprachige Taxifahrer einen Seltenheitswert besitzen, sieht es in Deutschland mit deutschsprachigen Taxifahrern aus. Die Erklärung des eigenen Standortes war schon etwas schwierig. Wenn man bedenkt, dass wir danach auch noch ca. 25 Minuten gewartet haben und der Pakistani etwas gereizt schien, wurden wir den Verdacht nicht los, dass der Typ erstmal ganz woanders hingefahren ist.

Den Weg nach Marsberg kannte er dann aber – immer der B7 nach. Wir fanden eine Übernachtungsmöglichkeit sowie eine richtig gute italienische Pizzeria. Wenn die Italiener den E1 nur halb so gut markieren würden wie sie Pizza backen – es wäre ein Wandergenuss!

Von Marsberg nach Adorf

Beim Abstieg von der Stadtwüstung Alt - Blankerode oder beim Warten auf das Taxi haben wir beide leicht erkältet. So begann der nächste Wandertag nicht nur im Halbdunkeln sondern auch in einer leicht gedrückten Stimmung.

Der Aufstieg zum Obermarsberg an der Drachenhöhle sowie Obermarsberg selbst entschädigten für das Leiden am Vortag. Vor lauter Bewunderung für die so gut erhaltene mittelalterliche Stadt sind wir dann versehentlich von dem X – Weg auf einen W – Wanderweg gewechselt. Das hat uns ein paar Kilometer mehr beschert. Wir mussten zurück nach Obermarsberg auf einer Straße, um wieder auf den E1 zu kommen.

Leider hatte sich Daisy inzwischen auch Blasen gelaufen so dass wir bereits am Nachmittag in Adorf Quartier bezogen haben.

Von Adorf nach Deisfeld

Daisys Blasen ging es heute nicht besser als gestern. Eigentlich ging es den Blasen gut, deshalb ging es Daisy ja schlecht. Es war klar, dass wir in dieser Woche nicht mehr wie geplant nach Siegen kommen würden. Wir gingen langsam los. Leider mussten wir bereits in Deisfeld die Wanderung beenden.

Von dort aus ging es, nachdem mein Arbeitskollege eine kombinierte Bus – und Zugverbindung zurück nach Altenbeken ausgesucht hatte, dorthin. Wir fuhren zurück nach Hannover mit einer weiteren Erkenntnis der E1 - Geher. Fernwandern ist keine Mathematik. Wenn man 30 km am Tag schafft, bedeutet dass noch lange nicht, dass man 300 km oder nur 200 km in zehn Tagen gehen kann...

Märzwanderung auf dem E1 (Deisfeld – Schmallenberg)

Von Deisfeld nach Niedersfeld

Da der E1 es uns nun mal gezeigt hatte, dass es nicht unproblematisch ist, zehn Wandertage zu planen, haben wir in März uns nur ein Wochenende vorgenommen. Da es am Samstag jedoch keinen Busverkehr nach Deisfeld gibt, war mal wieder Improvisieren angesagt.

Also die liebe Daisy in Deisfeld an der ungenutzten Bushaltestelle absetzen, das Auto nach Neerdar bringen und zu Fuß über den Berg zurück nach Deisfeld. Aufmerksame Dorfbewohner wiesen sie während der Wartezeit darauf hin, dass der nächste Bus erst am Montag käme.

Wir wanderten dann ohne Probleme über Willingen nach Niedersfeld, wo wir nach einer nicht empfehlenswerten Einkehr an einem Schnellimbiss eine freundliche Übernachtung gefunden haben. Im Gegensatz zu anderen Pensionen wurde unserem Wunsch, dass Frühstück bereits um 7 Uhr serviert zu bekommen, ohne Murren entsprochen. Weitere 22 km waren geschafft.

Von Niedersfeld nach Schmallenberg

Heute ging es hoch hinaus. Wir wollten zum höchsten Punkt des Sauerlandes und danach runter nach Obernkirchen. Der Aufstieg im Schnee zog sich hin. Am Kahlen Asten (841 m) genossen wir den weiten Ausblick, und aßen den "Sauerländer Eintopf".

Danach galt es aus einer Vielzahl von Wanderwegen den richtigen herauszufinden. Das ist im Sauerland besonders an Wegkreuzungen nicht so einfach. Das Gebiet wird das "Land der 1000 Berge" genannt. Ich würde es auch "Land der 1000 Andreaskreuze" nennen. Das Problem hier ist nämlich, dass nicht nur der E1, sondern alle Wege des Sauerländischen Gebirgsvereins mit Andreaskreuzen markiert sind. Sie unterscheiden sich nur durch Nummern. Man soll z.B. von Marsberg bis nach Niedersfeld X 16 folgen. Von Niederfeld bis nach Siegen soll dann X 2 den Fernwanderer nach Süden bringen. Ab Siegen übernimmt dann der X 11 die Führung Richtung Genua. Aber auch der macht bereits in Herdorf "schlapp" Ab dort gibt es nur noch ein X – ohne Nummern. Der Haken im Sauerland ist, dass die zugehörigen Nummern sehr sparsam eingesetzt werden. In der Regel an oder nach Kreuzungen mit anderen X – Wegen aber dann recht dünn – so ein bis zwei Mal. Wenn die teilweise verwendeten Aufkleber nicht abgerissen wurden...

Obwohl wir den richtigen Abstieg gefunden haben, muss die Suche doch durstig gemacht haben. Das führte zu einer Cola – Einkehr im mondänen Hotel Hoher

Knochen, um dann weiter den schönen Abstieg nach Oberkirchen, einem Ortsteil von Schmallenberg fortzusetzen.

Wie immer dauerte die Rückfahrt zum Ausgangspunkt nach Neerdar mehrere Stunden mit dem üblichen DB – Spiel: Warten die Anschlusszüge und Busse oder nicht? Sie warteten.

Sauerland zieht sich hin (Schmallenberg – Siegen)

In April 2001 zog es uns wieder an den E1. Wir wollten in drei Tagen nach Siegen kommen. Etwas gewagt, weil im Wanderführer dafür eigentlich vier Tage veranschlagt waren. Es waren aber allesamt kurze Etappen. Keine einzige über 20 Kilometer.

Von Schmallenberg nach Bad Berleburg

Es war richtig schönes Wetter als wir nach Schmallenberg angereist sind. Aufgrund der Entfernung von Hannover allerdings schon Mittagszeit. So nahmen wir am 13.04.2001 nur eine kurze Etappe von 16 km nach Bad Berleburg unter die Füße. Der E1 folgt in diesem Streckenabschnitt dem erst 2001 neu angelegten Rothaarsteig. Dieser nutzt die schönsten Wanderwege im Sauerland. Außer der abwechslungsreichen Aussicht war dieser Weg ausnahmsweise nicht mit Andreaskreuzen markiert. Die Fernblicke reichten an diesem Tag recht weit. Wir übernachteten in Sichtweite des Schlosses in Bad Berleburg in der Jugendherberge.

Von Bad Berleburg zum Lahnhof

Am nächsten Tag ging es über eine Bergkette zum nächsten Kurort nach Bad Laasphe. Auch bei dieser Etappe konnten wir dank des guten Wetters herrliche Fernblicke genießen.

Da wir bereits zu Mittag dort ankamen, beschlossen wir weiter bis zum Lahnhof zu wandern. Laut der Beschreibung soll die Strecke etwa genauso lang sein wie die vom Bad Berleburg nach Bad Laasphe. Beide sind mit 18 km angegeben, die letztere jedoch mit etwas mehr Steigung. 500 Höhenmeter statt 300 Höhenmeter.

Nach dem ersten Aufstieg war der Abstieg ins Ilsetal sehr steil und fast schon ein Bergweg. Der Wanderweg parallel zu Ilse war dann aber sehr schön und gut zu gehen. Er zog sich aber hin. Als wir an der Ilsequelle ankamen, wären wir gerne schon am Ziel! Wir überlegten erstmal über das Sträßchen zum Lahnhof abzukürzen. Zwei lokale Autoraser machten jedoch durch ihr rücksichtsloses Verhalten diesem Gedanken schon im Ansatz den Garaus.

Nur durch ganz schnelles Verlassen des kurz auf diesem Sträßchen führenden E1 konnten wir uns vor den Rowdys retten. Wir erreichten dann am Abend Lahnhof, wo wir dann in einem der beiden Gasthöfe übernachteten.

Vom Lahnhof nach Siegen

Am nächsten Morgen hat sich die Welt um uns verändert. Alles war Weiß. Über Nacht sind ca. 30 cm Schnee gefallen. Da wir "nur" in 610 m Höhe waren, haben wir damit Mitte April nicht gerechnet. So fiel aufgrund der Unlust heraus zu gehen das Frühstück gleich länger aus. Nach einem kurzen Anstieg freuten wir uns auf den Abstieg nach Siegen.

Der Weg durch den Wald war trotz des Neuschnees schön, bis wir an eine Stelle kamen, an der wegen Forstarbeiten der weitere Verlauf des E1 nicht mehr zu erkennen war. Es standen leider drei Wege mit Untervarianten zu Auswahl. An keinem der an diesen Wegen übrig gebliebenen Bäume war ein Andreaskreuz zu sehen. Da der Wind aufgefrischt hatte und ich mir beim Suchen bereits nasse Füße geholt habe, musste eine Entscheidung getroffen werden. Die Kälte mit Schneeregen führte auch nicht gerade zu Launeverbesserung meiner Frau bei. Wir stiegen weiter auf einem Weg ab, der uns als der wahrscheinlichste erschien.

Er war es nicht. Im Regen kamen wird an einer Straße raus, die der E1 zwar kreuzen sollte, waren allerdings ca. sechs Kilometer von der Kreuzung entfernt. Während der Wanderung dorthin wurden wir dann auch noch von den Autofahrern zusätzlich nass gemacht. So waren leider die restlichen zehn Kilometer nach Siegen kein Genuss.

Der Weg von Herdorf nach Siegen muss bei schönem Wetter sehr angenehm sein. Trotz des Regens haben wir auf diesem Streckenabschnitt noch einige Spaziergänger getroffen. Auf anderen E1 – Abschnitten trifft man besonders im Winter und im Frühjahr teilweise stundenlang keinen Menschen.

Ausnahmen bestätigen die Regel – in der Nähe von Parkplätzen mit Rundwanderwegen. Wir hatten dann auch nur ein halbes Auge für die Sehenswürdigkeiten übrig an denen der E1 in Siegen vorbeiführt, z.B. an dem Schloss in dem jetzt die Jugendherberge untergebracht ist. Interessant ist, dass gegenüber dem Bahnhof eine der verglasten Werbe- Informationsflächen den SGV - Wanderwegen gewidmet ist und dabei der E1 explizit erwähnt wird. So viele Informationen werden den Wanderern selten geboten.

Wir wandern in den Westerwald (Siegen – Montabaur)

Vom Siegen auf die Freusburg

Trotz einiger Widrigkeiten ließen wir uns nicht abschrecken, weitere Etappen des E1 unter die Füße zu nehmen.

Bereits knapp zwei Wochen später am 28.04.2001 waren wir wieder in Siegen. Es ging erstmal steil aus der Stadt raus. Unterwegs sah ich mit einer Augenkante einen Mann, der gerade in seiner Garage ein Transparent fertig machte. Ich sah nur die Buchstabenkombination NATO und war sofort elektrisiert. Hatte ich etwas in den Nachrichten verpasst?

Im Gespräch mit dem Mann konnte ich aufatmen. Nein, die NATO hätte gerade niemanden angegriffen. Der amerikanische Überfall auf den Irak sollte auch erst in knapp zwei Jahren erfolgen. Es ginge ihm nur darum, am 1. Mai gegen die allgemeine Militarisierung der Gesellschaft zu demonstrieren. An dieser wäre eben die NATO nicht unschuldig.

So politisch gestärkt fiel der weitere Aufstieg zum Buberg und später zum Giebelberg durch das nunmehr frühlingshafte Sauerland nicht mehr schwer.

Unterwegs meinte ein entgegenkommender Wanderer in Bezug auf die Mütze meiner Frau, die gerade ein paar Meter hinter mir war „Rotkäppchen ist müde." Es ahnte wohl nicht zu welchen Wanderhöchstleistungen Daisy fähig ist.

An diesem Tag gingen wir nicht die ganze Etappe, sondern nur bis zu Freusburg. Diese gut erhaltene Burg dient heute als Jugendherberge.

Von der Freusburg zur Fuchskaute

Wir mussten früh aufstehen. Schließlich wollte außer dieser Etappe nach Herdorf noch eine komplette weitere begangen werden. Vergleichen mit den 18 km gestern sollten es heute immerhin 30 km werden. Zunächst ging es zum Naturdenkmal Druidenstein, der aus Basaltschichten besteht. Eine Mariengrotte wertet das Denkmal auch zu einem katholischen auf.

Nach dem Abstieg nach Herdorf ging es wieder aufwärts, jedoch Nichts wirklich Dramatisches. Es blieb noch genug Zeit, ein zünftiges Mittagessen an der Gaststätte Hohenseelbachskopf einzunehmen. So gefüllt bewegte man sich gleich etwas langsamer. Am Flughafen Siegerland sah es so aus, dass der E1 nach dem vollzogenen Ausbau eine Umleitung erfahren wird.

Wie man die Flughafen – Security im Allgemeinen und den BGS im Besonderen kennt, kann es eine längere Umleitung werden. Man muss sich schließlich vor den als E1 – Wanderern getarnten Al - Qaida – Kämpfern schützen!

Nun war es nicht mehr weit nach Liebenscheid. Danach ging es zu den Ketzersteinen, in deren Nähe die Positionsbestimmung per Kompass zum Problem werden kann, weil sie ebenfalls magnetisch sind.

Kurz vor der Dunkelheit kamen wir an eine Abzweigung, wo der E1 nach rechts Richtung Marienberg zieht. Wir gingen nach links, um nach knapp zwei Kilometern den höchsten Berg des Westerwaldes, die Fuchskaute, wo wir schön übernachteten, zu erreichen.

Von der Fuchskaute nach Frielingen

Wir wanderten erstmal wieder zum E1 zurück, um eine der kürzesten Etappen nach Bad Marienberg in Angriff zu nehmen. Sie ist nur 14 km lang. Die offene leicht wellige, Landschaft des Westerwaldes hat ihren Reiz. Nur die Windräder, die hier fast überall stehen, sind nicht gerade ein Genuss fürs Auge. Manchmal wäre weniger mehr. In Bad Marienberg angekommen war es gerade Mittag – viel zu früh, um eine Bleibe für die Nacht zu suchen.

Deshalb gingen wir schon mal ein Stück von der nächsten Etappe Richtung Selters vor. Es war klar, dass diese komplett nicht zu schaffen war. Sie ist 29 km lang. Zunächst aus Bad Marienberg runter in das Tal der Nister.

Die verlorene Höhe wurde dann gleich wieder auf einer kleinen Straße nach Alpenrod zurück gewonnen. Es ging zum Aussichtsturm, der frei bestiegen werden darf. Unter dem Turm befindet sich eine Kleingaststätte, die Alpenroder Hütte. Der Service, das Essen sowie die Aussicht waren empfehlenswert.

Auf guten Wegen ging es nach Langenbaum und dann weiter am Dreifelder Weiher nach Dreifelden. Wir fanden eine Pension, wo die Eigentümerin persönlich gerade eine Hauswand strich. Sie muss wohl schon genug Geld verdient haben. Es reichte offensichtlich, um die Farbe sowie den Pinsel kaufen zu können. Außerdem konnte sie sich es leisten, auf uns als Gäste zu verzichten. Sie hätte einfach keine Lust sich umzuziehen und den ganzen Papierkram zu machen. Vielleicht am besten ganz schließen? Sie riet uns, es in drei Kilometern abseits des E1 entfernten Linden zu versuchen.

Naja vielleicht ist die Logik, wenn man schon 2500 km wandert, dann kann man locker noch sechs km drauflegen. Wir blieben dann doch lieber dem E1 treu und gingen am Birkenweiher und Postweiher vorbei runter nach Frielingen. Dort fanden wir eine bereits renovierte Pension, die an Gästen interessiert war.

Von Frielingen nach Montabaur

Da wir am Vortag es so weit geschafft haben, konnten wir unsere Planung bis nach Selters zu kommen, überdenken. Die Strecke nach Montabaur und damit zu einem besser erreichbaren Ort müsste drin sein.

Wir standen früh auf, wanderten zunächst in Straßennähe nach Maxsain, um dann im leichten Auf- und Ab durch den Wald Selters zu erreichen.

Dort wendet sich der E1 Richtung Süden. Auf einer Erhöhung, dem Steimel steht eine Kapelle mit dem Kreuzweg auf Steinbildern. Der kleine Ort Wirges mit der umso größeren Kirche wird damit umgangen.

Teilweise durch den Wald, teilweise über offenes Feld ging es dann nach Montabaur. Die ganze Umgebung des Bahnhofs stand ganz im Zeichen des Umbaus zum ICE – Bahnhof. Der alte Bahnhof hatte gerade alle Gleise verloren. Das dazugehörige Bahnhofshotel gegenüber vermutlich auch einen Teil seiner Gäste.

Schließlich fanden wir den richtigen Weg zum richtigen Bahnhof und machten uns auf den Rückweg nach Siegen und Hannover. Vier schöne Tage auf dem E1 waren zu Ende.

Ein Lückenschluss (Bredenbeck – Altenbeken)

Von Bredenbeck nach Hameln

Nach den vier Tagen auf dem E1 wurden wir richtig süchtig. Es bot sich also an gleich den nächsten Samstag für einen E1 – Spaziergang zu nutzen. Da das südliche Ende unserer E1 - Wanderung jetzt über 300 km von Hannover entfernt lag, konnte man schon alleine aus Zeitgründen nicht eben mal hinfahren. Es bot sich also an, direkt vor der Haustür anzusetzen, also vom Annaturm nach Altenbeken zu gehen. Natürlich nicht auf einmal, sondern in Etappen.

So wanderten wir bereits am 05.05.01 von Bredenbeck über den Annaturm. Dort trafen wir den E1 wieder. So sahen wir auch die südliche Seite des Deisters und durchwanderten Bad Münder. Weiter südlich erfrischten wir und in der Gaststätte Süntelturm, um an der Heisenküche vorbei in die Rattenfängerstadt Hameln zu gelangen. Eine harmlose Wanderung mit nicht zu vielen Anstiegen, aber auch nicht zu flach.

Von Hameln nach Lemgo

Zwei Wochen später am 23.05.2001 ging es von Hameln nach Lemgo, also ca. 46 km. Es ging erstmal zum Klütturm, von wo aus man eine schöne Aussicht auf

Hameln hatte. Danach runter nach Königsförde. Über eine lange fast gerade Strecke durch den Wald über den Lüningsberg bis zum Aussichtsturm Hohe Asch. Wir freuten uns auf das Restaurant dort.

Statt Leckereien des Lippischen Berglandes waren leider nur Baumaschinen zu sehen. Der Vollumbau war im Gange. Also etwas hungrig runter ins das Extertal mit der Museumseisenbahn. Diese Strecke kann man von Rinteln aus auch mit Fahrraddraisinen erkunden. Nach der Überquerung des Tals hoch nach Lindenhofe. Dort fanden wir dann nach 28 km die ersehnte Mittagsrast.

Das Essen war so lecker, dass wir in späteren Jahren sogar noch einmal mit den Kindern hingefahren sind. Gestärkt aber doch nicht überfüllt gingen wir weiter durch das Lippische Bergland nach Lemgo. Dabei passierten wir noch den Windelstein, den Hausberg von Lemgo. Durch die Lemgoer Mark ging es an einem weiteren Aussichtspunkt runter in die sehenswerte Alte Hansestadt Lemgo.

Die Führung des E1 in Lemgo war allerdings etwas defekt. Nicht dass die Schilder fehlen würden. Da waren alle da. Es wurden die Sehenswürdigkeiten ausgelassen. Der E1 führt in einem Bega – Bogen zielstrebig direkt zum Bahnhof und lässt das Rathaus, das Hexenbürgermeisterhaus und die beiden großen Kirchen links liegen.

Von Lemgo nach Altenbeken

Einen Monat später, am 24.06.2001 haben wir uns entschlossen, das fehlende Stück Lemgo – Altenbeken zu wandern. Da es sich um fast den längsten Tag des Jahres handelte, sollten doch zwölf Stunden für die 36 km genug sein. Sie reichten nicht.

Wir fuhren nach Altenbeken und von dort aus über Lage nach Lemgo. Leider haben wir in Lage wegen Besichtigung der Stadt den Anschlusszug verpasst und damit eine Stunde verloren. Über diverse Abzweigungen wanderten wir von Lemgo dann aus in Richtung Detmold. Kurz vor der Stadt versackten wir dann bei einer amerikanischen Kette an einer der Detmolder Ausfallstraßen, die der E1 kreuzt. Hätten wir die Auswahl in Detmold gekannt, dann wären wir sicher noch die zwei Kilometer weiter gegangen.

Die Innenstadt war voller Sehenswürdigkeiten. Wir entschieden uns für das Schloss. Besonders die Porträtsammlung der ehemaligen Herrscher war interessant. Obwohl der Name nicht so häufig ist, gibt es dort Simons in allen möglichen Varianten. Im Gegensatz zu Lemgo wird der E1 in Detmold durch die Stadt an den ebenfalls sehenswerten Parkanlagen geführt.

Danach geht es hoch hinaus zum Hermansdenkmal. Wir traten damit wieder in den Naturpark Eggegebirge ein. Subjektiv schien die Rehberghütte zum Greifen nahe. Sie war es nicht. Es gibt viele Sehenswürdigkeiten in diesem Abschnitt des E1.

Wir besichtigten ausführlich das Hermansdenkmal. Der 53,46 m hohe Bau hat was Ästhetisches an sich, so dass man das Weitergehen durchaus vergessen kann und etwas trödelt. Erinnern soll das Denkmal an eine Schlacht im Teutoburger Wald, bei der einige römische Legionen im Jahr 9 n. Chr. eine entscheidende Niederlage gegen die Germanen erfahren haben. Die Römer galten von dato an nicht mehr als unbesiegbar. Selbst in die inoffizielle Niedersachsenhymne von Hermann Grote fand das Ereignis Eingang.

Weitere Sehenswürdigkeiten ließen nicht lange auf sich warten. Einige Kilometer nach dem Hermansdenkmal kamen wir an der Adlerwarte Berlebeck vorbei. Ebenfalls sehr sehenswert. Hat uns an den Philippine Eagle in der Nähe der Heimatstadt meiner Frau erinnert.

Jede Sehenswürdigkeit kostet natürlich Zeit. Da diese bereits fortgeschritten war, haben wir die ebenfalls schönen Externsteige nur im Vorbeigehen gesehen. Es ist die einzige Felsformation in einer sonst nur bewaldeten Hügellandschaft. In den Alpen wären diese Steine nichts Besonderes aber hier wirkten sie schon reichlich "extern."

Der Tag neigte sich schon dem Ende, als wir den letzten Anstieg des Tages zum Velmerstot in Angriff nahmen. Dieser Berg ist mit 468 m höchster Gipfel im Eggegebirge. Dort genossen wir dann den Sonnenuntergang. Der fast gerade Weg Richtung Süden bis zu Rehberghütte zog sich hin, so dass wir dort erst um 23 Uhr ankamen. Am Bahnhof waren wir dann um Mitternacht. Schon seltsam an einem der längsten Tage im Jahr eine Taschenlampe zu benötigen!

Auf jeden Fall konnten wir jetzt auf einen richtig langen zusammenhängenden Abschnitt des E1 zurückblicken. Von Bad Nenndorf bis nach Montabaur sind es immerhin 434 km, also ein Viertel des deutschen Streckenabschnittes.

Die Umgebung von Hannover (Buchholz – Bad Nenndorf)

Im Sommer 2001 wurde meine Frau während eines Urlaubs in den USA schwanger. Wir haben dort sehr schöne drei Wochen mit drei erfolgreichen Marathonveranstaltungen in New York City, Crater Lake / Oregon und Pikes Peak / Colorado verbracht. Zusammen bestiegen wir auch einige der berühmter 14er Colorados. Das sind Berge, die über 14.000 feet also über 4.152 Meter hoch sind. Auch die Besichtigungen von Nationalparks, allen voran des Yellowstone NP kamen nicht zu kurz.

Wir konnten deshalb nicht mehr zusammen auf dem E1 wandern, wohl aber noch Laufveranstaltungen besuchen.

Daisy wie immer passiv. Eine der letzten war Mailand am 02. Dezember 2001, wo wir mit dem Auto hingefahren sind. Da der E1 auch die Umgebung von Mailand passiert, wurde uns natürlich auch klar, dass unser Kontinent und damit auch der E1 sehr, sehr lang ist.

Sobald der Geburtstermin näher rückte, war das auch nicht mehr möglich. Damit ich im Training bleibe, haben wir uns überlegt, dass ich die noch unbekannten E1 – Teile in der Umgebung von Hannover abgehen könnte. In Falle eines Notfalls könnte ich also schnell wieder zurück sein. Natürlich nur dann, wenn es gelingt einem Taxiunternehmer den eigenen Standort klar zu machen. Zum Glück traf kein Notfall ein.

Von Celle nach Poggenhagen

Am 01.05.2002 habe ich mir eine richtig lange Wanderung vorgenommen, nämlich von Celle nach Poggenhagen. Insgesamt also 53 km. Gleich am Anfang habe ich die Erfahrung gemacht, dass man beim Joggen noch intensiver nach Wanderzeichen Ausschau halten muss. Sonst ist man ruck – zuck falsch gelaufen. Die Strecke war flach und natürlich nicht so abwechslungsreich wie die Mittelgebirgsstrecken, die wir bisher gewandert sind. Im Otternhagener Moor lauerten bereits die Mücken. Abends fuhr ich müde aber zufrieden mit der S-Bahn wieder nach Hause.

Himmelfahrt in der Zentralheide (Soltau – Celle)

Am Himmelfahrtstag, dem 09.05.2002 fuhr ich mit dem Zug nach Soltau, um von dort aus 60 km nach Celle zu joggen. Wenn es einmal klappt, wird man was die Streckenlängen angeht, übermütig. Ich habe nicht mit den sandigen Wegen in der Lüneburger Heide gerechnet. Der leicht wellige Charakter dieser Strecke war weniger störend. Er gab dieser ein wenig Abwechslung.

Je weiter ich noch von Celle entfernt war, desto mitleidiger waren die Himmelfahrtsgesellschaften, die eine „Wanderung" mit gut gefüllten Bollerwagen machten. Wenigstens teilten sie mit dem durstigen Wanderer ihr Bier, bzw. ihren Schnaps. Also doch etwas Nächstenliebe aus dem Religionsunterricht hängen geblieben. Man sollte wohl an jeden Himmelfahrtstag auf den E1?

Kurz vor Wietze gibt es ihn dann doch noch, einen Anstieg zum Wietzer Berg mit seinen 102 Metern Höhe. Es ging dann runter in den sehenswerten aber teuren Ort Müden. Nach Studium der Gaststättenaushänge hielt ich es für günstiger, die Mittagseinkehr in den nächsten Ort zu verschieben. Es ging ja auch nur darum, etwas zu essen. Flüssige Streckenverpflegung gab es ja reichlich.

Aber bereits vor dem nächsten Ort Herrmansburg sollte eine Einkehr völlig überflüssig werden. Eine schon ziemlich abgefüllte Sportlergruppe bot mir an, nicht nur an ihren Getränken, sondern auch in ihrer Verpflegung teilzuhaben. Sie machten sich Sorgen, wie ich die verbliebenen 25 km nach Celle schaffen könnte.

Wie hieß es bei Brecht „Wer im Glashaus sitzt, sollte nicht mit Steinen werfen" Ich denke ein, zwei Kameraden wurden die 2,5 km zurück nach Hermannsburg in dem etwas größeren Bollerwagen gefahren... Weiter über den Citronenberg (84 m) und an einem Teich vorbei. Die Beine werden immer müder, die Joggingstrecken kürzer, die Schleichstrecken länger.

Vielleicht ist Trunkenheit am E1 doch nicht so gut? Oder sogar verboten? Oder verboten, wenn man mehr als 5 km geht? Ich erreiche am späten Nachmittag den Ort Scheuen. Die Vatertagsfeierer, die zu über 90 % noch keine Väter waren, schliefen inzwischen ihren Rausch aus. Ich musste noch ca. 5 km nach Celle. Ca. 1 km vor dem Ziel, hier wird der E1 direkt an einer vierspurigen Straße geführt. Da verlief ich mich noch kurz. Hier war der Wunsch Vater des Gedankens, ich wollte quer durch das Wohngebiet. Mit dem Zug ging es dann zurück nach Hause.

Den nächsten Tag, den Freitag verbrachte ich pflichtbewusst im Büro. Meine beiden Kollegen wollten sich schließlich von ihren Himmelfahrtswanderungen erholen. Ich ging davon aus, dass diese kürzer aber alkoholintensiver gewesen sind.

Von Poggenhagen nach Bad Nenndorf

An dem Samstag, den 11.05.2002 machte ich mich wieder zum E1 auf. Die Lücke Poggenhagen – Bad Nenndorf sollte geschlossen werden. Ich hatte zum damaligen Zeitpunkt jedoch immer noch die Ausgabe von Krause, die ich 1993 gekauft hatte. In dieser Beschreibung macht der E1 hinter Hagenburg einen Ausflug zum Düdinghäuser Berg. Dadurch versprach diese Etappe 40 km lang zu werden.

Von Poggenhagen aus ging es dann erstmal zum Steinhuder Meer. Dann ein herrlicher Weg durch Steinhude mit vielen Ausblicken bis zu Festung Wilhelmstein. Auf der Strandpromenade wanderte es sich königlich. Am Hagenbecker Kanal wurde der größte See Niedersachsens in Richtung gleichnamiger Ortschaft verlassen. Nach der Ruine Hagenbeck ging es erstmal auch in Richtung des Düdinghäuser Berges.

Dann aber eine eindeutig markierte Abzweigung. Es wurde klar, dass an dieser Stelle ca. zehn Kilometer des E1 „geschliffen" wurden. Ich folge brav dem neuen Verlauf nach Idensen, um danach ein Stück ostwärts am Mittellandkanal zu wandern. Leider war das Wasser „dank" eines Wolkenbruches nicht nur im Kanal sondern überall. Endlich ging es über eine Brücke und dann in den Wald. Auf den letzten vier Kilometern leider wieder über Felder, der Regen hatte etwas nachgelassen. Trotzdem erreiche ich Bad Nenndorf ziemlich durchnässt. Der Abschnitt Soltau – Montabaur war jetzt komplett.

Von Buchholz nach Soltau

Am 20.05.2002 machte ich mich wieder auf, die Nordheide durchzuwandern. Diesmal sollten es sogar drei Krause – Etappen an einem Tag werden. Incl. der Anreise an einem Tag 61 km zu absolvieren, ist schon gewagt. Noch gewagter natürlich einen Tag vor dem errechneten Geburtstermin. Das kleine Mädchen hatte aber keinerlei Ambitionen, ihre liebe Mama zu verlassen. Da es sich bei meiner Frau um ihr erstes Kind handelte, sollte es lt. gynäkologischer Literatur auch nicht so schnell gehen.

Meine Mutter, die auch Ärztin im Ruhestand ist, wohnt auch ganz in der Nähe. Also ohne schlechtes Gewissen auf zum E1! Nach Buchholz in der Nordheide mit dem Zug und Trip – Trap auf ging es. Die 26 km nach Underloh waren auch bereits nach dreieinhalb Stunden geschafft. Ein gutes Marathontraining. Die beiden Anstiege unterwegs gar nicht bewusst wahrgenommen. Von Underloh aus dann schon etwas langsamer zum höchsten Punkt der Lüneburger Heide, dem Wilseder Berg mit seinen 169 m. Herrlich war die Rundsicht in alle Richtungen. Über Behringen nach Bispingen runter.

Man merkte, dass in der Nordheide die Zeit stehen geblieben ist. Vielleicht wurde deshalb 2006 ein künstlicher Berg für Skiläufer in Bispingen sowie eine Kartbahn errichtet? Bei einem Betriebsausflug im Jahr 2007 dorthin machte ich die Erfahrung, dass Wandern für mich besser geeignet ist als Skifahren. Zum Glück nichts gebrochen aber die Kollegen gut unterhalten. Vier Jahre früher war dort noch eine unberührte Feldmark. Durch den Wald, jedoch meistens in Hörweite der A7 joggte ich dann die verbleibenden 20 km nach Soltau. Niedersachsen war abgewandert.

Am nächsten Tag, dem 21.05.2002 wurde unsere erste Tochter Angela geboren, nachdem meine Frau direkt vom Frauenarzt ins Krankenhaus geschickt wurde. Der Kleinen wurde die Zeit wohl zu lang. Sie hat beim ständigen Drehen die Nabelschnur verknotet. Glücklicherweise kann man so was heutzutage rechtzeitig erkennen…

Wir freuten uns über unser kleines, lockiges Baby und legten erstmal bis zum Frühjahr 2003 eine Wanderpause ein.

Angela – Trilogie – erster Teil (Montabaur - Nassau)

Wir haben gehofft, mit einem knapp ein Jahr alten Kind im Babyjogger wieder auf den E1 gehen zu können. Ausgangspunkt war am 13.04.2003 diesmal Montabaur, wo wir knapp zwei Jahre zuvor die Wanderung beendet hatten.

Nach so einer langen Wanderpause haben wir uns gleich in der sehenswerten Innenstadt verlaufen und sind erstmal zu den falschen Wanderwegen runter gegangen. Nachdem wir dann auf dem E1 waren, hat die Kleine erstmal geschlafen. Eine herrliche Wanderung auf einem Höhenweg. Joggertauglich und fast flach.

Nachdem Angela sich ausgeruht hatte, wollte sie aus dem Jogger raus. Das ist natürlich mitten im Wald mit einem Kind, das noch nicht gehen kann, nicht möglich. Gerade kein Sandkasten am Weg. Also Protest "Be be be be"

Erklärungsversuche, dass wir zwar fürs Krabbeln wären, aber doch nicht überall, waren natürlich zum Scheitern verurteilt. Mit Tragen war sie einverstanden, was aber auf die Dauer recht anstrengend wurde, zumal der E1 nach ein paar Kilometern den Anstieg zum 550 m hohen Köppel beginnt.

Vor dem steilen Aufstieg haben wir daraufhin einen Milchversuch gestartet. Die Milchflasche war schnell alle. Es schien alles bestens. Nur aufstoßen wollte oder konnte das Kleine nicht. Kurz vor dem Erreichen der Gaststätte mit dem Aussichtsturm war es dann soweit. Die Milch kam auf dem gleichen Weg raus wie sie rein gekommen ist, zum Glück nicht die ganze Flasche. Also Komplettumzug in der Gaststätte.

Es waren keine anderen Gäste da und somit auch keine Raucher. Da das Angelchen nun zu ihrem geliebten Krabbeln kam, das wir dann sehr ausgedehnt haben, konnten wir abwechselnd den Turm besichtigen und etwas essen. Auf breiten Wanderwegen ging es dann sanft runter Richtung Welschneudorf. Wegen der Anreise, Verlaufen sowie Krabbelbedarf wurde es schon Nachmittag.

Da sich im Jogger inzwischen wieder Aufwachtendenzen bemerkbar machten, beschlossen wir in dem direkt am E1 liegendem Hotel „Westerwälder Hof" in Welschneudorf zu übernachten. Das war bisher das einzige Mal, dass wir an einem Tag keine Tagesetappe geschafft haben.

Am nächsten Tag nahmen wir das restliche Stück der Etappe Montabaur – Nassau unter die Füße. Zunächst verlief der Weg relativ flach durch den Wald, danach auf einer Seitenstraße. Zwei Stunden gefiel es auch Angelchen. Als es nun anfing nach Nassau runter zu gehen wollte Angela wieder raus. Wahrscheinlich von der Aussicht begeistert. "Da, da, da"

Also erstmal beruhigen und durch die Erfahrung gelehrt nur eine halbe Portion der weißen „Einschlafdroge für Babys" mit fünf Buchstaben verabreichen. Das ging soweit gut. Wie hieß es noch mal bei 007 Goldfinger? "Das Baby schläft." Nun tauchte ein Neues, im sanften Westerwald noch nicht bekanntes Problem auf.

Während der letzten paar Etappen gab es keine Stelle, die man nicht mit entsprechender Kondition mit Kinderwagen oder Babyjogger hätte nehmen können. Beim Abstieg nach Nassau war der Weg recht schmal, steil und mit Stufen. Zum Glück nicht auch noch exponiert, sonst hätten wir bis zu letzten Straße umkehren müssen. Also den Jogger zusammen tragen und hoffen, dass das Angelchen nicht aufwacht. Das letzte Stück war dann wieder ein Ortsweg, auf dem wir dann zum Bahnhof fuhren. Die Busfahrt zurück nach Montabaur hat Angelchen besser gefallen als der Hinweg mit dem Jogger…

Die daraus folgende Überlegung war dann.

a) wir versuchen nur noch eine E1 – Etappe mit Kind
b) diese Etappe muss kürzer sein
c) die Etappe muss flacher sein
d) der Rückweg nach Hannover muss ebenfalls kürzer sein
Hierzu suchte ich eine Etappe im „hohen Norden" für Ende Mai aus. Vorher sollte der nördliche E1 im Rahmen einer Laufveranstaltung angetestet werden.

Da ich noch ein paar Tage Urlaub hatte, brachte ich meine Familie nach Hause und war am 16.04.2003 wieder am E1.

Der Odenwald, der ist voller Überraschungen (Frankfurt – Birkenau)

Von Frankfurt nach Reichenbach

Im Frühjahr 2003 spielte ich mit dem Gedanken, im kommenden Sommer wieder mal eine längere Laufveranstaltung zu machen. Ich war mir allerdings unschlüssig, ob es wieder ein 24 – Stunden oder ein 100 – Meilen Lauf werden soll. Nach einer ernüchternden Erfahrung was die Leistungsfähigkeit in der Nacht angeht, wollte ich jedoch auf jeden Fall das Durchhaltevermögen stärken.

Ich wollte also ausprobieren, wie viele km in 36 Stunden zu schaffen sind. Dazu bot sich die Strecke Frankfurt - Pforzheim geradezu an. Sie sollte knapp 200 km lang sein. Keine dramatischen Anstiege und voraussichtlich genügend Möglichkeiten, sich mit Lebensmittel und Getränken einzudecken.

Warum ich nicht in Balduinstein begonnen habe, sondern eine weitere Diskontinuität einging? Das war ganz einfach. Meine Frau wollte, da der komplette E1 für sie wohl nicht mehr möglich war, zumindest die Strecke von Hannover (bzw. Bad Nenndorf bei Hannover oder Celle bei Hannover, der E1 berührt das Stadtgebiet von Hannover nicht) – Frankfurt wandern. Die verbleibende Strecke Balduinstein – Frankfurt schien uns machbar zu sein, wenn das Angelchen größer ist.

Deshalb ging ich in Frankfurt – Sachsenhausen Richtung Süden los. Bis ich den Stadtwald erreicht habe, habe ich schon aufgrund entfernter Wanderzeichen reichlich Orientierungsarbeit hineinstecken müssen. Am Stadtrand von Neu-Isenburg und einem Autobahnkreuz vorbei führte mich der Wanderweg in einen

Wald, der von parallelen Wegen durchzogen war. Diese haben sogar Namen, wie z.B. Höllschneise oder Brandschneise.

Von Dreieichenhain führt der Weg nicht mehr wie früher über Messel, sondern am Rande von Darmstadt. Dort wird das Schloss Kranichstein, das Oberwaldhaus und das Vivarium passiert. Beim letzteren handelt es sich um einen Kleintierzoo mit dem Schwerpunkt auf Reptilien. Es sind aber auch Krallenaffen, Weißkehlmeerkatzen Krokodile und andere Primaten zu sehen. Nach 45 km Fußmarsch erreichte ich am späten Abend Ober-Ramstadt. Dort stärkte ich mich in einer Pizzeria und setzte die Wanderung als Nachtwanderung fort.

Der Odenwald, der ist nicht leer zur Nachtzeit. Ganz und gar nicht. Die Jugend hier liebt den Nahverkehr in der Natur. Es waren auch Osterferien. An fast jeder Schutzhütte, an der ich vorbeikam, war Party. Die zu den Personen gehörenden Kleidungsstücke lagen teilweise vor den Hütten verstreut. Die Beteiligten waren in der Regel so mit sich beschäftigt, dass sie mich gar nicht bemerkten.

Da kommt man auf lustige Ideen. Ob man ein paar Unterwäscheteile mitnehmen und im nächsten Ort an die Zäune hängen sollte? Würde den Bewohnern sicherlich Gesprächsstoff für die nächsten Monate geben. Aus hygienischen Gründen riss ich mich zusammen und genoss im Mondschein weitere Stationen des E1.

Da ist zunächst einmal kurz nach Ober-Ramstadt der Anstieg zum Silberberg zu nennen. Dann ging es gemütlich nach Frankenhausen. Schon ungewöhnlich, einen Ort um Mitternacht zu überqueren. Das beleuchtete Gasthaus Kuralpe rief geradezu „warmes Bett", „Frühstück in sieben Stunden" Ich blieb meinen Trainingsvorsätzen treu und warf die Wirtsleute nicht um halb zwei Uhr nachts aus den Betten. Oder haben die noch auf mich gewartet? Ich werde es nicht mehr erfahren.

Weiter hoch zum Felsberg,. Das Felsenmeer sah in der Nacht richtig bizarr aus. Die Felsen nahmen Formen von Rittern, Räubern oder nur Gespenstern an. Man sollte jedoch unter die Füße schauen! Kurz nicht aufgepasst und schon ist es passiert. Ich stolperte über eine Wurzel und fiel auf das linke Knie. Der größte Schmerz ließ zum Glück nach einigen Minuten nach. Ich sah schon vor meinem geistigen Auge die Leute vom Rettungsdienst fluchend, mit einer Trage versehen durch die Felsen nach zwei Uhr nachts stapfen.

Leider hat auch der Knöchel etwas gelitten. Also nur noch etwas langsamer weiter. Ich erreiche Reichenbach. Mit mir selbst beschäftigt verpasste ich die Kreuzung mit dem E8 und hinkte weiter. Muss wohl bescheiden gewesen sein. An der nächsten Schutzhütte ging eine Party gerade dem Ende entgegen. Die Jugendlichen hatten Mitleid mit dem Wanderer aus dem Norden und schenkten mir zwei Gute – Nacht – Biere. Drei Decken ließen sie auch da, sie wollten sie am nächsten Tag abholen.

So versorgt kam ich in dieser Nacht doch noch zu fünf Stunden Schlaf – von drei bis acht. An maximale Kilometer in 36 Stunden war eh nicht mehr zu denken. Nicht nach dem Felsenmeer.

Von Reichenbach nach Birkenau

Die Sonne weckte mich. Am nächsten Morgen waren die Knöchelschmerzen, wenn auch schwach noch vorhanden. Das Knie hingegen meldete keine Beschwerden. Es galt also, die weitere Strategie zu überdenken.

Im Hinblick darauf, dass ich ohne Schmerzen auch noch in den nächsten Jahren laufen bzw. wandern möchte, war jede Überanstrengung zu vermeiden. Also nicht mehr bis Pforzheim. Das nächste Etappenziel sollte es sein. Birkenau hatte auch noch den Vorteil einer guten Zuganbindung. Das Gasthaus Juhöhe versorgte mich mit einem leckeren Frühstück. Weiter, meistens bergab erreichte ich den Etappenzielort und fuhr zurück nach Hause.

Immerhin 85 km geschafft. Meine Familie war über die frühere Rückkehr erfreut.

Um den Tag der Arbeit wurde gewandert (Birkenau – Pforzheim)

Von Birkenau nach Odenheim

Nachdem die Knöchelprobleme ohne ärztliche Hilfe verheilt sind, machte ich mich am Tag der Arbeit wieder auf zum E1. Ich reiste bereits am 30.04.2003 nach Weinheim an und übernachte dort. Mit dem sieben Uhr Zug ging es sechs Minuten nach Birkenau. Die weiteren Höhen des Odenwaldes riefen.

Immerhin waren ganz am Anfang zweihundert Höhenmeter bis oberhalb von Bucklingen zu überwinden. Durch Wälder auf und ab ging es immer weiter Richtung Süden. Am Eichelberg konnte ich die recht schnelle Wanderung mit einer Rast auf dem Aussichtsturm unterbrechen.

Beim Weitergehen fiel mir auf, dass an Quellen, die günstig an Straßen lagen, viele Menschen große Fünfliterkanister mit dem Quellwasser füllten. Das Odenwalder Wasser musste also gut sein. Ich füllte auch meine Behälter und war nicht enttäuscht.

Vor Ziegelhausen ging es runter. Der Neckar wurde überquert. Naturgemäß führte das wieder zu einem Anstieg, den ich nicht mehr ganz so flott nahm wie den ersten am Morgen. Immerhin lag bereits ein Berghalbmarathon hinter mir. In Gaiberg dann noch mal für die vor mir liegende Freifläche stärken. Man will schließlich nicht wie ein schlecht vorbereiteter Beduine in der Sahara enden.

Bis Schattenhausen gab es auch keinen Schatten. So kam ich nach 47 km nach Rauenberg. Da es erst 16 Uhr war, entschied ich mich noch eine Etappe draufzulegen. Für die restlichen 16 km nach Odenheim brauchte ich jedoch noch vier Stunden. Das lag aber auch daran, dass ich eine halbe Stunde am Siegfriedbrunnen rastete.

Das Unterschrift unter dem Relief, dass die Ermordung Siegfrieds zeigt, lautete „Gestiftet von S. Odenheimer USA. Erbaut unter Bürgermeister Vogel 1932" Die Tatsache, dass das schöne Bauwerk von einem US-Amerikaner gestiftet wurde, erinnerte mich seltsamerweise nicht an die schönen Berge und Laufveranstaltungen dort. Sondern an den Appalachian Trail und Clingmans Dome im Great Smoky Mountains NP. Der hätte mich ja auch fast umgelegt. Interessante Assoziationen.

In dem lieblichen Städtchen Odenheim blieb ich auch über Nacht. Weitere Nachtwanderungen auf dem E1 wollte ich nicht mehr versuchen. Auch wenn jetzt eher Weinberge denn Felsenmeere zu erwarten waren. 63 km waren genug für einen Tag.

Von Odenheim nach Pforzheim dem Schwarzwald entgegen

Am nächsten Tag brach ich früh auf. In Odenheim endet eine S-Bahnlinie. Interessant, dass der E1 zunächst exakt die imaginäre Verlängerung der Bahnlinie als Weg nutzt. So imaginär ist das wie ich in der später gekauften Ausgabe von Krause festgestellt habe, gar nicht „… zunächst in östliche Richtung auf dem als Fußweg hergerichteten ehemaligen Bahndamm der Bahnlinie…" Also wenigstens ein paar hundert Meter Eisenbahnromantik!

Teilweise durch Weinberge ging es erstmal nach Münzesheim. Dort über ein Kilometer entlang einer Bahnlinie. Und da kam sie schon auch, eine Nahverkehrsbahn mit dem Zielschild Forbach.

Dieser Ort liegt ebenfalls am E1, am Westweg im Schwarzwald. Ich war 1989 dort. Vor vierzehn Jahren. Wie die Zeit doch vergeht! Und es bleiben immer noch so viele E1 - Kilometer. In weltweiten Maßstäben sieht Deutschland immer so klein aus. Für einen einzelnen Menschen das ganze Land durchzuwandern, bedarf es doch einiger Zeit und Ausdauer! Also weiter. Über Gochsheim nach Bretten.

Dort ein nicht ganz nachvollziehbarer Umweg. Hoffentlich nicht als Marketing – Maßnahme eines am Stadtrand gelegenen Großmarktes. Frei nach dem Motto „Lass die Fernwanderer alle zu mir kommen!" Inzwischen habe ich ca. eine Marathonstrecke geschafft. Der Hunger meldete sich.

Als ich gerade überlegte, die vom Frühstücksbüffet mitgenommen Brote zu töten, glaubte ich fast eine Fata – Morgana zu sehen. Ganz ohne Wüste. Eine Grillhütte mit grillenden Menschen! Die auch keine geschlossene Gesellschaft darstellen, sondern das fertig Gegrillte allgemein für kleines Geld feilboten. Da mussten die Brote bis zur Rückfahrt das Nachsehen haben.

Nach einigen Grillwürstchen, Fleischspießen, und Fleischstücken, die mit Bier magenfertig gemacht wurden, schienen sich die verbleibenden 22 km nach Pforzheim fast zu 220 km aufzutürmen. So ging ich nur langsam los.

In Stein nutzte ich ein Gaststättenklo. Der Wirt war stinkig. Wie das Klo. Wollte 50 Cent. Ich gab sie ihm nicht. Aus Prinzip. Weil er es weder angeschlagen hatte, noch weil es der Rechtslage entsprach. Es musste wirtschaftlich schlecht gehen dem Wirt. Er ging nach draußen und schimpfte hinterher. Ein ungeschickter Geschäftsmann. Hätte er nicht schon vor dem Klo gelauert, dann hätte ich bei ihm eine Cola zur Verdauungsanregung getrunken. Das Grillgut lag noch immer schwer im Magen. Oder was es der Salat, den ich zum Abschluss der Fressorgie noch geschenkt bekam? So aber nicht. Lieber leiden als nachgeben!

Nach drei weiteren Stunden erreichte ich Ispringen. Dort gab es auch Cola. Beim Discounter. Dann noch vier Kilometer parallel zu Bahnlinie und unter einer Autobahn hindurch. Selbst der Odenwaldclub schreibt auf seiner Internetseite zu diesem Abschnitt: Ispringen „Hier berührt der Weg jetzt direkt den Bahnhof. Dies ermöglicht den letzten Abschnitt nach Pforzheim (4 km - nur Teer) mit der Stadtbahn S 5 zurückzulegen"

Die Kalorien der 1,5 Liter Flasche wollten aber abgewandert werden. Teer gehört in Deutschland eben auch dazu. Sogar ganz viel Teer. Man denke nur an das Autobahnnetz. Also warum nicht mal wieder 4 km Teer wandern? Wo die vorherigen 44 km doch angenehm waren. Außerdem wollte ich die gesamte Strecke wandern. Sonst könnte ich gleich nach Konstanz oder Genua fahren.

In Pforzheim sah ich dann wieder die Markierungen des Schwarzwaldvereins. Abgesehen vom Abschnitt kurz vor Frankfurt kannte ich den E1 von Buchholz in der Nordheide bis nach Achdorf in Südschwarzwald jetzt durchgehend. Er lohnte sich den E1 weiter zu gehen. Es gab nicht nur vielfältige Landschaften. Die verschiedenen Menschen machten das Wandern noch interessanter.

Eine Laufveranstaltung auf dem E1 (Eckernförde – Strande)

Als aufmerksamer Leser von Laufzeitschriften und Internetlaufkalender bin ich auf einen „Ostsee – Teilabschnittslauf" des TuS Holtenau gestoßen. Die Strecke führte von Eckernförde nach Kiel. Also zwei E1 – Etappen.

Es war eine der wenigen Laufveranstaltungen, die Punkt zu Punkt verliefen. Das ist auch verständlich. Die meisten Läufer melden sich nicht langfristig vor, sondern erscheinen einfach "auf gut Glück". Der Veranstalter hat dann zusätzlich zum eigentlichen Lauf noch einige Transportprobleme zu lösen. Auch Läufer werden immer anspruchsvoller. Das hat auch schon zum Aussterben einiger Laufveranstaltungen geführt, die früher bekannte Wanderwege genutzt haben.

Interessant in diesem Zusammenhang ist auch, dass viele Punkt zu Punkt Marathons auf Fernwanderwegen geführt werden. Der bekannteste ist wohl der Rennsteiglauf, der Mitte Mai Tausende auf den Fernwanderweg EB/E3 zieht, der in diesem Abschnitt eben als der Rennsteig bekannt ist. Aber auch eine weitere Veranstaltung, der Usedom – Marathon benutzt von Swinemünde in Polen nach Wolgast in Deutschland über fast die gesamte Strecke den nicht so bekannten E9.

Der Veranstalter hat uns an diesem 24.05.2003 von Kiel nach Eckernförde gebracht. Nun standen wir an einer Ampel, die mit dem Andreaskreuz des E1 markiert war und warteten auf den Start des Gruppenlaufs.

Gruppenlauf wird meistens unter dem Etikett "kein Wettkampfstress" angeboten. Leider ist das in der Praxis nur die halbe Wahrheit. Als Hobbyläufer kann man einen Wettkampf im Regelfall sowieso nicht gewinnen. Insofern kann man, sofern man kein Problem mit dem Zeitlimit hat, sein Tempo laufen. Die Strecke ist ja markiert. Genug Mitläufer sind im Regelfall auch da. Auch die Getränkestellen "laufen" nicht weg.

Bei einem Gruppenlauf ist das anders. Hier hat man richtig Stress. Man MUß nämlich das vorgegebene Tempo halten. Meistens ist das nicht das eigene, also entweder zu schnell oder zu langsam. Läuft man vor, wird meistens der Veranstalter pampig, läuft man dauernd zu langsam, wird einem das Aufhören nahe gelegt. Ich habe bei meinen 314 Laufveranstaltungen bisher nur drei Gruppenläufe gemacht. Ich glaube nicht, dass ich mich noch zu einem vierten anmelden werde.

Es ging los. Dabei folgte man exakt der Strecke des E1. Teilweise liefen wir dadurch direkt am Strand, was immer wieder zum Auseinanderfallen der Gruppe führte. Diese sammelte sich dann an den Verpflegungspunkten wieder ein. Ein abwechslungsreicher Abschnitt am E1. Endlich mal unbeschwert ohne Rucksack, sogar ohne Trinkflaschen „Kilometer machen". Wenn nur die Gruppenzwänge nicht wären. Da es an dem Tag nicht besonders warm war, war mir das Tempo eigentlich zu langsam.

Der Transport zum Start war sehr früh. Ich hatte unterstellt, dass es wärmer werden wird. Der Veranstalter war aber ganz und gar nicht damit einverstanden, dass ich vorlaufe und bei der nächsten Bratwurstbude warte. Das wäre nun mal ein Gruppenlauf. Außerdem könnte ich mich verlaufen.

Auf den Einwand, die Andreaskreuze wären ja da, wollte er nicht so richtig eingehen. Wir würden den E1 schon verlassen. Was er nicht gesagt hatte, war die Tatsache, dass das erst nach über 30 Kilometern der Fall sein würde. Also weiter joggen und frieren. Das Ganze war leider noch steigerungsfähig.

Wir machen eine längere Rast am Bülker Leuchtturm Da kühlt man so schön aus. Es fing auch noch zu regnen an. Die Strandpromenade von Strande konnte ich dadurch nicht mehr so richtig genießen. Die Beine waren schon etwas steif. Also zu Abwechslung der Gruppe etwas hinterher. Hinter Strande verließen wird dann den E1.

Warum das der Fall war, weiß ich bis heute nicht. Der Veranstalter wollte auch nach dem Zieleinlauf nicht über seine Streckenwahl diskutieren. Die war aus meiner Sicht nicht gut. Der E1 verläuft zehn Kilometer nach Strande direkt an dem Sportverein also dem Zielort. Ich werde es nicht erfahren. Wie hieß es in einem Reiseführer zu Schleswig – Holstein? „Die Menschen sind wortkarg und der Heimat verbunden."

Also die strandnähere Strecke. Wir kamen an einem Bundeswehrgelände an. Dort warteten wir erstmal geschlagene zwanzig Minuten auf einen profilierungssüchtigen Lokalpolitiker. Der hielt dann vor den vor Regen und Kälte zitternden Läuferschar eine kurze aber in der Situation doch zu lange Rede. Das Laufen wäre doch so gesund. Man würde doch so vielen Zivilisationskrankheiten vorbeugen. Naja, er hat sich keine Erkältung geholt.

Danach in Eskorte durch die „verbotene Zone". Den freundlichen Soldaten schien die Abwechslung willkommen zu sein. Fotografieren verboten. Es gab auch nichts zu sehen, was in Bundeswehrprospekten nicht auch schon zu sehen wäre. Vielleicht habe ich aber nur keine Ahnung. Das letzte Stück ein bisschen bergauf und „schon" waren wir da.

Für die ca. 43 km haben wir mehr als sechs Stunden gebraucht. Zu der Zeit lief ich Marathon noch in 3 Stunden 45 Minuten. Ich fühlte mich aber so kaputt als ob ich eine neue Bestzeit gelaufen wäre. Der Ausklang war dann aber sehr schön. Essen und Trinken satt. Sowie die Einladung im nächsten Jahr wieder zu kommen. Der wollte ich allerdings nicht mehr nachkommen. Bin was das Lauf- oder Wandertempo angeht zu sehr ein Individualist.

Angela – Trilogie – zweiter Teil (Ratzeburg – Mölln)

Am 29.05.2003 machten wir uns mit Daisy auf ins "Land der Horizonte", nach Schleswig Holstein. Wir wollen die Etappe Ratzeburg – Mölln gehen. Sie ist nur 18 km lang, müsste flach sein und hat eine gute Bahnanbindung für die Rückfahrt.

Anfangs geht es am Küchensee vorbei, dann in einigen kleinen aber manchmal giftigen Anstiegen ohne Horizonte durch einen Laubwald. Auch wenn die höchste Erhebung Schleswig – Holsteins nur 181 m hoch ist. Dauernd auf- und ab zwischen 16 m und 40 m kann auch anstrengend sein, zumal das Angelchen natürlich schon etwas schwerer geworden war. Zum Glück gab es trotz der vielen Seen gerade keine Mücken.

Nachdem Angela die ersten drei Stunden der Wanderung sichtlich genossen hatte, änderte sie kurz vor Mölln schlagartig ihre Meinung und war bis zum Bahnhof durch nichts mehr zu beruhigen. Milch, Essen, Trinken, Spielsachen, Tragen es half einfach nichts. Es wird wohl ihr lockiges Geheimnis bleiben, was ihr an Mölln oder in der Umgebung nicht gefallen hatte.

Da die Etappe jedoch besser gelaufen ist, als die Etappe Montabaur – Nassau, haben wir beschlossen, in August die nächste Etappe "auf der Hauptstrecke" also weiter Richtung Frankfurt zu gehen. Meine Frau wollte dem Angelchen etwas Verschnaufpause gönnen.

Außerdem konnte sie dem Wandern in Schleswig – Holstein nicht soviel Reiz abgewinnen wie dem deutschen Mittelgebirge.

Long – Jog in Schleswig Holstein (Mölln – Hamburg)

Ich mag Lücken nicht besonders. Trotzdem können sie zumindest mir helfen, die Gesamtstrecke zu wandern, falls diese „in einem Stück" nicht so abwechslungsreich zu werden erscheint.

Sie sehen dann auch nicht 30 Tage hintereinander die Norddeutsche Tiefebene, sondern die Bilder wechseln sich ab. Lücken zu schließen, die Sie vielleicht absichtlich aufgemacht haben, kann auch leichter fallen, als z.B. den ganzen Westweg im Schwarzwald am Stück abzuwandern. Wenn Sie eine Lücke geschlossen haben, dann fügen sich die Bilder im Kopf zu einer geschlängelten Linie. Nachteil bei der Strategie sind natürlich höhere Fahrtkosten, die aber unter Umständen durch eingesparte Übernachtungen ausgeglichen werden können.

Von Mölln zur Aumühle

Ich wollte mal wieder eine Lücke schließen. Hier bot es an, nach und nach die Lücke Mölln – Buchholz anzugehen. An die gigantische Entfernung Flensburg – Ratzeburg von 339 km abzüglich der Laufstrecke wollte ich noch nicht dran. Also Anfang Juni auf nach Aumühle (liegt zwischen Witzhave und Hamburg), dort geparkt und mit dem Zug nach Mölln gefahren. Die ersten 18 km nach Güster am Lüttauer, Drüsen- und Krebssee waren in rekordverdächtigen 150 Minuten erledigt.

Die Strecke nach Witzhave war mit 33 km auch noch gut zu laufen. Diese führt meistens auf offenen Feldwegen prinzipiell Richtung Westen mit hier und da einer Ausbuchtung. Das letzte Wegstück nach Witzhave sowie Teile der verbleibenden 8 km nach Aumühle führten an dem Flüsschen Bille. Dann noch ein paar Anstiege im Wald und nach 59 km pünktlich zum Sonnenuntergang am Auto in Aumühle.

Ich gönnte mir ein Abendessen und konnte mich im Waschraum der Gaststätte sogar problemlos erfrischen. Da es inzwischen 22 Uhr geworden war, habe ich beschlossen, Zeit und Geld zu sparen und im Auto zu nächtigen. Die Überlegung war auf diese Weise am nächsten Tag früher losgehen zu können und damit auch früher zu Hause bei meiner Familie zu sein. Ich zog also die Socken aus und setzte mich im Schlafsack zu Ruhe.

Nach Hamburg – noch nie war ein Stadtweitgang so schmerzhaft wie heute

Ich hatte ursprünglich vor, an diesem Tag über Hamburg Billstedt bis nach Hamburg Blankenese zu gehen. Dort wollte ich den Fährfahrplan nach Cranz, dem Ausgangspunkt der Wanderung nach Buchholz eruieren.

Da ich dienstlich häufiger in Hamburg zu tun hatte, bin ich davon ausgegangen, an einem der Nachmittage die verbleibende Lücke nach Buchholz schließen zu können. Daraus wurde nichts. Als ich am nächsten Morgen frische Socken anziehen wollte waren keine da. Meine Frau hat sehr wohl Unterwäsche für evtl. drei Tage aber keine Socken eingepackt.

Die am Vortag benutzten waren steif. Die Gaststätte mit den Waschmöglichkeiten öffnete erst um zehn Uhr. Außerdem war es nicht warm genug für eine Wanderung mit nassen Socken. Ich war leider bei meiner lieben Frau faul geworden.

Sie hat immer alles für Laufveranstaltungen oder Wanderungen eingepackt. Anfangs habe ich die Sachen noch mal überprüft. Es war aber immer alles Notwendige da. Jetzt wurde sie durch das Angelchen abgelenkt und schon fehlte ein paar Socken. Ich wollte jedoch nicht auf den Weiterweg verzichten und deshalb habe ich die Laufschuhe einfach ohne Socken angezogen.

Die ersten Kilometer ging es noch gut. Bis die Füße anfingen, richtig zu schwitzen. Bereits nach 12 km zeichneten sich erste Blasenprobleme ab. Die Bebauung und damit die Einkehrmöglichkeiten wurden jetzt immer zahlreicher.

In einem Imbiss am U-Bahnhof Billstedt machte ich nach 19 km eine Mittagsrast und behandelte bereits fünf Zehen mit Pflaster. Obwohl ich mich in die hinterste Ecke des Gästeraumes zurückgezogen habe, war der Wirt über den Missbrauch seines Ladens „als OP-Raum" vorsichtig ausgedrückt, unzufrieden.

Mit der Frage, ob er denn jemals nur bis zu Innenstadt gegangen wäre, konnte ich etwas Verständnis gewinnen. Wenigstens bis zur Stadtmitte wollte ich noch kommen. Der E1 folgte in westliche Richtung weitgehend dem Verlauf der U3, so dass alle 500 – 1000 Meter eine neue Versuchung in Form einer Station wartete, das Wandern = Leiden abzukürzen. Wo die Strecke doch so schön durch die Grünanlagen verlief. Ich kam zu Fuß an der Station Berliner Tor an. Kurz danach habe ich die Innenstadt mit der Innen- und der Außenalster erreicht.

Mit immer mehr beschädigten Zehen schleppte ich mich an den Planten und Blomen weiter Richtung Hafen. So habe ich mir das Wiedersehen mit dem 1989 gesehenen Streckenabschnitt nicht vorgestellt. Der „Kriegsklotz" stand immer noch. Daneben wurden inzwischen Plastiken gegen Krieg und Gewaltherrschaft aufgestellt, die den Gesamteindruck jedoch nur ein wenig abschwächten.

In der Nähe der Station Reeperbahn ging ich wegen der Zehenschmerzen bereits so langsam, dass mich Mütter mit Kinderwagen überholten. Nur noch ein kurzes Stück bis zu U-Bahn Station Landungsbrücken. Dort beendete ich den leidvollen Tag. Wenigstens bin ich bis zu Elbe gekommen.

Auf der Reeperbahn nachts kurz vor eins – (Hamburg – Buchholz)

Einen Monat später sind zwei Ereignisse eingetreten. Zum einen haben meine Zehen mir ihre Juni - Tortur verziehen und waren vollständig geheilt. Zum anderen hatte ich Anfang Juli 2003 in Hamburg dienstlich zu tun. Der Termin ließ sich sogar auf den Vormittag legen, so dass ich um 14 Uhr schon „frei" war.

Da schrie der E1 mich gerade förmlich an „Wandere mich", „Schließe die Lücke", „Teste die Fähre" Ich stellte das Auto in der nicht mehr so berüchtigten Hafenstraße ab und ging schnellen Schrittes Richtung Blankenese. Die Sonne schien, so bin ich nur mit einem T-Shirt und ohne Wechselsachen losgegangen. Leider nicht schnell genug. Die Fähre nach Cranz war gerade kurz weg als ich dort ankam.

Über eine Stunde wertvolle Wanderzeit verloren. Dafür war die spätere Überfahrt ein Erlebnis für sich. Die Fährleute müssen einen über den Durst getrunken haben. Sie kamen mit einer richtig guten Laune daher. Sie äußerte sich darin, dass sie bei der Überfahrt jeden Matrosen oder Arbeiter über den Bordlautsprecher aufzogen, die sie auf den passierten Schiffen gesehen haben.

Zumindest haben sie unterwegs nicht mit den anderen Schiffen „gekuschelt", so dass wir unbeschädigt in Cranz anlegen. Als sie kein Fahrgeld haben wollten, fanden alle Fährgäste, dass der HVV endlich mal den Kundenservice groß schreibt. Direkt am Anleger wird die E1 – Markierung wieder aufgenommen.

Zunächst am Deich und dann nach Süden schwenkend ging es nach Fischbek. Dort beginnt die Fischbeker Heide mit einigen Hügeln. Diese Landschaft konnte ich wegen des einsetzenden Regens nicht mehr so richtig genießen. Außerdem zog sich die Strecke hin. Nach Überquerung der Autobahn schien es nicht mehr so weit zu sein. Die Wegführung wurde aber wohl wegen des Wachstums von Steinbeck und Buchholz geändert.

Etwa drei Kilometer vor Buchholz kam dann ein Wolkenbruch, so dass ich komplett durchnässt wurde. Als ich mir an einer Tankstelle unterwegs etwas zu knabbern und trinken holte, war die Bedienung sichtlich froh, mich als Kunden wieder losgeworden zu sein. „All our visitor make us happy, some by coming, some by going!" Gegen 22 Uhr 30 erreichte ich den Bahnhof. Es ist kühler geworden. Der Regen hat ebenfalls aufgehört.

Um nicht auszukühlen zog ich das nasse T-Shirt sowie die ebenfalls nasse kurze Hose aus, so dass ich nur noch mit Schuhen und Unterhose bekleidet war. Bereits der Schaffner im Zug schaute komisch, hat sich aber pflichtbewusst nur nach meiner Fahrtkarte erkundigt. Die Security – Leute am Hauptbahnhof wollten mehr wissen. Mit der Seite aus dem Krause – E1 – Führer war dann alles geklärt. Mit der S-Bahn fuhr ich zu Station Reeperbahn.

Um das Auto zu erreichen war es am einfachsten den Sündenpfuhl einfach zu überqueren. Ich fragte mich nur, was der Grund für die Aufmerksamkeit der Damen dort war? Habe ich mit meinem Aussehen ihre innigsten Gelüste geweckt? Oder schien ich nur ein besonders ausgehungerter potenzieller Kunde zu sein? Eine griff mir unter die Hose und dann ihren Kolleginnen lautstark zu verkünden „Der hat wirklich nichts drunter an!" Hundert Meter weiter probierte eine Domina mit dem Spruch „Lust auf etwas Besonderes?" sanft ihre Peitsche auf meinem Rücken aus.

Ich hatte schon genug gelitten. Außerdem bin ich glücklich verheiratet. Ohne weitere Probleme stieg ich zur Hafenstraße hinab und fuhr nach Hannover. Nun war der E1 zwischen Ratzeburg in Schleswig – Holstein und Montabaur in Rheinland – Pfalz komplett.

Im Hochsommer an der Ostsee (Strande – Neustadt)

Auf der Suche nach Antworten – von Strande nach Plön

Der E1 – Lauf ließ bei mir eine Frage unbeantwortet. Warum besorgt sich der Laufveranstalter eine Genehmigung ein Militärgelände durchqueren zu dürfen? Der Fernwanderweg durchquert „frei" etwa die gleiche Strecke. Um die Antworten zu finden, fuhr ich Mitte Juli 2003 wieder nach Kiel. Von dort aus mit dem Bus nach Strande. Die Strandpromenade erstrahlte an diesem Tag im Sonnenlicht.

Die E1 - Strecke geht von dieser auf den Schilksseewanderweg ab. Dieser führte auf- und ab über kleine Hügel zum Nord-Ostsee Kanal. Warum in den früheren Ausgaben von Krause empfohlen wurde, diese Strecke mit dem Bus abzukürzen, konnte ich nicht nachvollziehen. Ich verstehe auch den Laufveranstalter nicht! Vielleicht waren es diese sanften Mini-Hügel, die er seiner Gruppe nicht zumuten wollte? Oder hatte er Angst Läufer zu verlieren, weil der Weg etwas schmaler ist und man teilweise nur hätte hintereinander laufen können? Oder wollte er näher am Meer laufen lassen? Das war aber auf dem Bundeswehrgelände auch nicht der Fall. Wie schon angemerkt. Es werden Mutmaßungen bleiben. Mir hat die Strecke nach Kiel sehr gut gefallen. Jetzt wusste ich auch was mir als Läufer das letzte Mal entgangen ist.

Dann auf die Südseite des Nord-Ostsee Kanals mit einer kleinen Fähre. Später durch Kiel. Hier hieß es sehr auf die Wanderzeichen aufzupassen. Es waren nicht mehr alle da. Offensichtlich lösen an Laternen oder Häusern angebrachte Aufkleber mit Andreaskreuzen bei der Stadtjugend Fingerjuckreize aus.

Sie MÜSSEN dann abgerissen werden. Auch diesbezüglich ließen sich Ranglisten aufstellen.

In Frankfurt am Main war es am schlimmsten. Danach Kiel. In Hamburg fast keine Probleme. Allen Widrigkeiten zu Trotz fand ich die Kieler Förde und lief dieser entlang zur Fähre nach Wellingdorf. Die soll der Wanderer auch nehmen. Das letzte Andreaskreuz ist auch am Anleger angebracht. Es gab nur einen Haken. Die Fähre verkehrte an diesem Tag nicht.

Zurück in die Innenstadt. An der zentralen Busstation wurde man durch Tafeln darauf hingewiesen, dass die Umgebung von der Polizei Video überwacht würde, um Straftaten zu verhindern. Die Welt ist schlecht geworden. Kaum ist eine Stadt etwas größer, schon werden die Touristen abgeschreckt. Ohne mit Gesetzesbrechern konfrontiert worden zu sein, erreichte ich und alle meine Sachen mit dem Bus den Ortsteil Wellingdorf. Auch auf dieser Seite war der E1 bis zum Anleger markiert.

Ein Foto von der verhinderten Fährstrecke quer über die Kieler Förde und los ging es. An der Schwentine viele Kilometer durch eine Auenlandschaft. Man kommt auch an zwei älteren Kraftwerken, die noch Strom produzieren, vorbei.

Bei der Rastdorfer Mühle befindet sich ein Streichelzoo. Dort konnte in Automaten Futter für die Tiere gekauft werden. Diese schienen sich mit der Euro – Umstellung schwer getan zu haben. Sie akzeptierten nur eine Art von Münzen. Ich konnte wechseln. Die Kinderaugen leuchteten. Wo das Sonnenlicht immer mehr schwand. Es war bereits später Nachmittag Also Schritt verschärfen. Am Kloster vorbei zum sehenswerten Marktplatz in Preetz.

Nach einer kurzen Rast rief die nächste Etappe nach Plön. Auch eine „Wasseretappe". Hier aber nicht Fluss sondern Seen. Genauer gesagt Seen, die von einem Fluss nämlich der schon bekannten Schwentine durchflossen werden. Zunächst der Lanker See. Danach der Wielener See. Nach der Durchquerung von Wielen der Kleine Plöner See. Die Bundestrasse nach Plön wurde überquert. Auf dieser sind es höchstens zwei Kilometer bis nach Plön.

Am Seeufer vielleicht 2,5 km. Aber der E1 hat in Schleswig Holstein eine Mission. Möglichst viele Kilometer zu machen. Deshalb wird der Tramer See fast umgangen. Mindestens vier Extra – Kilometer. Die Mücken kamen langsam aber sicher. Den viel gelobten Blick auf das Schloss konnte ich leider nicht genießen. Es war verhüllt. Aber nicht von Christo. Sondern von den Gerüstbauern wegen einer Fasadensanierung. Nach knapp 50 km freute ich mich direkt am E1 gegenüber dem Bahnhof unterzukommen.

In den Bergen des Nordens von Plön nach Neustadt

Am nächsten Tag ging die Seh- oder besser gesagt, die Seetour weiter. Am Großen Plöner See, dem Behler See, sowie dem Dieksee nach Malente. Ich musste das Tempo etwas drosseln, um nicht mit den Rentnergruppen, die diese Gegend zahlreicher als andere Gegenden bevölkern, zu kollidieren.

Zwischen Malente und Eutin wiederholt der E1 das Spielchen, das er schon vor Plön machte. Der Keller See wird umgangen, obwohl es auf dem anderen Ufer einen direkten Weg gegeben hätte. Leider ist das hier nicht nur sinnlos, sondern auch gefährlich. Wegen der Villen mit großen Seegrundstücken wird für ca. 2 km davon eine viel befahrene Landstraße benutzt. Da haben die Stadtväter wohl nicht ganz aufgepasst und dem Fremdenverkehr im wahrsten Sinne des Wortes „das Wasser abgegraben". So wie die Autofahrer auf dieser Landstraße unterwegs waren, wunderte ich mich, dass in den vorher durchquerten Ortschaften noch so viele Senioren am Leben waren.

In Eutin schien der E1 richtig beliebt zu sein. Große Schilder verkündeten, dass man sich auf dem E1 / E6 befindet und dieser nach Genua bzw. nach Triest führt. Beide jeweils über 2400 km lang. Am Eutiner See vorbei auf nicht besonders interessanten Wegen zum Bungsberg. Es gibt sogar eine „offizielle Abkürzung" ohne den Bungsberg. Aber das ist doch gerade das „Highlight"

Zusätzlich zu den natürlichen 168 m Höhe steht dort noch ein Sendeturm mit 179 m Höhe. Mächtig, gewaltig würden die drei von der Olsenbande sagen. Mit der Aussicht gab es also keine Probleme. Diese war großartig. Auch wenn man nach Entrichtung einer Gebühr an die Telekom nur 40 m hoch kam. Inzwischen soll das (wegen Bin - Laden?) nicht mehr möglich sein. Schlechter sah es mit dem leiblichen Wohl aus. Die noch in den E1 – Berichten erwähnte Gaststätte hat aufgegeben. Vandalen oder verhinderte Gäste haben den Türen und den Fenstern dann den Rest gegeben. Abstieg nach Schönwalde dann durch ein sehenswertes Hochmoor. Gegenüber der inzwischen durch ein Großfeuer zerstörten Jugendherberge fand ich eine Einkehrmöglichkeit. So gestärkt ging es dann die letzten 20 km an diesem Tage nach Neustadt.

Auch hier macht der E1 einen Umweg, der wahrscheinlich nur dem Aufnehmen der Umleitungsstrecke dient. Dafür wird der vom weiten sichtbare Gömnitzer Berg mit dem Aussichtsturm vom E1 nicht berührt. Den bestieg ich dann eben ohne E1, was fast zwei zusätzliche Kilometer bedeutete. Der E1 zieht nordwestlich zum Gut Siershagen, um sich dann endlich nach Neustadt zu orientieren. Nach 132 km an diesem Wochenende gönnte ich mir noch eine Zwischenmahlzeit im Bahnhofsrestaurant, bevor es zurück nach Hannover ging.

Mit Heinz auf dem E1 (Flensburg – Schleswig)

Einmal kann ich meinen Laufkameraden locken, die Schönheit des E1 zu genießen. Normalerweise ist er nur für Marathonläufe zu haben. Die haben nämlich im Vergleich zum Laufen oder Wandern auf dem E1 einige Vorteile

a) Man läuft ohne Gepäck
b) Man wird alle 2,5 km bis 5 km verpflegt (mit schwankender Qualität und Quantität)
c) Es gibt Mitläufer zum Quatschen
d) Man verläuft sich nicht (zumindest nicht bei größeren Veranstaltungen)
e) Die Strecke ist nach 42,2 km zu Ende (falls korrekt vermessen)
f) Sie verbrennen in kurzer Zeit viel Fett
g) Man kann jedem gefinishten Marathon oder Ultra (darf es noch ein bisschen mehr als 42,2 km sein?) beim 100 Marathon - Club einreichen und so in der Sammlerliste nach oben kommen.

Falls Sie jetzt glauben sollten, dass Sie mit Marathonsammeln noch irgendeinen Rekord brechen könnten – vergessen sie es! Die Spitzenleute des 100er Clubs haben bereits über tausend Marathonläufe absolviert. Dazu brauchen Sie, wenn Sie 20 pro Jahr machen 50 Jahre! 100 kann aber auch ein Ziel sein. Ich habe über 300 gesammelt, aber im Gegensatz zum Wandern ist das Ganze doch nicht so gesund, besonders für die Gelenke.

Was hat der E1 für Vorteile müsste man dann fragen? Hier sind sie:

a) man geht eine neue Strecke (beim Marathon gibt es häufiger Mehrundenstrecken)
b) man hat für die 20 – 60 Kilometer Tagesetappe den ganzen Tag Zeit – kein Besenwagen
c) Spannung: Finde ich die Markierungen?
d) Spiel: Ist heute Ruhetag oder nicht?
e) Spaß: EIN Mittagsbier trinken ohne an Gewicht denken zu müssen
f) Mehr Ruhe. Abseits von Rundwanderwegen treffen Sie meistens nicht viele Menschen
g) Gelenkschonender. Zumindest bis zum Abschnitt Gotthard – Airolo.
h) Das Gefühl, wirklich eine Strecke geschafft zu haben. (Beim Marathon kommen Sie auch bei ein - Runden-Strecken meistens an den Ausgangspunkt zurück)
i) Abenteuer: Wird die Rückfahrt klappen?
j) Besichtigungen Man kann sich etwas unterwegs ansehen, Museum, Teich, Felsen, Kirchen, Denkmäler alles kein Problem. Beim Marathon dürfen Sie die Strecke nicht verlassen.

Nachdem ich also Heinz mehr übergeredet als überzeugt hatte, machten wir uns auf nach Schleswig. Von dort aus fuhren wir mit dem Zug nach Flensburg und weiter mit dem Bus zum Grenzübergang Kupfermühle.

Da war sie also die Stelle, an der sich wohl jedes Jahr viele Wanderer Richtung Konstanz und Genua aufmachen. Die nicht funktionierende Rolltreppe am Ausgangspunkt des E1 hat, denke ich, auch schon Kultstatus unter den Fernwanderern. Es gibt jedoch keine Statistik darüber wie hoch die Erfolgsrate gestaffelt nach erreichten Orten ist.

Ein großes psychologisches Problem ist meines Erachtens beim E1 die Tatsache, dass bevor das nur 200 km entfernte Hamburg erreicht wird, bereits über 430 km abgewandert werden müssen. Der Weg kostet die Holsteinische Schweiz in allen Varianten aus und führt zum Teil entgegengesetzt zum Zielort. Aus Tradition wird natürlich kein durchquerter Ort auf "seinen" E1 verzichten wollen. Aber dass der Deister südlich von Hannover erst nach 701 km Fußmarsch erreicht wird, ist vielleicht doch Zuviel des Nordens, zumal es bis Konstanz von dort aus "nur noch" 1101 km sind.

Wie dem auch sei. Aus Konzession auf die Tatsache, dass wir auch Läufer waren, haben wir abgesprochen, die Strecke von 48 km zu joggen. Gut, dass wir die klaffenden Bestien nach zwei Kilometern rechtzeitig erkannt haben. Schließlich hat fast jeder Läufer schon irgendwelche negativen Erfahrungen mit Hunden gemacht.

Die Sätze "Er tut nichts." oder "Er will nur spielen." kennt man schon lange. Dazu nur ein kurzes Zitat aus Faust I von Goethe "Die Botschaft höre ich wohl, allein mir fehlt der Glaube." Ohne weitere Zwischenfälle durch den Flensburger Forst erreichten wir die sonnendurchflutete Flensburger Förde und ahnten bereits Böses. Es wurde heiß. Ich fühlte mich in die Heimat meiner Frau versetzt. Nur dass ich dort nicht gelaufen bin.

Die Jürgenstreppe zum Bahnhof gingen wir schon teilweise, obwohl wir erst zehn Kilometer unterwegs waren. Danach geht es über meistens offene Flächen "Schön warm heute" nach Oeversee. An dem Kriegerdenkmal von 1866 tranken wir unsere letzten Getränke aus. Zudem stellten wir fest, dass Oeversee wohl ein Übernachtungsstützpunkt am E1 sein muss.

Der Ort wurde vom Osten angegangen nach Westen durchquert. Danach ging es ein kleines Stück nach Süden, um über eine lange Gerade nach Osten wieder aus dem Ort raus. Aus diese Weise hat man mit 2 km brutto Wandern ca. 0,5 km netto Strecke geschafft. Erinnerte irgendwie an die Gehaltsabrechnung.

Weiter wanderten wir Richtung Süden durch einige Naturschutzgebiete, wo uns aber Insekten insbesondere Bremsen zum schnelleren Schritt zwangen. Wo es im Wald doch kühler war! Mehrfach klingelten wir an Häusern, um unsere Wasserflaschen auffüllen zu lassen.

Geschäfte gab es unterwegs leider keine oder sie hatten am Samstag geschlossen. Besonders gastfreundlich waren die Norddeutschen nicht. Auf die Idee uns etwas anderes als Leitungswasser anzubieten, kam erst ein zehn Kilometer vor Schleswig wohnender Lehrer. Mit diesem war auch ein Gespräch möglich.

Nach acht Stunden erreichten wir müde aber glücklich Schleswig. Kurz davon passierten wir noch einen sehr schönen Weg durch ein "Halb"- Moor.

Die Stadt heißt mit zwei typisch deutschen Gebäuden ihre Besucher willkommen. Das eine ist das Schloss Gottorb. Das andere ist der monumentale Bau des Oberlandesgerichts. Zum Glück gab es unweit des Bahnhofs noch einen geöffneten Lebensmittelladen, wo wir den Blutzucker- und Flüssigkeitsspiegel wieder in Normbereich bringen konnten.

Meine Hintergedanken, am nächsten Tag noch die Strecke Schleswig – Eckernförde dranzuhängen konnte ich vergessen. Heinz war noch schlimmer als E.T. Er wollte nicht nur nach Hause telefonieren. Er wollte dorthin. Und zwar sofort. Also noch am 31.07.2003. Nicht am 01.08.2003.

Unter Verdacht zwischen Schleswig und Eckernförde

Die langen Tage mussten ausgenutzt werden. Außerdem fehlten von Flensburg bis Achdorf außer der reservierten Strecke Nassau – Frankfurt nur noch fünf „Krause" - Etappen. Die ersten beiden von Schleswig bis Eckernförde ging ich am 16.08.2003 an. Mit Heinz war es ja leider nicht möglich.

Es war ein Samstag. Gute Chancen also an offenen Läden vorbeizukommen. Einige Kilometer nach Schleswig erreichte ich mächtige Wallanlagen. Obwohl diese 9 m hoch waren, wurde die ehemals bedeutende Stadt Haithabu im Jahre 1050 zerstört und 1066 von Westslaven ausgeplündert. Die Zerstörung Haithabus begründete den Aufstieg Schleswigs. Hier zweigt auch der Schlei-Eider-Elbe Weg ab. Auf diesem kann Hamburg Blankenese nach ca. 260 km erreicht werden.

Nach der Überquerung einer Holzbrücke für Fußgänger bei Selker Noor war es mit der Ruhe bald dahin. Ich verlief mich in einem Jugendcamp. Es dauerte nicht lange, da kamen auch zwei Betreuer angelaufen. Sie wirkten nicht freundlich. Fragten sofort was ich da wollte, wo ich überhaupt hin wollte und woher ich käme. Sie schienen um ihre Kinder sehr besorgt zu sein. Nachdem ich sie davon überzeugt habe, dass ich nur ein harmloser Fernwanderer bin, zeigten sie mir die Fortsetzung meines Wanderweges.

Das ist aber genau das Problem. Der E1 durchquert nicht nur das Gelände, was schon unglücklich ist. Er ändert dabei noch leicht die Richtung. Wenn dann die Zelte aufgebaut sind, hat man im Prinzip keine Chance, unverdächtigt zu erscheinen. Suchen ist auf jeden Fall angesagt.

Wie ich dem Internet später entnehmen konnte, war ich nicht das einzige Opfer dieser Wegführung. Hier besteht Handlungsbedarf um nicht unnötig die Betreuer und die Wanderer zu ärgern. Ob der E1 verlegt werden könnte, entzieht sich meiner Kenntnis. Falls nicht, dann könnte man doch die Kinder / Jugendlichen einmal damit beschäftigen, Pfähle herzustellen. Diese mit Andreaskreuzen versehen und in jeweils fünf Meter Abstand voneinander in den Boden gerammt, würden eine sichere Passage für die Wanderer herstellen. Wer sich dann noch verläuft, der ist wirklich verdächtig.

An der Selker Mühle vorbei ging es nach Lottorf. Der Mühlenteich ist ein Angler – Eldorado. Wie an einer Perlenschnur sitzen die Angler. „Petri Heil!" Ganz leise schlich ich an ihnen vorbei. Aus Erfahrung beim Laufen wusste ich, dass Angler richtig rabiat werden können, wenn man ihre geliebten Fische verscheucht. Mit einem oder zwei wird man noch fertig, notfalls durch Flucht. Hier waren aber mindestens zwei Dutzend! Also ein halber Fisch für jeden?

Ohne weiteren Nervenkitzel erreichte ich Brekendorf. Dort begann eine „Bergetappe". Es waren zwei Berge zu bezwingen, die jeweils 99 m hoch sind. Da blieb einem glatt die Luft weg. Auf dem zweiten Berg, dem Aschberg befindet sich ein großes Bismarckdenkmal. Leider hat das Restaurant nicht die Preise von 1871 sondern eher von 2015. Falls man übernachten möchte, gibt es dort auch eine Jugendherberge.

Es ging hinunter nach Damendorf, wo der Weg erstmal nach Norden abknickte, um auf diese Weise wieder zu Ostsee zu kommen. Auf dem Weg dorthin wird noch das sehenswerte Windebyer Noor halb umgangen. Um die Etappe abzuschließen wanderte ich vom Zentrum ein Stück weiter bis zu der Ampel, an der vor knapp drei Monaten der Gruppenlauf startete.

Angela – Trilogie – dritter Teil (Nassau – Balduinstein)

Am 19.08.2003 fuhren wir mit dem Auto zum Zielpunkt einer Etappe nach Balduinstein. Die Überlegung war, dass wir nicht wussten, wie lange wir brauchen würden. Das liebe Angelchen hat sich doch als ein sehr schwer kalkulierbarer Faktor erwiesen.

Der Lahnhöhenweg der auf dieser Etappe 550 m Höhenmeter überwinden sollte, hat zumindest subjektiv mehr Höhenmeter zu bieten. Aber der Reihe nach. Nach der Brücke über die Lahn ging es erstmal bergauf in Richtung Bergnassau, um dann auf einem anderen Weg wieder zur Lahn zu gelangen. Wie bei so vielen An- und Abstiegen auf dieser Etappe fragte man sich, ob diese Wegführung wirklich nötig war. Man hätte vermutlich auch kurz nach der Brücke links zu Lahn gehen können.

Wir kamen zum Kloster Arnstein, das wir jedoch nur von außen besichtigen. Solange Angela schlief musste die Zeit zum Weiterkommen genutzt werden. Nach diversen Auf- und Abstiegen, die Angelchen interessiert beobachtete und ab und zu im flachen Gelände sogar kleine Gehversuche unternahm, erreichten wir eine Bahnlinie, der wir kurz folgen.

An dieser Stelle wurde mir bewusst, dass das Wandern für Frauen allein nicht immer sicher ist. Meine Frau war mir ca. 200 m voraus, weil ich beim letzten Abstieg mit Angela ein Schnuller – Spielchen gespielt hatte. Sie war jetzt ruhig und glücklich. Manche Eltern sagen auch "verkorkt". Ein Mann, der seine Blütezeit schon hinter sich hatte überquerte die Bahngleise von der anderen Seite aus, sah mich aber nicht. Ich konnte nur sehen, dass er Daisy wegen etwas ansprach und dabei eindeutige Handbewegungen in den Hosentaschen machte. Als er mich dann kommen sah, verschwand er auf der anderen Seite der Bahntrasse im Wald. Den evtl. Zugverkehr würdigte er keines Blickes. Wir haben überlegt, ob wir ihn anzeigen, haben aber beschlossen, der doch so überarbeiteten deutschen Polizei nicht noch mehr Kummer zu machen.

Danach fing es zu regnen an, so dass wir die letzten Kilometer zum Schloss Schaumburg nicht genießen konnten. Es sah im Nebel etwas gespenstig aus. Angela war inzwischen überhaupt nicht mehr glücklich in ihrem Fahrzeug. Sie wollte rein und raus. Nachdem sie sich dann fürs "rein" entschieden hatte, machte sie einen sehr traurigen Gesichtsausdruck. Wir beschlossen unserem lieben Angelchen in diesem Jahr keinen E1 mehr anzutun.

Schleswig – Holstein wird komplettiert (Neustadt – Ratzeburg)

Von Neustadt nach Lübeck

Um den Urlaub wenigstens teilweise auszunutzen, beschloss ich die nächsten zwei Tage dafür zu verwenden, die letzte Lücke in Schleswig – Holstein auszufüllen. Am 20.08.2003 fing ich wieder am Bahnhof in Neustadt an dem E1 zu folgen.

Der Weg geht erstmal zielstrebig nach Süden. Es wurden diverse Seen, unter anderem der Große Pönitzer See gestreift. Wald- und Freiflächen wechselten einander ab. Dann entlang einer kleinen Bahnlinie durch Pansdorf.

Der E1 machte jetzt einen Knick nach Westen, um auf einer kleinen Straße den Pariner Berg zu erreichen. Dort befindet sich auch ein Bismarckturm, von dem aus man eine schöne Aussicht genießen kann.. In Deutschland soll es insgesamt 146 Bismarcktürme geben. (Quelle: www.bismarcktuerme .de) Im Rahmen einer E1 – Tour kann man einige davon entweder direkt am Weg oder in den durchquerten Orten besichtigen. Allein in Schleswig – Holstein sind es deren drei, nämlich in Plön (ca. 5 km abseits), Bad Schwartau (da stand ich gerade) sowie Aumühle. In Hamburg schließt sich das das monumentale Bismarckdenkmal unweit der Landungsbrücken an. Kurz vor Hameln passiert der E1 dann direkt den einzigen Bismarckturm am Wege in Niedersachsen und den nachfolgenden Bundesländern.

Der Wirt des Gasthauses bittet schon über ein Schild auf der Strecke, sich ins Gästebuch einzutragen. Es waren inzwischen schon mehrere Bücher. Von den ganz unterschiedlichen Charakteren, die auf dem E1 unterwegs waren. Viele haben die Schwierigkeiten unterschätzt. Einigen wurde die Norddeutsche Tiefebene zu lang. Wieder andere machten nur Tagestouren. Einige waren mit dem Rad unterwegs, die meisten jedoch zu Fuß. Alle waren jedoch in der Nord – Süd – Richtung unterwegs. Das hat meiner Ansicht nach zwei Gründe. Man wandert gerne nach Süden, der Sonne entgegen. Außerdem ist der Krause auch in der Nord – Süd – Richtung beschrieben. Die Beschreibung „umzudenken" ist gar nicht so einfach.

Was ich an diesem Tag noch nicht wusste und noch wissen konnte. In Norditalien kann man den E1 ohne Waypoints teilweise nur Nord – Süd gehen, weil er nur so markiert ist! Ich trug mich ein, trank ein Bier, aß eine Kleinigkeit und schloss die 33 km Etappe in Bad Schwartau ab. Die Nachmittagssonne wärmte.

Nun galt es ein Geheimnis des E1 zu lüften. Bad Schwartau und Lübeck liegen ganz nahe beieinander. Warum ist dann die nächste Etappe nach Lübeck 30 km lang? Die Antwort ließ nicht lange auf sich warten. Von Bad Schwartau schwenkte die Wegführung nach Norden ab und folgte nach kurzer Zeit einer Bahnstrecke. Den Streckenmarkierungen konnte ich entnehmen, dass es dieselbe Bahnstrecke war, an der ich vorher nach Süden gewandert bin. Jetzt geht es nach Norden. Ein Kilometer. Zwei Kilometer.

Ich rechnete aus, dass nach weiteren zwei Kilometer der E1 sich selbst treffen müsste. Er schwenkte aber jetzt rechts nach Ratekau. Theoretisch ließe sich diese Abzweigung auch erreichen, wenn man hinter Pansdorf gleich der Bahnstrecke nach Süden gefolgt wäre. Dann würde man wohl im Gasthaus am Pariner Berg Heulen und Zähneklappern hören. Von den Quartiergebern in Bad Schwartau ganz zu Schweigen.

Genug über die ca. zehn extra Kilometer gelästert. Der Bismarckturm war sie wert. Aber für die nicht mehr so fitten Wanderer könnte eine Abkürzung ähnlich der am Bungsberg angeboten werden. Nur so eine Idee. Die Etappe Neustadt – Bad Schwartau ist mit 33 km relativ lang.

Jetzt immer ostwärts wurde nach einigen Kilometern der Hemmelsdorfer See passiert. Ab hier ist die Strecke einige Zeit mit dem E9 gleichlaufend. Nach Süden schwenkend wird die Trave erreicht. Diese ist hier recht breit.

Sie wird deshalb auf einer Hochbrücke überquert. Diese machte ihren Namen alle Ehre und wurde gerade hochgezogen. Was eine Viertelstunde Zeit kostete. Der Wind und die Tatsache, dass nicht alle Autofahrer den Motor abgestellt hatten, hat den Genuss der Schiffsdurchfahrt stark gemindert. Und Aggressionen angestaut.

Kurz bevor die Brückensegmente sich wieder berührten überstieg ich die noch für Fußgänger geschlossene Sicherheitspforte und rannte los. Mit Sicherheit eine Ordnungswidrigkeit. Aber was tut macht nicht alles, um eine Bleivergiftung zu vermeiden! Sollte etwa passieren, haften die Brückenbetreiber sowieso nicht. Die letzteren schwenkten aus ihrem Kontrollstand drohend die Fäuste. Solange sie nicht die Brücke wieder hochzogen, während ich noch auf der Nordseite war, war mir das egal. Aber wir wissen doch aus dem Physikunterricht und den Titanic – Filmen. Bewegung von Tonnen von Stahl lässt sich nicht so einfach umkehren.

Kurz danach eine Abkürzung zur B74. Diese seit der Wiedervereinigung stark befahrene Strecke unter Lebensgefahr überquert. Jetzt konnte ich endlich aufatmen.

50

Es ging durch Grünanlagen teilweise am Landgraben entlang nach Lübeck – Kleingrönau.

Mit dem Bus in die Innenstadt. Übernachtung in der Nähe des früher auf dem 50,- DM Schein abgebildeten Holstentores.

Von Lübeck nach Ratzeburg

Am nächsten Tag ging es mit dem Bus zurück nach Kleingrönau. Von dort zunächst am Flughafen und Blankensee vorbei. Später kreuzte ich die Baustelle der Ostseeautobahn. Auch bei dieser Etappe blieb der E1 seiner Schleswig – Holstein – Mission treu. Ratzeburg liegt im Prinzip südlich von Kleingrönau. Der Weg führte mich jedoch zunächst weiter nach Westen, um in Krumesse den Elbe – Lübeck – Kanal zu erreichen.

Nach sechs Kilometer an diesem entlang in Berkenthin ging es zurück nach Osten. Am Ratzeburger See wurde dann wieder die Südrichtung eingeschlagen. Auch wenn der Abschnitt am Elbe – Lübeck – Kanal schön war und ab und zu sogar ein Schiff vorbeikam. Musste es dafür wieder zehn km Umweg geben? Zumal derselbe Kanal bei Güster noch mal gestreift wird? Im späteren Verlauf macht der E1 auch nicht so viele Umwege. Warum nur in Schleswig – Holstein? Ich erreichte den Ratzeburger Bahnhof, an dem wir Ende Mai mit Angelchen den zweiten E1 – Versuch starteten. Und fuhr nach Hause. Um die nächsten drei Tage vorbehaltlos mit der Familie zu genießen.

Wie soll es mit dem E1 weiter gehen?

Nach den drei Etappen mit Angela trafen wir eine schwerwiegende Entscheidung, dass solange wir Kind(er) im Vorschulalter haben, weitere E1 – Etappen zusammen wohl nicht möglich sein würden. Daisy hatte nichts dagegen, dass ich weitere E1 – Etappen alleine gehe, wenn ich nicht zu lange, also mehr als drei – fünf Tage von zu Hause wegbleibe. Das war solange es sich um Etappen in Schleswig – Holstein oder in Hessen handelte noch kein Problem.

Die Etappen bis nach Achdorf im Südschwarzwald außer der Lücke Balduinstein – Frankfurt waren jetzt aber abgewandert. Da konnte ich meiner Frau für ihr Verständnis dankbar sein. Obwohl ich mich bemüht habe, möglichst viel Strecke an einem Tag zu machen, war ich doch einige Tage weg.

Zwei Wochen E1 Achdorf – Lugano am Stück kamen also nicht in Frage. Ich würde auch das Angelchen vermissen. Jedoch nur für ein paar Tage in den Südschwarzwald zu fahren, widerstrebte jeder ökonomischen und ökologischen Logik.

Wir kamen hier erstmal nicht weiter. Deshalb hatte der E1 erstmal Pause. Mehr als ein halbes Jahr.

Der Jahreszeitenwechsel im Taunus (Balduinstein – Frankfurt)

Von Balduinstein nach Idstein

Anfang März 2004 musste ich dienstlich in die Umgebung von Frankfurt. Daisy ahnte schon als ich den Termin auf einen Freitag legte, was los war. Dem E1 in Frankfurt „Hallo" sagen? „Naja, nicht nur in Frankfurt", „Ich dachte daran, die Lücke zu schließen." Sie war damit einverstanden. Solange ich ihr zusagte, die Strecke noch mal mit ihr zu gehen. Wenn es möglich ist. Mache ich doch gerne. Zumal es sich um eine interessante Strecke handeln sollte.

Ich wurde nicht enttäuscht. Ich buchte ein Zimmer in Idstein für zwei Nächte und fuhr mit dem Zug nach Balduinstein. Ein kurzer Aufstieg zu Burg. Kalt war es. Und verschneit. Ich war aber nicht der einzige E1 – Wanderer. Meine Vorgänger haben schon gespurt. „Good Customer Service" würden die Amerikaner sagen.

Die Strecke war dadurch sogar lauffähig. Auf und ab an der Burg Hohlenfels erreichte ich bereits nach knapp über zwei Stunden die Michelbacher Hütte. So gut im Training. Und es war erst März.

Also hat das Babyjogger schieben im Deister richtig was gebracht. Angela mag doch Wandern. Wenn sie gefahren wird. Und wenn es zu Halbzeit Pommes am Annaturm gibt. Aber nicht zu lange. Maximal zwei Stunden am Stück. Da sind die E1 – Etappen doch zu lang.

In Michelbach mit einem Döner gestärkt. Damals war das Gammelfleisch ja noch in der Aufbauphase. Danach durchquerte der E1 das Werkgelände von Passavant. Diese Firma stellt Gullydeckel in allen Varianten her. Von hier aus kurz durch den Wald. Der weitere Anstieg entlang einer kleinen Straße wurde mir durch das Hundegekläffe der einsamen Höfe vor Hennethal „verschönert." Es blies ein eisiger Wind. Aufwärts durch den Wald bis die Höhe von 441 m oberhalb von Kesselbach erreicht wurde. Die restliche Strecke nach Idstein ließ sich wunderschön laufen. Für die 38 km habe ich nur fünf Stunden gebraucht. Also noch genug Zeit, den Abend mit zünftigem Essen, Bier und Äppelwoi ausklingen zu lassen.

Von Idstein nach Frankfurt

Am nächsten Tag hieß es früh aufzustehen. Es sollte hoch hinausgehen. Wenn nur die Kälte nicht wäre. Es war auch noch dunkel. Also laufen! Ging aber nicht mehr so flott wie am Vortag. Bis nach Schlossborn ging es auf- und ab. Später zumeist auf ausgetretenen Wegen über Glashütte und Roteskreuz zum Großen Feldberg. Den höchsten Punkt des Taunus mit immerhin 878 m Höhe.

Hier war der Bär los! Kinder rutschten. Erwachsene aßen und tranken. Schneeballschlachten im vollen Gange. Keine Chance für eine schnelle Mittagsrast. Anfang März ist das Tageslicht kostbar. Also weiter. Runter zum Fuchstanz. Nur noch 662 m Höhe. Ging sehr schnell. Ich hoffte hier einkehren zu können. Habe die Rechnung aber ohne den Parkplatz gemacht. Man frönte dem Autowandern. Mit dem Auto hoch, einkehren, frei nach dem Motto „Am Wochenende waren wir etwas draußen im Taunus" Der Verdacht war gar nicht so abwegig. Auf der kurzen Aufstiegsstrecke zum Altkönig (798 m) traf ich keinen Menschen. Hatte schon fast den Verdacht, mich verlaufen zu haben. Aber ein Andreaskreuz tauchte just in dem Moment auf.

Am Gipfel traf ich eine Mutter mit ihrem achtjährigen Sohn. Ich unterhielt mich eine Viertelstunde mit ihnen. War interessanter als eine Einkehr es gewesen wäre. Sie käme gerne von der Endstation der U3 in Hohemark auf den Hochkönig. Ihr Sohn mag das auch. Hier könne man den Wald noch genießen. Auf dem Feldberg wären sie nur zweimal gewesen. Das wäre zu viel Trubel. Und zu kommerziell. Sie gab mir zwei Brote ab. Vom E1 hätte sie schon mal gehört. Glaubte aber nicht, dass der gut markiert wäre. Sie hatte einmal versucht, von Hohemark in die Innenstadt zu wandern. Dann war sie mit ihrem Jungen an einem ganz anderen Ort angekommen. So informiert machte ich mich auf den Weiterweg. Zu Endstation der U3 in Hohemark. Hier war die Wanderzeichenwelt noch in Ordnung.

Ab Hohemark hieß es also auf die Andreaskreuze zu achten. Es war nicht so schlimm wie befürchtet, aber Möglichkeiten sich zu verlaufen gab es genug. Lag aber nicht an den Streckenwarten des E1, sondern am mutwilligen Entfernen. Halb abgebrochene Kreuze, abgerissene Pfeile, Pfähle ohne Markierungen gaben ein trauriges Zeugnis von der Zerstörungswut Frankfurter Jugendlicher.

Der E1 versucht möglichst viele Grünanlagen in Frankfurt zu nutzen. In der Stadtmitte kommt man trotzdem an einigen Sehenswürdigkeiten vorbei. Die Alte Oper, die Europäische Zentralbank wurden passiert. Nach der Mainüberquerung benutzt der E1 das Museumsufer, um sich dann Richtung Süden nach Sachsenhausen zu wenden.

Nach 54 km kam ich nicht auf die Idee von dort mit der Straßenbahn zum Hauptbahnhof zu fahren. Wahrscheinlich waren zwei Brote doch zu wenig als Mittagessenersatz. Stattdessen zurück über den Main durch das Bahnhofsviertel. Hier standen um diese Zeit auch bereits die Damen vom horizontalen Gewerbe. Im Gegensatz zu Hamburg bekam ich jedoch nur verbale Angebote. Keine Übergriffe oder Peitschenhiebe. Ich hatte auch Wintersachen an. Sie waren zwar innen nass, das war aber von außen nicht zu sehen. Mit dem letzten Zug kurz nach 23 Uhr nach

Idstein. Die Rückfahrt auf der vereisten Autobahn dauerte danach noch bis vier Uhr früh. Ein schönes Wochenende war zu Ende gegangen.

Zwei Jahre Pause

Die E1 – Lücken waren geschlossen. Ich kannte diesen Fernwanderweg jetzt von Flensburg bis nach Achdorf. Aus bereits angerissenen Gründen kamen Kurztrips zum E1 nicht in Frage. Zwei weitere Ereignisse veränderten ebenfalls unser Leben. Im Herbst 2004 hatte ich bei einer Laufveranstaltung einen schweren Unfall. Dabei wurde das rechte Knie aufgerissen. Ich konnte mehrere Monate nicht mehr laufen. Ende 2004 stürzte ich bei einer Weihnachtsfeier auf dasselbe Knie. Eine zweite OP war die Folge. Ich verlor das Interesse am Marathonlaufen. Damit nahm natürlich meine allgemeine Kondition ab und das Gewicht zu. Etappen von 70 km am E1 wären nicht mehr möglich gewesen. Anfang 2005 wurde außerdem unsere zweite Tochter Charlotte geboren.

Da kann man nicht mehr so einfach weg. Einige Zufälle haben jedoch dazu geführt, dass ich in 2006 den E1 doch noch komplettieren konnte.

Nach siebzehn Jahren wieder im Südschwarzwald (Achdorf - Singen)

Es war Winter. Der 21.01.2006. Keine gute Zeit, um den E1 Richtung Alpen fortzusetzen. Warum ich trotzdem da war? Das war einfach. Ich hatte einen geschäftlichen Termin in Süddeutschland. Dieser ließ sich vor ein Wochenende legen. So konnte ich am Freitag nach Aalen anreisen. Von dort ist es nach Konstanz nicht mehr so weit. Dort sollte das Ziel des Wochenendes auf dem E1 sein.

Da stand ich also an der Dorfstraße in Achdorf. Der Querweg Freiburg – Bodensee, auf dem hier der E1 geführt wird, war auch noch da. Also los ging es Richtung Genua. Ohne Lücken im vorangegangenen Streckenabschnitten. Als ob man von Flensburg gekommen wäre. Nur frischer.

Ich bin über die Schweiz angereist. In Konstanz geparkt, Mit dem Zug nach Schaffhausen. Im Bus nach Achdorf hat der Bundesgrenzschmutz eine Vollkontrolle durchgeführt. Wo es doch im Busprospekt stand „Wir bieten einen problemlosen Grenzverkehr nach Deutschland an". Nur für die Schweizer und EU-Bürger problemlos. Bei allen anderen wurde erstmal aufwendig das Schengen-Visum kontrolliert. Doch nicht so fälschungssicher?

In Achdorf ist man nur noch 3 km von der Schweizer Grenze entfernt. Die Wegführung ist aber noch 80 km auf deutschem Territorium. Das liegt daran, dass zuerst der Bodensee erreicht werden soll. Und der ist nun mal ein ganzes Stück östlich vom Schwarzwald.

Von Achdorf nach Engen

Erstmal wartete ein Anstieg in Richtung Blumberg. Der Wanderweg verlief im Wald und war vereist. Das Wandern wurde aufgrund seiner geringen Breite und der Tatsache, dass es links recht steil hinunterging, erschwert. Als dann der Pfad noch schmaler wurde, musste ich rechts ein paar Umwege durchs Gebüsch einlegen. Ist wohl doch eher ein Sommerwanderweg. Endlich ging es nach rechts auf eine Freifläche mit guter Hangneigung. Der Schnee war ausgetreten. So machte das Wandern wieder richtig Spaß! Mit Aussichten auf den Südschwarzwald. In Blumberg fehlten ein paar Markierungen. Ich nahm an, dass das etwas dem neuen Baugebiet und nicht mit der Jugend zu tun hatte.

An der Hauptstraße war dafür ist ein sog. Jakobsweg markiert, der erstmal auch in dieselbe Richtung möchte. Sogar die Entfernung nach Santiago de Compostela war angegeben. Kann mich an die Zahl nicht mehr erinnern. Es war aber sehr weit. Weiter als nach Genua. Vierstellig.

Die Jacobswege. Diese haben mich bis hinter Schwyz also mehr als die nächsten über 200 km begleitet. Früher dachte ich immer, es gebe einen Wanderweg, nämlich in etwa den, auf dem der E3 geführt wird, der dorthin führt. Inzwischen habe ich eine Definition gelesen „Jacobsweg ist jeder Weg, der nach Santiago de Compostela führt."

Soweit so gut. Es gibt aber durchaus ein Netz von historischen Pilgerwegen. Hier hat man sich hier wohl entschieden, den E1 als Zubringer zum Weg über Konstanz, Brunnen, Interlaken, Genf in Richtung Le Puy zu nutzen. Auch wenn durch die Wegführung nach Osten das zunächst einmal als Umweg erscheint, ist sicherlich auch hier der Weg das Ziel.

Beim Friedhof war dann auch wieder die übliche Markierung. Eine weiß-rote Raute auf gelbem Grund. An einer Schutzhütte war dann Höhe gewonnen. Ich stand auf dem Buchberg in 876 m Höhe. Es ging runter durch verschneiten aber zum Glück nicht vereisten Winterwald. Die Wege waren hier auch wieder breiter. Mit Aussichten auf diverse Gleiskehren und Brücken war auf weiterem Weg auch etwas für den Eisenbahnfreund dabei. Die Erklärungstafeln waren jedoch nicht von der Deutschen Bahn sondern von einer lokalen Sparkasse bezahlt. Auf dem Höhenweg wanderte es sich gut. Nur Laufen ging nicht mehr. Keine Chance. Nicht so wie vor zwei Jahren im Taunus. Bei Riedöschingen habe ich ein Gasthaus erreicht, das aber geschlossen war. Weiter auf dem Postweg zum Napoleonseck. Hier standen französische Truppen bei der Schlacht um Engen im Jahre 1800. Über den Ballenberg runter nach Engen. Der Ort wird vom E1 nur am Rande gestreift.

Hier habe ich den E1 verlassen, um in Ort übernachten zu können. Leider nur 28 km geschafft. Konstanz konnte am nächsten Tag nicht mehr erreicht werden. Mit diesem Wissen genoss ich eine Pizzeria in der Nähe meiner Pension lang in die Nacht. Singen am Hohentwiel war nur noch 22 km entfernt. Ohne Abstecher.

Von Engen nach Singen am Hohentwiel

Wie schon am Vortag fiel mir auf, dass die Wanderwegweiser so wie in der Schweiz gestaltet waren. Nur nicht gelb, sondern weiß. Leider waren die Inhalte nicht immer mit der Schweizer Präzision abgemessen worden. Aber immerhin schon ein Anfang. Besser als irgendwohin genagelte Täfelchen, die man nicht immer findet. Oder die nicht langfristig wetterfest sind.

Der E1 macht sich in dieser Ebene, die mit einzelnen Bergen durchsetzt ist, große Mühe, alle zu besichtigen. Die sog. Hegauberge sind auch sehenswert. Es sind keine Vulkane, sondern eher deren Negativ – Formen. Es ging also zunächst einmal auf den Hohenhewen. Um zu Burgruine oben zu gelangen musste man noch einen kurzen vereisten Stichwanderweg hoch. Danach runter nach Welschingen. Von dort aus parallel zu einer Straße nach Weiterdingen. Jetzt rief der zweite Berg, der Hohenstoffeln.

Unterwegs wurde vor einer Jagd gewarnt. Die war am Vortag. Gut, dass ich so langsam war. Sonst würde ich womöglich als Trophäe ausgestopft einen Kamin zieren. Es ging fast zwei Kilometer lang am Berghang. Um zum Gipfel zu kommen, muss man eine Stichstrecke nutzen, die mehr oder weniger parallel zu der Strecke ist, auf der ich gekommen bin. Wäre da nicht eine direkte Führung möglich? Ich weiß es aber nicht, weil das Massiv auch einige Felsen hat. Runter vom Berg und Richtung Weiterdingen. Das ist doch das Dorf, durch das vor dem Aufstieg gekommen bin! Etwa 500 Meter bevor der E1 sich selber trifft, macht er „eine Biege" nach rechts zu der Lochmühle.

Die Mühlen befinden sich an Flüssen. Und diese in Tälern. Was kommt also jetzt? Richtig! Ein kurzer aber wegen einer Apfelplantage vertrackter Aufstieg zum Mägdeberg mit Aussicht und Kreuz. Danach aber runter, um die nächste Burgruine Hohenkrähen zu besichtigen. Später kommt noch eine. Ruine Staufen. Von dieser nicht den mit einem Straßenschild markierten Knochenbrecher, sondern den erstmal eben verlaufenden Wanderweg nutzen. Eine Straße wurde erreicht. An dieser eine schöne Pension. Wäre romantischer gewesen als in Engen.

Wenn ich gestern schneller gewesen wäre. Und die Jagd überlebt hätte! Nach einigen Kilometern kam ich dann am der Tunneleinfahrt der A81 vorbei, die hier unter dem Hohentwiel geführt wird. Der E1 macht einen Knick nach rechts und dann nach links und auf den Hohentwiel zu gelangen. Von diesem geht es nach dem Genuss der Aussicht runter nach Singen am Hohentwiel. Mit dem Zug fuhr ich nach Konstanz. Von dort aus mit dem Auto nach Hannover. Man ist schon sehr weit weg von zu Hause.

Im Winter in die Schweiz (Singen-Rapperwil)

Bereits zwei Wochen später hatte ich wieder einen Termin in Süddeutschland. Dieser war diesmal am Donnerstag. In Pforzheim. Direkt am E1. Nur im falschen Streckenabschnitt. Also Donnerstagabend auf nach Konstanz. Den Parkplatz und die Pension kannte ich schon. Den Freitag hatte ich als Überstundenausgleich frei genommen. Also drei volle Tage Zeit. Noch in Daisys Toleranzbereich.

Von Singen am Hohentwiel nach Konstanz

Zunächst ging ich durch eine Gartenkolonie an der Jugendherberge vorbei. So gemütlich. Danach kamen Streckenabschnitte, die ich in unmittelbarer Bodenseenähe so nicht erwartet hätte. Ich habe eher damit gerechnet, einen mehr oder weniger ebenen Wanderweg zu gehen. Stattdessen ging es zunächst hoch zum Schloss Friedingen. Danach recht steil runter. Zum Glück nur Schnee, kein Eis. Es schloss sich die die Marienschlucht an, die an der Ruine Burghof auslief. Danach durch das Universitätsgelände von Singen.

Hier ein letztes Schild des Schwarzwaldvereins, das verkündete, dass es nach Achdorf über 80 km seien. Bedeutete das, dass der Wanderweg jetzt nicht mehr markiert ist, wie bei Krause angegeben? Er war es doch! Runter zum Überlinger See, einem Teil des Bodensees. Den an dieser Stelle schmalen Seearm überquert und einen der südlichsten Bahnhöfe Deutschlands auf der linksrheinischen Seite von Konstanz erreicht. Hier endete dann aber endgültig die deutsche Markierung.

In Konstanz sind etwa 74 % der Strecke Flensburg - Genua geschafft. Viele deutsche Wanderer hören dort auf, wie man diversen Berichten im Internet entnehmen kann. Das ist eigentlich schade. Wenn man schon das eigene Land durchgewandert hat, sollte man noch etwas über den Tellerrand schauen. Zumindest bis Airolo sollte man laufen. Da kommt man noch ohne Fremdsprachenkenntnisse durch. Die Schweizer verstehen auch Hochdeutsch.

Im Winter zu den Eidgenossen von Konstanz nach Bazenheid

Ohne Markierung wanderte ich über den Grenzübergang. Ich war auf dem linken Bürgersteig unterwegs, so dass ein Wechsel auf die andere Seite notwendig war, um den deutschen und Schweizer Kontrollbedürfnissen zu genügen. Ich fragte mich, ob jeder Fernwanderer hier durchkommt. Besonders wenn er schon aus Flensburg ohne Pause käme. Und entsprechend aussähe. Die Grenzkontrollorgane machten aber einen zu ernsten Eindruck, um hierüber eine Diskussion anzufangen.

Also auf der Hauptstraße durch Kreuzlingen weiter. Erstmal Geld besorgen. Zu dieser Jahreszeit in einer Schutzhütte übernachten wollte ich nicht. Der ec - Automat im Einkaufszentrum bot mir nur 200 Franken an. Das ist doch nicht viel Geld in der

Schweiz. Also stattdessen Kreditkarte bei dem nächsten Bankomat. Der zeigte sich mit 500 Franken schon kooperativer.

Ich hasse es, im Ausland ohne Landeswährung herumzulaufen.

Man hat dann gleich vier unnötige Probleme:

a) Man muss immer fragen, ob die Fremdwährung akzeptiert wird
b) Der Umrechnungskurs ist meistens schlecht
c) Man fällt sofort auf
d) Bei Automaten ist es völlig aus

In die Sonnenstraße rechts heißt es bei Krause. Ich gehorchte und kam zu einer Wanderwegkreuzung.

Diese Wegweiser sind meistens an eigenen Masten angebracht und ähneln den deutschen Bundesstraßenschildern. Natürlich sind sie kleiner. Die Angaben werden zentral gepflegt, so dass keine unliebsamen Überraschungen auftreten. Es ging jetzt Richtung Bommen. Unterwegs passierte ich einen Bunker und den Bommer Weiher. Es wanderte sich schön durch die winterliche Landschaft. Beim Anstieg zum Otternberg kam ich an einem Teuchel, der nicht eingefroren war, vorbei. So konnte ich mich mit dem sehr kalten Quellwasser erfrischen.

Vom Otternberg ging es nach dem Genuss der Aussicht runter nach Weinfelden. Am Bahnhof wird an dem Wegkreuz auch auf den E1 hingewiesen. Auf den Schildnern ist aber nicht zu erkennen, woher der E1 kommt und wohin er geht. Man benötigt also in jedem Fall eine Beschreibung. Von Weinfelden größtenteils über freies Gelände, aber auch durch etwas Wald gehend, erreichte ich Affentrangen. Hier waren auch wieder ein paar etwas ältere Jacobswegschilder zu sehen. Die Steigungen waren bisher sehr mäßig. Auch waren bisher nur gelbe Wanderwegweiser zu sehen.

Es gibt nämlich drei Arten von markierten Wanderwegen in der Schweiz

gelbe Wanderwege – diese sind problemlos für jedermann incl. Kinder zu begehen

weiß-rot-weiße Wanderwege – das sind Bergwege, die schon mehr Kondition, Umsicht und auch ein entsprechendes Schuhwerk erfordern. Sie können im Winter oder bei sehr schlechtem Wetter unpassierbar werden.

weiß – blau – weiße Wanderwege – das sind stark exponierte Bergwege mit Kletterstellen. Es können an der Strecke Fixseile angebracht sein. Auch kleine Gletscherquerungen sind möglich. Schwindelfreiheit, Orientierungsvermögen, gutes Kartenmaterial, Kompass, ggf. Eisausrüstung sind unabdingbare Voraussetzungen sich an einen solchen Wanderweg zu wagen.

Ich habe bisher nur ein einziges Mal einen weiß – blau – weißen Wanderweg in der Schweiz ausprobiert. Das was auf dem schnee- und gletscherfreien Lenzer Horn. Im Sommerurlaub. Obwohl sehr gut gepflegt schienen mir diese Wege außer im Hochsommer bei gutem Wetter gut dazu geeignet zu sein, das Leben abzukürzen. Da man einen Wettersturz nie ausschließen kann, werde ich sie in Zukunft meiden.

Der E1 durchquert die Schweiz im Norden auf gelben, danach auf weiß – rot – weißen Wanderwegen. Wenn Sie also bis Konstanz gekommen sind, schaffen Sie die Schweiz auch. Zumindest im Sommer.

Der letzte Punkt war auch meine Sorge, Schließlich war ich am 11.02.2006 unterwegs. Von Affeltrangen im Prinzip entlang der Bahnlinie aber nicht direkt daran und diese mehrfach überschreitend erreichte ich Wil.

Was macht man dann mit noch 90 Minuten Tageslicht? Man wandert weiter! Bazenheid, das etwa zehn Kilometer entfernt war, schien mir ein würdiges Ziel zu sein. Die ersten zwei Kilometer ging es gut. Dann war der Weg nicht mehr gespurt. Hatte zwar eine Taschenlampe mit, aber der Gedanke an das Felsenmeer ließ mich schneller gehen. Schöne Strecke mal frei, mal im Wald, ein bisschen auf und ab. Kurz bevor es ganz dunkel wurde, erreichte ich völlig durchgeschwitzt Bazenheid.

Also gleich eine Pension suchen. Einige Wörter sind anders in der Schweiz. So grüßen sich die Wanderer nicht mit "Guten Tag" oder „Grüß Gott". Es gibt ein Shortcut „Grüezi" Das Schild „Betriebsferien" war aber eindeutig. Also auf zum Bahnhof. Zum Glück ist der Nahverkehr in der Schweiz viel besser als in Deutschland. Man bekommt auch auf „gut Glück" einen Zug oder einen Bus. Nur 15 Minuten später war ich in Wil.

Dort wollte mich in der Unterführung eine afrikanische Schönheit abschleppen. Ganz günstig. Im Prinzip hatte sie Recht. Ich brauchte Wärme. Aber nicht nur zwanzig Minuten. Außerdem ohne Aidsrisiko und Ehebruch. Im Paket mit einer Übernachtung. Also lieber ein Hotel suchen.

Das fand ich auch recht schnell. Das Bad tat so gut. Nach einer Stunde suchte ich dann das Restaurant auf. Das verbrauchte Warmwasser haben die Betreiber mit der Rechnung für das Zechgelage wieder reingeholt.

Die ersten Schweizer Berge von Bazenheid nach Rapperswil

Am nächsten Morgen fuhr ich mit dem Zug wieder nach Bazenheid. Von dort aus ging es teilweise auf Wanderwegen, teilweise auf Straßen immer weiter Richtung Süden. Im Prinzip diente die Bahnstrecke nach Wattwil als Orientierungsschnur. Diese sowie das Flüsschen Thur wurden ein paar Mal gekreuzt. Sehenswert war eine gedeckte Brücke über die Thur sowie das Viadukt bei Gozenbach. Weiter ging es nach Grämingen. Hier grüßten Eisblumen am Weg. Zurück zur Thur wurde diese auf einer Hängebrücke überschritten. Nun auf einem Waldweg zur Ruine Rüdberg. Nach dem Durchwandern von Lichtensteig ging es dann entlang eines breiten Spazierweges an der Thur in die Innenstadt nach Wattwil. Dort habe ich auch das erste Mal an diesem Tag Spaziergänger getroffen. Wanderer gab es heute keine. Kein Gutes Omen für die nächste Etappe.

Diese recht lange Etappe von 29 km nach Rapperswil wollte ich nach einer Kurzrast im Bahnhofsimbiss von Wattwil zumindest probieren. Es war immerhin schon 12 Uhr. Die Strecke von Bazenheid hat länger gedauert als gedacht. Es ging zunächst zu Ruine Iberg. Ein anstrengender Anstieg. Teilweise bis zu den Knien im Pulverschnee eingesackt.

Hier die Überlegung. Was tun? Der weitere Weg zu Laad – Straße war nicht weit. Und diese war geräumt. Also runter und auf der Laad – Straße wieder hoch. Der E1 scheidet einige Serpentinen dieses Weges. Eine Abkürzung habe ich probiert. War aufgrund der Schneelage zumindest was den Zeitbedarf anging eher eine Verlängerung. Also brav „dem Straßenverlauf weiter folgen". Bis zum Pass. Dort informierte eine Tafel, dass es sich um einen wichtigen Punkt des Jacobsweges handele. Die Fahrstraße war hier zu Ende.

Musste ich jetzt etwa zurück? Aber nein! Der Verbindungsweg zu einer kleinen Straße, auf der es weiterging war frei. Man könnte es fast einen Verbindungshohlweg nennen. Nur das es kein Gelände- sondern ein Schneeeinschnitt war. Auf beiden Seiten der etwa 70 cm breiten Passage türmten sich Schneemassen. Ca. einen Meter hoch. Danach ging es mit schönen Aussichten prinzipiell immer weiter runter nach Schmerikon.

Im Hinblick auf die Jahreszeit war es sehr praktisch, aber ansonsten wäre ein etwas abseits der Straße geführter Wanderweg schöner gewesen. Kurz vor Schmerikon noch eine kurze Hügelüberschreitung des Goldberges. Dieser Ort liegt bereits am Obersee. Genau wie der Zielort dieser Etappe, das liebliche Rapperswil. Aufgrund der fortgeschrittenen Uhrzeit joggte ich die verbleibenden zehn Kilometer am Kloster Wurmbach sowie einer Kirche in Busskirch. Man merkte, dass man sich auf einem Jacobsweg befand.

Gerade als dunkel geworden war erreichte ich den Bahnhof. Über Romannshorn fuhr ich zurück nach Konstanz. Die Rückfahrt nach Hannover zog sich hin. Hier stellte ich bereits Überlegungen an, das nächste Mal mit dem Flugzeug anzureisen.

Mit dem Billigflieger zum Wandern in die Schweiz (Rapperswil – Bellinzona)

Dauerregen von Rapperswil nach Einsiedeln

Durch das Aufkommen der „Billigflieger" rückte Zürich etwas näher an Hannover. Die Kostenersparnis ist enorm. Eine normale Zugfahrkarte von Hannover nach Zürich und zurück kostet knapp 300,- EUR. Bei rechtzeitiger Buchung kann man für ca. 120,- EUR hin- und zurück fliegen. Und dann auch noch die Zeitersparnis! Also einen Flug vom 01.06.2006 bis zum 05.06.2006 gebucht. Fünf Tage gegen die Zusage, im folgenden Familienurlaub in der Schweiz im Juli nur noch zwei E1 – Tage einzulegen. Zusammen sind wir allerdings mit dem Auto gefahren. Mit sechs Personen ist das immer noch die günstigste Variante.

Zurück zu der E1 – Fahrt. Am Flughafen Zürich besorgte ich mir erstmal eine Halbtax – Karte. Diese gilt anders als die deutsche Bahncard auch für Seilbahnen. Diese wollten wir später im Juli intensiv nutzen. Also warum nicht gleich anfangen zu sparen? Musste ja mit dem Zug noch nach Rapperswil über Zürich. Leider habe ich im Zug festgestellt, dass die aus dem alten Krause rausgerissenen E1 – Seiten im Flugzeug geblieben sind. Wollte gerade lesen, als der Getränkeservice vorbeikam. Dann in der Sitzablage vergessen.

Also einen „neuen Krause" besorgen. In der dritten Buchhandlung im Zentrum wurde ich dann fündig. Es hat nur 50 % mehr als in Deutschland gekostet. Die erste Ersparnis mit der Halbtaxkarte also wieder verpufft. Schlecht gelaunt stieg ich dann in den Zug nach Rapperswil. Mein Gemütszustand sollte noch mehr Nahrung bekommen. Es regnete. Ununterbrochen. Die Sicht auf die Berge war verhangen. Fünf freie Tage mussten aber ausgenutzt werden. Also los. Es gibt kein schlechtes Wetter. Nur schlecht angezogene Wanderer. Dachte ich zumindest bis zu dieser Tour.

Es ging erstmal an einem breiten Holzsteg, der schon vor einer langen Zeit dazu diente, diese Engstelle des Züricher Sees zu überqueren. Sehr löblich, den E1 hier zu legen. Der Verkehr auf der Nationalstraße und der Bahnstrecke über den Seedamm in einiger Entfernung war enorm. Hinweistafeln klärten darüber auf, dass das schon immer ein neuralgischer Verkehrsknotenpunkt gewesen ist und für die Zukunft nach neuen Lösungen gesucht werden müsste. Ich kam in Pfäffikon an. Hier fing der Anstieg an. Mit unterschiedlicher Intensität ging es über Wiesen, kleine Wege und Wälder auf die Etzel Kulm. Unterwegs stand ein ungewöhnliches Wanderschild.

Aus der Richtung, aus der ich gekommen bin war es gelb. Für den Weiterweg zeigte es weiß – rot – weiß. Normalerweise werden solche „Klassenwechsel" nur an den Knotenpunkten vollzogen. Man war allerdings vorgewarnt. Bereits in Pfäffikon war der gesamte Aufstieg so ausgezeichnet worden. Die Erklärung ließ nicht lange auf sich warten.

Ein Schild verkündete, dass es zwar nur noch 830 Meter bis zur Gaststätte wären. Auf diesen wären jedoch 300 Höhenmeter zu überwinden. Das geschähe mit Hilfe von 513 Tritten aus Holz. Darüber hinaus gebe es noch etliche steinige Tritte. Sowie viele Wurzeltritte. Als ich oben ankam, war mir nicht mehr kalt. Zunächst erstmal nicht.

Dieser Aufstieg würde auch eine gute Marathonstrecke abgeben. 27 mal rauf und runter. Wie könnte der Lauf dann heißen? Vielleicht „Stairs to paradise". Mit 8100 Höhenmetern würde er den Treppenlauf bei Dresden, der dafür fast die vierfache Streckenlänge braucht, in den Schatten stellen. Ich laufe da aber nicht mehr mit. Höchstens Verpflegungsstelle könnte ich mir vorstellen. Bei Haftungsausschluss für Unfälle und Erschöpfungszustände.

Von der Etzel Kulm erstmal ein Stück runter. St. Meinrad mit einer Kapelle wurde erreicht. In einem Rechtsbogen ging es jetzt gemütlich nach oben. Bei 1100 Meter habe ich die Schneegrenze überschritten. Ja, Sie haben richtig gelesen. So stapfe ich bis zum Gipfel Stöcklichrüz, der mit seinen 1248 m den höchsten Punkt für den heutigen Tag. Nach dem Genuss der nicht wirklich vorhandenen Aussicht ging es runter zum Sihlsee. Die Durchquerung des Sees über den Stausee zog sich hin. Der Regen hat sich ebenfalls intensiviert.

So war ich glücklich, als ich der nach Überstreitung des Vogelherds endlich Einsiedeln mit dem gewaltigen Kloster vor mir sah. Die erste Handlung im Hotelzimmer war dann die Heizung auf fünf zu stellen. Im Juni. Sie funktionierte.

Lavinengefahr am zweiten Juni von Einsiedeln nach Sisikon

Der nächste Morgen war etwas wärmer. Es ging erstmal auf kleinen Straßen und Feldwegen Richtung Süden. In Alpthal mit dem sehenswerten Schulhaus wurde die Straße nach rechts verlassen, um mit dem Anstieg in das Mythengebiet zu beginnen. Bei Haggenegg (1414 m) machte ich mir bereits ernste Gedanken über die Schneehöhe. Es ging erstmal wieder etwas runter. An der Ostseite des kleinen Mythen stieg der Weg wieder an. Der Anstieg im Wald war schon etwas anstrengend. Jetzt sollte zum Holzegg (1414 m) gehen. Nur noch 30 Minuten. Allerdings mit Lawinenwarnung. Ich ignorierte diese und hoffte das Beste. Der Schnee war freundlich und bewegte sich nicht.

Der von mir geplante Aufstieg zum großen Mythen (1899 m) vom Holzegg aus war unter diesen Umständen natürlich nicht machbar. Man will sich schließlich nicht noch mehr in Gefahr bringen. So genehmigte ich mir als einziger Kunde eine längere Pause im Gasthof. Den großen Mythen, der über einen teilweise gesicherten Wanderweg zu erreichen ist (noch weiß-rot-weiß), bestieg ich dann zusammen mit Daisy im Rahmen des Familienurlaubs.

Das war dann Mitte Juli. Es lag kein Schnee mehr. Der Gasthof war auch voll. Der Wirt hat mich wieder erkannt.

An diesem zweiten Juni stapfte ich noch etwas über Müsliegg (1426 m) und Ibergeegg (1406 m) bevor es dann gemütlich runter nach Schwyz ging. Dieser Ort gab dem ganzen Land den Namen. Sehenswert war der Markplatz sowie das Bundesarchiv. Herrliche Sicht auch auf das nun hinter mir liegende Mythengebiet.

In 516 m Höhe war es auch wärmer. Also gemütlich über Feldwege Richtung Süden. An einem Hof gab es einen Selbstbedienungsverkauf für Getränke. Sehr aufmerksam für die Wanderer.

Oberhalb von Brunnen kommt der „Weg der Schweiz" hinzu. Bis nach Altdorf führt der E1 auf diesem 1991 zu 700 – Jahr Feier der Schweiz angelegten Wanderweg. Die Gesamtlänge dieses Weges ist 35 km. In der Reihenfolge des Beitritts zu Eidgenossenschaft sind Steine mit Wappen der Kantone aufgebaut. Der Abstand der Steine zueinander richtet sich nach der Einwohnerzahl des jeweiligen Kantons. Für jeden Schweizer stehen dann 5 Millimeter des Weges. Quelle: http://de.wikipedia.org/wiki/Weg_der_Schweiz

Ich erreichte Morschach. Dieser Ort beherbergt den Swiss Holiday Park. Der Schwerpunkt liegt hier auf Wasser. Ich hätte gerne das näher betrachtet, aber es gab in den drei Hotels „kein Platz in der Herberge" Schon etwas müde ging ich weiter. Nach einem kleinen Anstieg und längerem Abstieg erreichte ich Sisikon am Urnensee. Vorher konnte ich noch einige wunderbare Ausblicke auf diesen See genießen. Nach 12 Stunden Bewegung mit 37 km Strecke war eine Pension mit angeschlossenem Restaurant genau das Richtige.

Auf den Pfaden von Wilhelm Tell von Sisikon nach Andermatt

Endlich ein wettermäßig guter Tag. Nicht so gut waren die Nachrichten. Sperrung der Gotthardautobahn. Aber es war noch ein Stück bis dort. Zunächst direkt am See an der sehr sehenswerten Tellskapelle. Teils die Autostraße, teils einen im Fels gehauenen Weg nutzend erreichte ich Flüelen. Von dort setze ich die Wanderung entlang der Reuß fort.

Auf der anderen Seite des Flusses war sie dann, die Gotthardautobahn. Unbenutzt. Erinnerte mich irgendwie an die Bilder von verkehrsfreien Sonntagen in Deutschland in den siebziger Jahren. Unterwegs auf dem Hochwasserlehrpfad erfuhr ich, dass die

Reuß nicht immer ein schönes und friedliches Flüsschen ist. Um eine wiederholte Überflutung von Flüelen, wie 1987 zu vermeiden, sind diverse Infrastrukturmaßnahmen getroffen worden. Unter anderen sollen durch die Benutzung der Autobahn als Entlastungsrinne Dammbrüche vermieden werden. Eine wohl weltweit einmalige Idee.

An einem Forsthaus dann die Aufschrift „Öl von Bush, Gas von Putin, Holz vom Förster" So wahrt man also Neutralität. Ich erreichte Amsteg. Ab hier hatte das gemütliche Flusswandern ein Ende. Ein stärkerer Anstieg nach Gurtnellen läutete die Gotthard – Etappe ein. Herrliche Ausblicke begleiteten den Weg. Das machte das Wandern nur noch halb so schwer. Zurück ins Tag nach Gurtnellen – Wiler. Die Reuß noch mal überquert ging es wieder aufwärts nach Wattingen.

Auf diesem Streckenabschnitt eine schöne Sicht auf die durch die Gotthardbahn bekannte Kirche von Wassen. Aufgrund von Kehrtunneln kann sie bei einer Zugfahrt von drei Seiten gesehen werden. In Wattingen ging es auf einem teilweise alpinen Weg zunächst bis oberhalb von einem Autobahntunnelportal. Wie ruhig so eine gesperrte Autobahn doch ist! Danach flach durch den Wald. Ich freute mich schon auf das nur ca. 2 km entfernte Andermatt, wo ich übernachten wollte.

Dann kam ich an einem reißenden, betonierten, stark geneigten Bach. Die Brücke war weg. Der Abstand zu anderen Seite war gerade so, dass man nicht rüber springen konnte. Zumindest die Aussicht im Falle eines zu kurzen Sprunges 500 m Entfernung und ca. 150 Höhenmeter zu Reuß nach unten gerissen zu werden hielt mich vor einem Versuch ab. Was tun?

Zurück nach Wattingen waren es ca. vier Kilometer. Da kam ich auf eine Idee. Zurück bis zu dem Autobahntunnel. Eine Treppe führte vom Wanderweg zu einem Notausgang. Dort befand sich eine Tür. Leider abgeschlossen. Bisher bin ich noch nicht auf die Idee gekommen, dass Bolzenschneider zur Wanderausrüstung gehören. Das Gewicht spricht auch eher dagegen. Also keinen dabei gehabt. Es half nur noch zu klettern. Eine Stelle im Zaun gesucht, wo man beim eventuellen Absturz nicht noch anschließend den halben Berg runter rollt. Uff! Geschafft! Auf der anderen Seite stellte ich im Übrigen entsetzt fest, dass sich die Tür auch von innen ohne Schlüssel nicht öffnen lässt. Auf die Schnelle auch keinen Schlüssel gesehen. Wie soll das im Notfall auf der Autobahn denn gehen? Die Leitstelle über die Notrufsäule anzurufen und zu diesem Themenkomplex auszufragen traute ich mich nicht. Wollte doch schließlich unbehelligt die A2 nach Andermatt benutzen.

Es war nicht weit. Ein paar hundert Meter durch den Naxbergtunnel. Anschließend einen knappen Kilometer auf dem breitesten E1 auf der ganzen Strecke. Schon war dann die Ausfahrt mit dem „richtigen" E1 erreicht. Ich übernachtete dann doch noch wie geplant in Andermatt. Nach einem langen Tag schlief ich am nächsten Tag etwas zu lange.

Käse an der Strada alta von Airolo nach Biasca

Der vierte Tag der Wanderung begann gezwungenermaßen mit einer Zugfahrt. Die Gotthard - Passstrasse war wegen Schnee ebenfalls gesperrt. Damit war klar, dass auch der E1 über den Pass unpassierbar ist. Normal ist das in Juni nicht. Von globaler Erwärmung keine Spur. Also mit dem Zug auf die andere Seite des Tunnels und der Alpen. Nach Airolo.

Endlich eine Gelegenheit, wieder die Halbtaxkarte zu nutzen. Immerhin zwei Franken gespart. Für die 17 Kilometer Tunnel. Da haben manche Mitreisende Todesängste ausgestanden. Und mit Jubel wieder das Tageslicht begrüßt. Ich auch. Aber nicht wegen des Tunnels. Sondern wegen des Sonnenscheins. Auf der Nordseite sah es nach Regen aus. Hier war es ganz anders. Schöner, südlicher. Leider auch unverständlicher. Ich sprach kein Italienisch. Hoffte mich mit Deutsch oder Englisch verständigen zu können. Klappte nicht immer. Deshalb wurden die so interessanten zwischenmenschlichen Kontakte am E1 weniger. Leider.

Ich nahm mir vor, bis zur nächsten Wanderung auf dem E1 wenigstens die rudimentärsten Ausdrücke auf Italienisch zu lernen. Sowie in Rom mit Spanisch kommt man leider auch nicht richtig weiter.

Zunächst war ich aber noch nicht in Italien sondern immer noch in der Schweiz. Das spricht für Qualität der Wanderwege. Für „Sentiero" statt „Wanderweg" und „ore" statt „Stunden" an den Wegweisern reichte das Sprachverständnis noch allemal. Es ging jetzt bis nach Osco also über 35 km auf der „Strada alta", einem Höhenwanderweg. Dadurch immer wieder herrliche Ausblicke in das Valle Leventina, Zunächst ging es über Valle nach Madrano, einem Bergdorf. Die Häuser erinnerten bereits ein wenig an die Toscana. Nach einigen weiteren Kilometern wurde der höchste Punkt der Strada alta mit 1421 m bei Cresta di sopra erreicht.

In Ronco legte ich eine Mittagspause ein. Die Verständigung klappte nicht. Man bot mir „formaggio" an. Ich dachte, dass es etwas Warmes sein müsste, weil „forno" auf Spanisch Ofen heißt. Also „formaggio" – „aus dem Ofen". Falsch gedacht! Es war Käse. Im wahrsten Sinne des Wortes! Ein guter Ziegenkäse. Soweit in Ordnung. Ich versuchte mir nicht anmerken zu lassen, dass ich eigentlich ein Mittagessen und kein zweites Frühstück wollte. Werde mich in Zukunft an die bewährte italienische Küche halten. Bei Canneloni, Pizza und Pasta weiß man was auf den Tisch kommt! So wanderte ich runter durch den schattigen Wald „Bosco d'Oes" Es gibt sie also doch noch die Wörterverwandtschaft Spanisch – Italienisch „Bosco" - „Bosque"

Über einige Pfade erreichte ich Osco und verwirklichte meinen Vorsatz, keinen Fehler mehr bei der Bestellung zu machen. „Una birra e pasta prego". Bier und Nudeln kamen. Geht doch!

So körperlich und geistig gestärkt ging ich dann auf dem Höhenweg weiter. Über einsame Bergdörfer, herrliche Wanderwege und den Abstecher zum Monte Agnone erreiche ich Anzonico. Von dort ging es vorwiegend über Felsen und an Felsen weiter nach Sobrio. Es fing langsam an dunkel zu werden. Ab Poleggio mußte ich bereits die Taschenlampe benutzen. Wo der Weg gerade schlechter wurde. Also lieber langsamer. Über einige hundert Stufen, ging ich einen Kreuzweg umgekehrt runter nach Biasca. Die Strada alta lag hinter mir. Es galt nur noch eine Übernachtung zu finden.

Mit den beiden Wörtern „camara" für Zimmer und „albergo" für „Hotel" müsste es doch klappen! Tat es auch. Einen knappen Kilometer außerhalb von Biasca fand ich ein Motel. Die Bedienung sprach sogar Englisch. Das erweiterte die Bestellmöglichkeiten doch erheblich. Sie wollte aber mehr. Erzählte, dass als sie vorhin eine Person oben auf dem Wanderweg mit einer Taschenlampe sah, sie den Wunsch verspürte, diese kennen zu lernen. Was für ein Glück es doch wäre, dass diese ganz zufällig direkt zu ihr kam. Ich verspürte eigentlich nur den Wunsch nach Schlafen. Deshalb erzählte ich ihr von Daisy und den beiden süßen Kindern. Der Gesprächsflamme erlosch augenblicklich.

Im Tal des Schweizer Ticino von Biasca nach Bellinzona

Für den letzten Tag stand nur noch eine relativ kurze und flache Etappe auf dem Programm. Ich musste schließlich noch nach Zürich zum Flughafen zurück. Das ist der Nachteil beim Fliegen. Man muss Zeiten incl. Einchecken einhalten. Die Wanderung entlang des Ticino war nicht langweilig. Der Weg wechselte die Flussseiten. Führte mal näher, mal weiter vom Fluss weg.

Ich habe bereits vor zwölf die Stadt der drei Burgen erreicht. Es blieb Zeit für einen Stadtrundgang. So ein schöner Tag. Ich verspürte keine Lust das Tessin wieder zu verlassen. Es war so herrlich beim Bier und Pizza gegenüber dem Bahnhof. So nahm ich den letztmöglichen Zug nach Zürich. Alles klappte.

Fünf sehr abwechslungsreiche Wandertage, die ich nicht mehr missen möchte, waren vergangen. Die Gotthard – Lücke wird sich schon schließen lassen. Ich fing so langsam mich geistig an das dritte E1 – Land einzustimmen. Wo ich schon südlich der Alpen war und italienisch gesprochen wurde.

Familienurlaub in der Schweiz (Gotthard - Pass und Bellinzona - Lugano)

Während unseres Familienurlaubes haben wir hauptsächlich Berge besichtigt, die mit Seilbahnen ausgestattet waren. Manche davon bin ich heraufgewandert, um nach der Einkehr im Gipfelrestaurant mit den anderen Familienmitgliedern wieder runter zu fahren. Eine Gelenke schonende Art von Bergsteigen. Wahrscheinlich habe ich deshalb den zweiten Teil der Etappe Andermatt – Airolo so gut in Erinnerung.

Über den Gotthard von Andermatt nach Airolo

Von der Ferienwohnung aus fuhr ich nach Airolo und parkte dort. Mit dem Zug durch den Gotthardtunnel, diesmal nach Norden. Wieder zwei Franken gespart. Nun begann der Ernst des Tages. Teils auf der Nationalstraße, teil diese abkürzend ging es zunächst zur Teufelsbrücke. An dieser fand während der Napoleonischen Kriege 1799 eine verlustreiche Schlacht zwischen den Franzosen und Allierten statt. Gegner der Franzosen waren auch Russen, denen unweit der Brücke ein eigenes Denkmal gewidmet ist. Die Betreiber des sehenswerten historischen Restaurants reagieren sehr gereizt, wenn man nicht einkehrt, sondern das Gebäude nur besichtigen oder gar das Klo benutzen will.

Ich erreichte Andermatt. Hier gönnte sich der E1 beim Aufstieg erstmal eine Verschnaufpause und schwenkte nach Westen ab. Im Wesentlichen dem Fluss Furkareuss folgend wird der kleine Ort Hospental erreicht. Hier begann dann parallel zu der alten Passstraße und teilweise kurzfristig auf dieser der Aufstieg zum höchsten Punkt dieses Fernwanderweges. In diesem Abschnitt waren noch 655 Höhenmeter zu überwinden, jedoch keine dramatischen Anstiege. Es waren nicht viele Wanderer unterwegs, obwohl die Sonne schien. Einige Seen kündigten an, dass die Passhöhe bald erreicht sein würde.

Auf dem Gotthard – Pass änderte sich schlagartig das Bild. Der Parkplatz war voll, überall liefen Menschen, Fotoapparate klicken, Filmkameras surrten, Autos lärmten, Motorräder dröhnten. Aber an dem höchsten Punkt des E1, der auf jeder Hinweistafel zu diesem erwähnt wird, musste ich natürlich auch alles anschauen und trug damit auch meinen Teil zum Chaos bei. Lediglich in der Kapelle war es ruhiger. Das Passrestaurant war völlig überteuert. Offensichtlich begründete eine Höhe von über 2000 Metern einen weiteren Preisschub.

Also noch etwas die dünnste Luft am ganzen E1 einatmen und runter ging es, die alte Passstrasse abkürzend mehrfach überstreitend. Die Ausblicke waren grandios. Es hätte ein so schöner Wandertag werden können. Wenn der Wolkenbruch nicht gekommen wäre. So erreichte ich Motto Batola bereits nass. Hier war erst der halbe Abstieg geschafft. Airolo wurde dann über sehr kurvigen Wanderweg erreicht. Es war wegen des aufkommenden Regens erst recht spät zu sehen. Der Abstieg war teilweise recht steil.

Nach einem Einkauf im Supermarkt habe ich dann das versäumte Mittagessen nachgeholt und fuhr über den San Bernadino Pass zurück zur Ferienwohnung. Die bereits bekannte Strada alta war wieder gut zu sehen. Als ich in Airolo ankam hatte der Regen aufgehört…

Von Bellinzona nach Lugano

Eine Woche später machte in mich aus der Ferienwohnung auf, die zweite Schweizer E1 – Etappe zu wandern.

Wieder über den San Bernadino – Tunnel, der gerade renoviert wurde nach Lugano. Eine kurze Strecke mit dem Zug zurück nach Bellinzona und schon war ich wieder auf dem E1. Bei der Fahrt sah alles einfach aus. Aber im Gegensatz zum Abschnitt Biasca – Bellinzona handelte es sich bei dieser Tour um eine Bergetappe. Ich hatte auch überlegt, sie in drei Tagen mit allen Familienmitgliedern zu gehen. Die Streckenlängen wären passend. 14 km , 16 km und ca. 8 km.

Die Beschreibung des ersten Teilstückes Bellinzona – Isone bei Krause „ein sehr steiler Aufstieg zum Sattel von Coma di dento" hielt mich davon ab. Angela würde wahrscheinlich quietschen. Ob die Wegbreite joggertauglich für Charlotte wäre, war der Beschreibung ebenso wenig zu entnehmen. Es hat sich gezeigt, dass die Entscheidung richtig gewesen ist.

Zunächst einmal ging es durch Bellinzona. Der Weg durch die Stadt war gut markiert. So kam ich zum südlich gelegenen Stadtteil Giubasco. Schöne Villen säumten den Weg. Hier könnte man so schön leben! Da wäre die Notwendigkeit, Italienisch zu lernen das geringste Übel. Vielleicht eine Reinkarnation im Tessin? Die Frage wäre nur, wie kommt man zu einem entsprechenden Karma? Den Streckenabschnitt des E1 in dieser Gegend besonders loben? Dieser führt erstmal weiter nach Camorino und macht sich dann auf den Weg nach oben, auf den Cima di Dento. Dieser ist mit seinen 1005 Metern schon fast 800 Meter höher gelegen als Bellinzona.

Kurz vor dem Übergang vom Asphalt auf einen Bergweg noch eine hübsche Joggerin getroffen, die das „Bon Giorno" lächelnd erwidert. Warum trifft man immer mehr hübsche Frauen, je länger man verheiratet ist? Daisy behauptet immer, das wäre Teufels Werk, der seine Versuchungen immer weiter steigere, bis man(n) nachgegeben hat. Da scheint was dran zu sein. Die schärfste Versuchung wartete auf mich in September 2006 nach einer Wanderung im isländischen Skaftafell – Nationalpark. Da wollten gleich zwei Blondinen mit mir zusammen duschen!

Der E1 erklimmt den Berg auf einem recht schmalen Wanderweg im Wald. Ab der Hälfte lässt die Steigung etwas nach. Der Hinweis bei Krause „teilweise sehr steil" ist schon nicht übertrieben. Mit Kindern hätte man diese Etappe nicht machen können.

Ich erreichte ein Militärgelände. Dort sind genaue Zeiten angegeben, zu denen es überquert werden darf. Was macht man, wenn man zu falschen Zeit da ist? Risiko? Umkehren? Umgehen? Da wäre es doch sinnvoller, diese Zeiten bereits unten anzuschlagen! Ich war zu richtigen Zeit da, also durch. Beim Abstieg nach Isono steht in der Gegenrichtung ein Schild „Vietato l'accesso", das das Betreten ganz verbietet. Wo der Weg doch in beiden Richtungen markiert ist! Welchen Sinn hat es denn den Zugang von einer Seite zu verbieten? Auf dem Militärgelände selbst ist sogar eine Wanderwegverzweigung! Da müssen die sonst sehr korrekten Schweizer nachbessern. Mein Vorschlag wäre es, das Militärgelände ganz aufzugeben. Es gibt eh nicht genug Platz zum Schießen!

In Isone mal wieder ein Hinweis auf den E1. Nach dem Erreichen des Vedeggio – Tals war der Abstieg erstmal beendet. Von dort aus wieder leicht nach oben zu dem kleinen Weiler Murice. Der Weg über die Wiese war etwas schwammig. Hier wieder mal eine Gelegenheit gefunden, die arg aufgebrauchten Flüssigkeitsreserven wieder aufzufüllen. Fast auf gleicher Höhe gelangte ich dann zu Gola di Lago. Nun begann der lange Abstieg. Teressete lag bereits fast 500 Meter niedriger als der höchste Punkt an diesem Tag.

Von Tesserete nach Lugano ging ich erstmal einen schönen Weg über einen Berhang des San Clemente zur Einsiedlerei San Bernardo. Hier bereits ein fotogener Blick auf den Luganer See. Nun begann der weitere Abstieg in Richtung Lugano. Bis Comano gab es keine Probleme mit dem Weg.

Im Ort dann zeigte ein gelber Wegweiser an einem Kreisverkehr nach rechts. Als 500 Meter weiter immer noch kein Folgezeichen zu sehen war, kehrte ich um. Was war passiert? Wahrscheinlich haben an dem Kreisverkehr vor einiger Zeit Bauarbeiten stattgefunden, in dessen Zuge die Kreisverkehrzeichen an allen vier Seiten entfernt wurden. An einem war ein Wanderwegweiser angebracht. Als die Verkehrszeichen wieder angebracht wurden, achtete keiner mehr darauf, weil der verkehrsregelnde Inhalt identisch war. Fertig war die perfekte Irreführung.

Also geradeaus. Nach Porza. Wie bei Krause beschrieben. Hier war es aber mit den Wanderzeichen endgültig aus. Der Beschreibung im Buch folgend ging ich nach Lugano. Die Straße aus Porza kam fast am Bahnhof raus.

Damit war der Urlaub und der Hochsommer zu Ende. Ich werde mich wieder mit kürzeren Tagen abfinden müssen. Was entweder kürzere Strecken oder Wandern mit Taschenlampe bedeutet.

Ein Kurztrip nach Lugano (Lugano – Gavirate)

Im Herbst musste ich wieder mal dienstlich Richtung Süden. Allerdings nur nach Darmstadt. Eigentlich nicht weit genug, um sich über den E1 Gedanken zu machen. Aber meine Mutter hatte bei ihrem letzten Besuch in Lugano während des Sommerurlaubs keine Schifffahrt gemacht. Diese wollte sie nachholen. Halbtaxkarte und Schweizer Vignette hatte ich auch noch. Also überredet. Der E1 sollte in Italien auf seine Wandertauglichkeit geprüft werden. Die Berichte hierzu waren teilweise nicht sehr ermunternd.

Am Freitag nachmittags fuhren wir von Darmstadt aus über Basel Richtung Süden. Die Anreise über den Gotthardtunnel verlief problemlos. Kurz vor Bellinzona übernachteten wir an einer Rast- und Hotelanlage.

Von Lugano nach Morcote

Vom Luganer Bahnhof aus wanderte ich erstmal ohne Zeichen in Richtung des letzten großen Aufstieges in der Schweiz. Auf den San Salvatore. Der Weg führte direkt an der Talstation der Bergbahn vorbei. Ich blieb standfest. Und wurde kurz nach der Talstation mit einem Wanderweg belohnt. Die Streckenführung war teilweise parallel zu der Standbahn. Mit entsprechend steilen Stufen. Ab der Mittelstation dann in einem Bogen nach links. Mit Aussichten auf den Luganer See, die Alpen, Campione und Italien. Zwischendurch gab es eine Abzweigung zu einem Kletterweg. Nein, das war eindeutig nichts für mich. Die Tafel mit der notwendigen Ausrüstung war schon spannend genug. Ich wandere zwar gerne durch die Berge. Wollte aber nicht in den Bergen sterben. Also weiter auf dem E1 hoch.

Ich kam an einem sehenswerten Museum raus. Eintritt frei. Die Aufsichtsperson hätte sich gerne mit mir unterhalten. Auf Italienisch. War nicht möglich. Also nur ein Prospekt genommen und die sakralen Figuren besichtigt. Die Erklärung der geologischen Geschichte des Berges blieb mir verborgen. Die Kapelle hundert Meter abseits des Weges an dem höchsten Punkt angeschaut. Und um einen Beistand auf der Strecke bis Genua gebetet.

Ab dem Gasthast mit der Bergstation dann etwas steiler runter. Danach etwas gemütlicher weiter absteigend bis nach Carona. Beim Aufstieg zum San Grato verlief der E1 durch eine wunderschöne Gartenanlage, den Botanischen Garten San Grato. Mehrere Rundwanderwege, darunter auch welche für Kinder geeignete luden ein, diesen Flecken Erde näher zu erkunden.

Der E1 benutzt beim Aufstieg teilweise den Märchenweg. Auf Schautafeln wird nach und nach das Azaleenmärchen dargestellt. Es handelt von einem kleinen, kranken Mädchen, dem Insekten durch ihr Fliegen ihre einzige Freude machen. Als der Arzt in ihrem Zimmer die Blumen verbietet, kommen diese nicht mehr und sie wird noch kränker und trauriger. Da die restlichen Tafeln des Märchens nicht am E1 standen und ich es eilig hatte, nach Morcote zu kommen, weiß ich bis heute nicht wie das Märchen ausgeht. Hoffentlich aber schöner als „Das kleine Mädchen mit den Schwefelhölzern" von H.C. Andersen.

Es ging runter zu einer Berghütte (Alp Vicania) mit dem Blick auf den Luganer See. Man sah bereits nach Italien rüber. Wie wird der E1 dort sein? Es war ja nicht mehr weit bis dorthin. Nur noch eine Stunde auf einem Plattenweg nach Morcote runter.

Von dort sollte man eine Fähre nach Porto Ceresio in Italien nehmen. Mit den drei bisherigen Fähren am E1 habe ich durchwachsene Erfahrungen gemacht.

a) die Fähre über den Nord – Ostsee – Kanal war überhaupt kein Problem
b) die Fähre über die Kieler Förde verkehrte nicht
c) die Fährleute der Fähre über die Elbe waren in nicht verkehrstüchtigem Zustand

Wie wird es hier sein? Um es kurz zu machen. Variante b) Also Alternativroute suchen.

Nach einer kurzen Rast in dem sehr schönen Ort rief Italien. Eine Taxifahrt nach Porto Ceresio war nicht möglich. Ich weiß nicht ob es daran lag, dass ich kein Italienisch sprach oder der Fahrer nicht nach Italien fahren durfte. Er erzählte etwas von der „unione europea" was ich nicht verstand. Schweiz ist nicht in der EU. Wäre also möglich. Also Geld gespart und Zeit verloren. Mit dem Bus zurück nach Lugano. Mit der innenstädtischen Standseilbahn zurück zum Bahnhof.

Der italienische Streckenabschnitt beginnt von Porto Ceresio nach Brinzio

Mit dem Auto bin ich halb um den Luganer See nach Porto Ceresio gefahren. An dem Bahnhof dann ein Problem. Es gab eine Fülle von Parkplätzen. Jedoch kostenpflichtig. Längst nicht so teuer wie in der Schweiz. Man konnte aber nur für einen Tag bezahlen. Das tat ich auch und brachte noch einen Zettel an. „Will pay for Sunday, when back from E1 – hiking."

Am Fähranleger fand ich dann die erste italienische E1, bzw. E / 1 – Markierung. Diese erfolgte hier mit Holzpfeilen, in denen außer der Werbung einer Versicherung ein metallenes E / 1 – Schild eingelassen war. Im Gegensatz zu der Schweiz war der E / 1 hier also entsprechend markiert.

Im Internet hatte ich nicht viel Gutes über die E / 1 – Markierungen in Italien gelesen. Deshalb sollte dieser halbe Samstag und der Sonntag ein Test werden. Ist der E1 bis Genua machbar? Ich hatte nur eine E1-Beschreibung aus http://www.enrosadira.it/e1/lombardianord.htm sowie eine mühsam im Versandhandel gekaufte Wanderkarte. „Carta die sentieri e die rifugi" Nr. 12 "Laghi Maggiore d'Orta e di Varese".

Leider hat diese Karte einen Nachteil. Es sind viele Wege eingezeichnet, die Streckenführung des E1 aber nicht! Es ist aber die einzige topographische Karte, die man für den E1 abgesehen vom letzten italienischen Teilstück nach Genua bekommen kann. Für die Region westlich von Mailand werden keine Karten aufgelegt.

Wie ich später feststellen musste, ist die erste Strecke in Italien ein „Lockvogel-Angebot". Sowohl landschaftlich als auch markierungstechnisch. Aber der Reihe nach. Was sofort auffiel war die Tatsache, dass die Holzschilder nur in einer Richtung, nämlich Nord – Süd angebracht waren. Genua – Flensburg also unerwünscht?

Nach einem Kilometer auf der Straße ging es links aufwärts. Zunächst in einem großen Linksbogen durch den Wald, dann einer Straße folgend hoch nach Borgnana. Weiter auf der Straße Via Garibaldi (Borgnana) hoch nach Cuasso al Monte. Hier schöne Ausblicke auf den zurückgelegten Weg. Immerhin befand ich mich bereits 432 Meter hoch, also fast 200 Meter höher als der Luganer See. Der E1 strebte aber weiter nach Höherem. Aus dem Ort nach rechts also nördlich an einer halb verfallenen Villa vorbei. So erreichte ich Bocch. Stivione. Dieser Punkt befand sich bereits in 869 Metern Höhe. Weiter durch den Wald nun mäßiger steigend über mehrere Sitzkehren zum Monte Piambello.

In 1125 Metern Höhe war dann auch der zweithöchste Punkt des E1 in Italien bis Genua erreicht. Im Gipfelbereich befanden sich auch Festungs- bzw. Bunkerreste. Weiter auf breitem Waldweg über mehrere Kilometer absteigend zu einer Straße nach Boarezzo. Die Straße selbst steigt in mehreren Kehren ab. Der E1 schneidet diese hier. Man befindet sich hier nur noch 736 Meter hoch. Jetzt ging es noch weiter runter Richtung Süden in einen etwas größeren Ort nach Ganna. Nur noch 450 Meter hoch.

Hier 100 Meter eine Straße Bedero nutzend gelangte ich zu einer Linksabzweigung, auf den lokalen Wanderweg Nr. 15. Das E1 – Zeichen war auch da. Über einen Feldweg, den Lago di Ganna rechts liegend lassend gelangte ich zu einer Rechtsabzweigung. Jetzt begann in westliche, leicht südliche Richtung der Anstieg zum Pass C. Valici in immerhin 635 Metern Höhe. Diesen erreichte ich bei bereits einsetzender Dunkelheit.

Die Richtung haltend nach Brinzio abgestiegen. Hier habe ich das erste Mal in Italien einen Versuch gestartet, eine Übernachtungsmöglichkeit zu finden. In der schon erwähnten Beschreibung war Brinzio als Übernachtungsort angegeben. Beim zweiten Gasthof sagte man mir, dass es 500 Meter weiter westlich auf der Hauptstraße eine Gaststätte mit Übernachtungsmöglichkeit gäbe. Das war auch der Fall. Ich war der einzige Gast. Die Wirtin sprach kein Englisch. Aber das Abendessen und das Frühstück waren sehr gut. Das Zimmer war klein aber sauber.

Im Nationalpark Campo dei Fiori von Brinzio nach Gavirate

Am nächsten Tag galt es die verlorenen Höhenmeter wieder aufzuholen. Brinzio liegt nur noch 500 Meter hoch. So ging es in Richtung Süden auf einem gut markierten Wanderweg hoch in Richtung den Monte Pizzella im Naturpark Campo dei Fiori.

Nach ca. drei Kilometern endete der Wanderweg beim Aufstieg plötzlich im Nichts! Ich ging ca. 300 Meter zurück und fand die letzte Markierung. Diese zeigte aber genau den Weg an, den ich gerade zurückgekommen war. Da an dem Schild keinerlei Manipulation zu erkennen war und der andere abzweigende Weg auch völlig falsch gewesen wäre, wieder hoch. Ca. 200 Meter später, also 100 Meter vor dem „Dead End" ein unscheinbarer Pfad nach rechts. Ich folgte diesem zunächst ein Bachbett überquerend hoch. Nach ca. 100 Metern hatte ich wieder eine E1 Markierung. Also fehlte hier der entscheidende Abbiegehinweis. Im Nachhinein betrachtet war das der erste Hinweis auf Markierungslücken, die bei den nächsten Touren noch folgen sollten.

Aber der Reihe nach. Ohne weitere Probleme unterquerte ich eine Brücke der stillgelegten Standbahn sowie deren Bergstation. Hier war ich bereits wieder 1033 Meter hoch. Aus einem ausgebauten Weg, der verschiedenen Abteilungen des Militärs gewidmet war, ging es zum 1096 Meter hohen Gipfel des Monte Tre Croci. Auf diesem befinden sich drei monumentale Kreuze. Unter dem höchsten, mittleren eine Unterschrift „Salve o Croce unica speranza" (Erlösung durch das Kreuz ist die einzige Hoffnung.)

An einem Militärgelände jetzt links Richtung Westen. Eine Asphaltstraße wurde erreicht. Auf dieser jedoch nur kurz bleiben. Jetzt vier Kilometer weiter auf einem schön eben verlaufenden Waldweg mit sich später Richtung Orino öffnenden Ausblicken zu einer weiteren Sehenswürdigkeit. Das Fort zum Orino liegt in 1134 Meter Höhe. Die Ruine bietet bei gutem Wetter Ausblick in allen Richtungen.

Jetzt sollte die Höhe verloren werden. Aber bisschen plötzlich. Auf einem steil nach unten verlaufenden Pfad, später leicht nach rechts schwenkend bewältigte ich den Abstieg nach Orino (700 Höhenmeter) auf nur vier Kilometern. Da konnten einem die entgegenkommenden Wanderer schon leid tun!

In Orino angekommen nicht bis zu Hauptstraße sondern links am Ortsrand wieder leicht ansteigend. An einem Sportplatz dann weiter ansteigend in den Wald. So kam ich immer nur durch den Wald gehend nach ca. fünf weiteren Kilometern zunächst südlich und dann östlich gehend zu Abzweigung nach rechts zum Etappenende.

Der knapp über zwei Kilometer lange Abstieg nach Gavirate war dann steil aber nicht mehr so anstrengend wie die Strecke Forte di Orino – Orino. Der E1 verlief fast am Bahnhof vorbei. Die Züge nach Varese verkehren häufig. Von dort aus musste ich jedoch für 20,- EUR ein Taxi nach Porto Ceresio nehmen. Der Bus fährt nicht am Sonntag. Zum Glück habe ich kein Ticket bekommen. Hat der Zettel was genützt? Vorsichtshalber habe ich beide Quittungen aufgehoben. Die Rückfahrt über Lugano nach Hannover war sehr lang und anstrengend. Ich nahm mir vor, die nächsten E1 – Touren nur noch mit dem Zug oder Flugzeug zu machen.

Wanderwochenende bei Mailand (Gavirate - Abbiategrasso)

Es gibt ab und zu Angebote, da kann man nicht widerstehen. Beim Surfen im Internet stieß ich auf ein Flugangebot Köln – Mailand für 20,- EUR jeweils für eine Strecke incl. Gebühren. Reingeschaut, ob sich eine Wochenendverbindung finden lässt und gebucht. So war ich nur drei Wochen später wieder in Gavirate. Es zeigten sich aber recht schnell die Grenzen der E1 – Wochenendtouren. Obwohl der Flug bereits vor sieben war und ich damit halb neun in Mailand war, dauerte es noch zwei Stunden nach Gavirate. So konnte ich erst um 10 Uhr dreißig den Wanderweg fortsetzen.

Wandern bis zur Geisterstunde von Gavirate nach Turbigo

Die Markierung war anfangs noch in Ordnung. Da sie aber immer problematischer wurde, habe ich mich entschlossen, für die restliche Strecke in Italien eine genaue Wegbeschreibung anzugeben. Die dazugehören GPS – Waypoints befinden sich hinter dem Buchtext. Als ob ich es geahnt hätte, hatte ich bei dieser Wanderung erstmals ein GPS – Gerät dabei.

Von der Bahnunterführung ging es erstmal Richtung Süden bis zu einer Ampel. Hier links in die Via IV Novembre und kurz danach wieder rechts in die Via Marconi Richtung Centro Comerciale. Der Weg führte zu einem Kreisverkehr. (IT 301) Jetzt ging es nach rechts in die Viale Ticino auf der Straße SP 50, der man geradeaus über zwei Kreisverkehre folgt. So kam ich nach einer minimalen Steigung in Bardello an.

An Stadttor war links ein E1 – Schild angebracht, das nach zeigte. (IT 302) Man sollte aber nicht in die Straße davor rechts einbiegen, sondern weiter geradeaus durch den Ort laufen. Bis zum Weiler Le Casacce (IT 303) folgte der Wanderweg der Straße SP 18. Kurz danach wies mich ein Zeichen schräg nach links auf einen Waldweg. (IT 304) Dieser Weg wird offensichtlich von den Anwohnern als eine Müllkippe benutzt. So bekam man gleich einen Einblick, welche Einrichtungsgegenstände in Italien nicht mehr „bello" sind. Hier rechts halten (IT 305) Der E1 kreuzte danach wieder die Straße (IT 306) und machte einen kleinen Anstieg in die Via Garibaldi (IT 307). Ich kam auf einer offenen Fläche mit ein paar

Häusern heraus. Hier folgte der Wanderweg der Wegführung in südöstliche Richtung (IT 308) bis zu einer Kreuzung in Biandronno. (IT 309)

Das E1 – Zeichen war so unglücklich angebracht, dass ich erstmal die Lage eruieren musste, welcher Weg nun einzuschlagen wäre. Ich entschied mich dann richtigerweise für die kleine Straße in Richtung Travedona. (IT 310) Nach der Überquerung der Bahnlinie (IT 311) geht es ca. 200 Meter danach links in einen Waldweg. Nach Berichten im Internet fehlt dieses Zeichen. (IT 312) Im November 2006 war zumindest eines da. Also wird der E1 zumindest in diesem Streckenabschnitt abgegangen. Auf einem schönen Waldweg kommt man kurz bevor eine Straße erreicht wird noch an zwei hier deplaziert wirkenden Hochhäusern. (IT 313)

Die Strasse Via Vittorio Veneto wurde erreicht. (IT 314) Auf dieser nur 200 Meter nach rechts. Kurz vor einer Spedition nach links hoch. (IT 315) Auf der linken Seite befindet sich ein eingezäuntes Gelände. Im Wald zunächst rechts, dann links abbiegen. Gut markiert. (IT 316-IT 320) Südwestlich haltend habe ich einen Zufahrtsweg zum Steinbruch / Kieswerk überquert. (IT 321)

Hier wimmelte es nur so von Verboten. Soll einer sagen, nur in Deutschland gäbe es einen Schilderwald. Kurz danach nach rechts, um nach einigen hundert Metern an einem Tor ohne Zaun (IT 322) wieder links abzubiegen.

Ich erreichte leicht an einem Steinweg absteigend (IT 323) den Ort Travedona Monate in der Höhe des Sportplatzes. (IT 324) Hier links, jedoch nicht gleich wieder rechts in den Ort, sondern einem Waldweg folgend kommt der E1 weiter in Richtung Süden. Das dazu gehörende Zeichen hat schon jemand aus der Verankerung gerissen. Mein Versuch es wieder einzupflanzen scheiterte jedoch. (IT 325) Es ging im Wald leicht hoch, um nach einer Abzweigung nach rechts (IT 326) eine geteerte Straße zu erreichen (IT 327), auf der es dann nach links an einem Sägewerk vorbei einen knappen Kilometer zur Kreuzung mit der SS 629 ging. (IT 328) Diese wurde hier an der Ampel überquert.

Auf der Via Lago di Monate geht es kurz danach links. (IT 329) Es wurde ein Campingplatz am gleichnamigen See passiert. Die Aussicht auf den See hatte wegen der vielen Bäume eine ungewöhnliche Perspektive. Das nächste Ziel, den Monte Pelada schon vor Augen wanderte ich erstmal auf der Straße bis zu Cascina Zerbino. (IT 330) Hier rechts hoch auf die Via ai Boschi bzw. die SP 33. Nach einem Kilometer in einem Linksbogen erreichte ich dann Eingang zum Parco Naturale del Ticino in Osmate Lentate. (IT 331)

Auf der Übersichtswanderkarte war der E1 eingezeichnet. Seltsamerweise sollte ich von der anderen Seeseite kommen. Die Wegführung auf der Karte war Monteggia – Cadrezzate – Osmate Lentate. Da die Karte nicht weiter nördlich reichte wird es das Geheimnis der Italiener bleiben, wie man von Gavirate nach Montaggia kommen soll. Weiter südlich war der Wegverlauf so markiert wie ich ihn gegangen bin. Es bleibt eines der ungelösten Rätsel am E1.

In Naturparks ist das Wandern in Italien gleich in zweifacher Hinsicht angenehmer. Erstens gibt es in der Regel eine ansprechendere Umgebung. Zweitens sind die Markierungen besser. Das was hier auch der Fall. Kurz nach dem Eingang zum Naturpark nach rechts und dann einem Feldweg unter Hochspannungsleitung folgend (IT 332), diese mehrfach unterquerend bis zu eine Trafohaus (IT 333) Ich wanderte in Richtung Süden durch einen Laubwald. Ich ging oberhalb von Lentate Verbano. (IT 334 – IT 336) kam rechts Zick-Zack absteigend (IT 337) in Santa Fe kurz auf die Straße. (IT 338)

Die Straße wurde nach ca. 300 Metern nach links leicht hoch wieder verlassen. (IT 339) Immer weiter in südöstliche Richtung durch den Wald erreichte ich nach etwas mehr als einem Kilometer eine etwas irreführende Wegverzweigung. (IT 340)

Es wurde auf der einen Seite angedeutet, dass der E1 in Richtung Norden nach links geführt würde. Auf der anderen Seite wurde aber die Richtung Norden genau in die Richtung angegeben, aus der ich gekommen bin. Hier auf jedem Fall nach rechts abbiegen, um später an einer Steinmauer gehend nach einem Kilometer Oriano zu erreichen. (IT 341) An der Nationalparkverwaltung und Schulhaus weiter runter zur einer Kreuzung. Ein paar Meter nach dieser schräg nach links in einen Feldweg. (IT 342)

Diesem Feldweg folgte ich über eine Kreuzung mit einem Fahrweg hinweg. (IT 343) An dieser Stelle änderte der Feldweg seinen Namen von Via Stelvio auf Via Riapont. Ich erreichte einen Bahndamm (IT 344) an dem es kurz nach links bis zu einer Unterführung ging. Durch diese auf die andere Seite, dann gleich nach rechts, um kurz danach nach links abzweigend (IT 345) die Straße SS 33 zu erreichen. Auf dieser nur kurz nach links, um nach etwa 50 Meter auf einen Feldweg nach rechts abzubiegen. (IT 346)

Dieser mündete in die Via Motte. Rechts diesem folgend (IT 347) auf Via Nardino Sculati geradeaus weiter. (IT 348) Nach ca. 300 Metern nach links in den Wald. (IT 349) Es folgt ein kurzer Anstieg, mit ein paar kleinen Richtungsänderungen, während dessen wurde der Autobahntunnel der A26 überquert. (IT 350) Die Markierung war in diesem Streckenabschnitt sehr gut. An den Wanderschildern waren die Entfernungen sogar mit zwei Stellen nach dem Komma angegeben, was naturgemäß zum Lächeln anregte. (IT 351 – IT 352)

Nordöstlich von Golasecca wurde die dorthin von Vergiate führende Straße überquert. (IT 353) Es geht weiter nach Südosten durch den Wald. (IT 354) An einer Gaststation (links) biegt der Wanderweg jetzt nach rechts ab (IT 355). Hier wird der schon einige Zeit parallel zum E1 verlaufende ehemalige Bahndamm durchquert.

Ich erreichte links abbiegend die Viale Europa (IT 356). Diese wird nach ihrer Zusammenführung mit der Via Cristoforo Colombo zu Via Montebello. Kurz danach an einer in der Nacht beleuchteten gläsernen Kapelle nach rechts in Richtung Süden in den Wald. (IT 357) Nach knapp zwei Kilometer (IT 358) kurz rechts auf einen breiteren Waldweg. (IT 359) Ein schlecht einzusehender Wegweiser leitete mich dann wieder schräg links. (IT 360) Die Beschriftung war teilweise irreführend.

Eine Ruine im Wald wurde passiert. (IT 361) danach erreichte ich einen E1-Wegweiser, der schräg nach links zeigte. Das E1 war schon durchgestrichen, was wiederum richtig war. Hier (IT 362) muss man nämlich scharf links runter in südöstliche Richtung abbiegen, um zur Brücke zu kommen. Ansonsten kommt man nach Coarezza.

An der mächtigen Brücke (Ponte di Porto Torre, IT 901) gibt es bezüglich der Weiterführung des E1 die Möglichkeit auf derselben Seite des Flusses zu bleiben oder nach Turbigo einen ebenfalls mit E/1 markierten Wanderweg auf der anderen Seite des Ticino zu benutzen. Ich blieb auf der östlichen Seite. Diese Entscheidung wurde mit knapp zwei Kilometern stark befahrener Straße (SS 35) „belohnt"(IT 902 – IT 904). Die Straße bog nach Norden nach Sesto Calende ab. Ich folgte ab hier (IT 905) einem Uferweg nach Süden.

Nach einem Kilometer kam ich an einem Sperrwerk (IT 906) und folgte nur noch einem Parallelkanal. (IT 907) Der Weg war betoniert und monoton. Der E1 wechselte auf die andere Kanalseite. (IT 908 – IT 910) Ich passierte zwei Brücken. (IT 911 – IT 912) Der Kanal wurde kurviger (IT 913 – IT 914) und ich konnte rechts wenigstens etwas von den Flussauen des „alten" Ticino sehen.

Jetzt fragen Sie sich natürlich warum konnte ich soviel in der Nacht sehen? Nun, der Kanal passiert in der Nähe von Castelnovate (IT 915) den Flughafen Mailand – Malpensa. Die Flutbeleuchtung desselben reichte aus, um auf einer Streckenlänge von acht Kilometer ohne Taschenlampe wandern zu können. So ist die Angst vor Terroristen doch auch einmal zu etwas nütze!

Kurz danach an einer Staustufe (IT 916 – IT 918) ging es zurück auf die andere Seite. So folgte ich weiter dem Kanal und dem E1 auf der östlichen Seite des Kanals weiter nach Turbigo. Es stellte sich nämlich heraus, dass die Restaurants an dem Kanal keine angeschlossenen Hotelbetriebe hatten. Ungewöhnlich bei zweistöckiger Bauweise. Die Straße SS 527 wurde überquert. (IT 919)

Kurz vor Turbigo ist noch eine Möglichkeit ausgeschildert, die Stadt umgehend direkt zum Ticino zu kommen. (IT 920) Wie die Markierungsqualität in diesem Bereich ist kann ich nicht beurteilen. Ich blieb auf dem Wanderweg am Kanal, der auch mit E1 ausgeschildert war. Kurz vor Mitternacht erreichte ich Turbigo (IT 1001) und übernachtete im Hotel Domina. Hier war der Name glücklicherweise nicht Programm. War auch nicht nötig. 52 km auf dem E1 waren schon genug.

Von Turbigo nach Abbiategrasso

Nach zweieinhalb Tagen in Italien war ich immer noch im Großraum Mailand. Durch den sehenswerten Umweg durch Campo di Fiori hat E1 sich ein ganzes Stück nach Westen bewegt. Seit der Brücke ging es nunmehr hauptsächlich in Richtung Süden. Mitten in der Stadt, genauer gesamt an der Kreuzung der Via Roma und dem Ticino – Kanal (IT 1001) begann ich am nächsten Tag meine weitere Wanderung. Immer am Kanal auf der östlichen Seite in Richtung Südost gehend unterquerte ich zunächst eine Einsenbahnlinie (IT 1002) Es wurde ein Industriebetrieb auf der anderen Seite passiert. (IT 1003) Der Weg selbst war gut und markiert. Es waren hier sowohl Radfahrer als auch Fußgänger unterwegs. So kam ich zu einer Steinbrücke, auf der der Kanal überquert wurde. (IT 1004 und 1005) Auf dem Wanderschildern war Mailand angegeben. Da musste es doch noch eine Abzweigung geben! Erstmal weiter an diesem Kanal entlang. So langsam hatte ich allerdings genug davon, war immerhin schon seit gestern über 30 km darauf unterwegs.

Ich wanderte noch fünf Kilometer entlang dem Kanal, bis ist an eine Feldwegabzweigung nach rechts mit einer Wanderkarte kam. (IT 1006) Hier war eindeutig zu lesen, dass ich mich auf den Weg nach rechts begeben musste. Der Weg weiter entlang des Kanals führt weiter über Boffalora nach Mailand! Auch wenn er mit E1 markiert wird! Also auf den kurze Zeit nach der Abzweigung rechts mit E1B markierten Weg. Dieser war nicht lang und errechte nach einigen Knicken durch eine Flussauenlandschaft (IT 1007 – 1013) den Ticino selbst. (IT 1014) An diesem von Fischer beliebten Fluss ging es leider nur bis hinter die Autobahnunterführung. (IT 1015) Hier an einer schlecht markierten Stelle nach links einen halben Kilometer einem Fahrweg entlang des Autobahndamms folgen. Dieser führt dann wieder auf die Nordseite der Autobahn.

An dieser Stelle schwenkt der E1 nach rechts nach Süden (IT 1016), um nach einiger Zeit die Brücke von Boffalora zu erreichen. (IT 1035) Durch die Arbeiten an der Schnellbahnstrecke Milano – Torino waren wohl einige Wanderzeichen abhanden gekommen. Hier gilt grundsätzlich – nach Süden halten, bis in der Nähe des Ristorante Piavi wieder ein Asphaltstraße erreicht wird, die zur Brücke Ponte di Boffalora führt. (IT 1035)

Am der Ponte di Boffalora kommen die beiden Alternativen E/1 Wege aus Sesto Calende bzw. Turbigo wieder zusammen. Die weitere Wegführung ist ausschließlich am östlichen Ufer in Richtung Süden. Ein schöner Wanderweg führte jetzt einige Zeit direkt am Ticino. (IT 1036 – IT 1038) Welch ein Unterschied zum Ticino – Kanal! Dort ein betonierter Wasserweg hier ein Flusslauf in der Natur. Mit der Flussromantik ist es leider sechs km nach einer Brücke vorbei. (IT 1039) Es geht Richtung Südosten erstmal entlang von Flussauen. (IT 1040 – IT 1041) und danach über die italienische Feldmark. (IT 1042 – IT 1046) Ein Fahrweg wurde erreicht.

Diesem folgte ich einen kleinen Kanal überquerend größtenteils in Richtung Osten (IT 1047 – IT 1050). An einer Verzweigung ging es dann scharf rechts. (IT 1051) Einen Kilometer weiter kurz bevor ein Hof durchwandert worden wäre, wieder nach links. (IT 1052)

Eine Kurve auswandernd (IT 1053) kam ich direkt durch ein Hofgelände vorbei, an dem mehrere sinngemäß „Betreten verboten" Schilder standen. (IT 1054) Wegen der Hofbesitzer hatte ich keine Bedenken. Mit Menschen kann man normalerweise reden. War ja schließlich in Italien und nicht im Kongo. Mit Hunden hätte man wahrscheinlich mehr Probleme gehabt. Aber es waren keine da.

Direkt hinter einem betonierten Kanal ging ich dann nach rechts in östliche Richtung. (IT 1055) So näherte ich mich wieder etwas dem Fluss, entfernte mich aber vom Tagesziel. Es war Jagdzeit. Die in Militärklamotten jeweils einzeln auftretenden Jäger, lösten ein etwas unbehagliches Gefühl aus. Zumal sie gut mit Schrottflinten und Munition versehen waren. Es war auch keine Verständigung außer „Bon Giorno" möglich.

An einem schlecht sichtbaren Weg nach links (IT 1056) verließ ich den Kanal, passierte einen Hof und kam zu einem größeren Feldweg (IT 1057) Hier nach rechts. Jetzt ging es im Zick – Zack – Kurs auf den Ticino zu. (IT 1058 – IT 1061) Kurz vor dem Wald (IT 1062) ein letzter Schwenk in Richtung Süden, bevor der Fluss erreicht wurde. (IT 1063) Dem Ticino entlang ging es nach ein hundert Metern zu einem Kanal. (IT 1064) Diesem entlang in Richtung Osten, bis er auf einer Brücke überquert wurde. (IT 1065) Der Weg behielt die südliche Richtung bei und ging nicht auf der anderen Seite zurück zum Fluss.

Einem Waldweg zum Ca' di Biss folgend (IT 1066) erreichte ich einen Hof mit einem blauen Brunnen. Da dieser außerhalb der Umzäunung angebracht war, konnte ich mich auch an dem frischen Wasser erfreuen. (IT 1067) Für halben Kilometer wird die Straße nach Abbiategrasso benutzt. Der E1 schwenkt hier wieder in Richtung Süden in die Feldmark. (IT 1068)

Da ich nach Hannover zurück musste, konnte ich ihm nicht weiter folgen, sondern erreichte nach 4 km auf dieser Straße Abbiategrasso. (IT 1069) Die Zeit schritt fort. Ich konnte mich am Bahnhof nicht verständigen. Der Fahrkartenschalter war nicht besetzt.

Als ein Zug einfuhr fragte ich nur jemandem am Bahnsteig, ob es „Treno per Milano" wäre. Als er mit „Sí" antwortete stieg ich ein. Im Zug glücklicherweise keine Kontrolle. Nach halber Stunde war ich in Mailand „Porta Genova" Von dort aus ein paar Stationen mit der U-Bahn zum Bahnhof. Die Mailänder Fahrpreise sollten die Hannoverschen Verkehrsbetriebe mal übernehmen. Ein Euro für beliebig lange Fahrt ist ein einfacher, familienfreundlicher und ich denke auch akzeptierter Tarif.

Mit der S-Bahn dann ohne Probleme zum Flughafen und zurück nach Hause. Zwei aufregende Tage an dem E1 waren zu Ende. Aufgrund der verbleibenden Entfernung nach Genua wurde klar, dass ich für den Rest des Weges einige Urlaubstage werde opfern müssen. Das Risiko nicht rechtzeitig am Flughafen zu sein, wollte ich auch nicht mehr eingehen.

Der letzte Streckenabschnitt nach Genua (Abbiategrasso – Genova Pegli)

Drei Wochen später war ich wieder am E1. Diesmal soll es bis nach Genua gehen. Es war zwar ursprünglich geplant, die ganzen dreieinhalb Wochen Urlaub auf den Philippinen zu verbringen. Wegen einer Erkrankung in der Familie haben wir aber die Reise storniert. So fuhr ich allein erstmal zum E1 mit dem Zug.

Diese Variante hat den Riesenvorteil, dass man was die Rückfahrt angeht ungebunden ist. Leider aber einen kostenmäßigen Nachteil. Trotz Sonderangebotes der DB bis Basel und Schweizer Halbtaxkarte kostete die Fahrkarte nach Mailand einfach immer noch fast hundert Euro. Ein stolzer Preis, wenn man bedenkt, dass man für knapp über hundert Euro ohne Probleme nach Mailand hin und zurück fliegen kann.

Der Ticino mag mich nicht - von Abbbiategrasso nach Bereguardo

In Mailand dann den gleichen Weg rückwärts nach Abbiategrasso. Hier hieß es aufzupassen. Es gibt in Mailand auch einen Stadtteil mit identisch geschriebenem Namen. Das ist auch eine U-Bahn Endstation. Es ist aber definitiv ein anderes Abbiategrasso. Also zu Porta Genova. Ich schaute auf den Fahrplan und stellte fest, dass der Vorortzug in fünf Minuten abfuhr. Der nächste erst in einer Stunde. Kein funktionierender Fahrkartenautomat oder Personal in Sicht. Also wieder auf die Großzügigkeit der italienischen Staatsbahn hoffend rein in den Zug. Tageslicht ist schließlich kostbar im Winter. Kurz vor Abbiategrasso war dann ein Schaffner in Anmarsch. Die Station kam aber schneller und so konnte ich mich unauffällig der Fahrkartenkontrolle entziehen.

Nach drei Kilometern auf der Landstraße in Richtung Ca' di Biss erreichte ich den E1 Knick nach Süden in die Feldmark. (IT 1101) Nach einem Wegesknick nach Südosten (IT 1102) ging es an einem Hof links in Richtung (IT 1103) Osten, um kurz danach zweimal rechts einzuschwenken. (IT 1104 – IT 1105) Jetzt einige Zeit auf der Straße in Richtung Südwesten, bis ich mich an einem Hof nach Süden wandte. (IT 1106) Jetzt nach Südwesten schwenkend zum Waldrand. (IT 1107) Vor einem Hof links (IT 1108) und gleich wieder rechts. (IT 1109) Es ging erstmal zu einer Wegverzweigung. (IT 1110). Hier nahm ich dem E1 folgend den linken Weg.

Auf diesem (IT 1111 – IT 1112) erreichte ich Cascina Guzzona (IT 1113). Hier ging es nach rechts zu der viel befahrenen Straße, der SS 494. (IT 1114) Sòria Nuova, ein kleiner Ort ohne Übernachtungsmöglichkeit aber mit sporadischem Busverkehr nach Vigevano war erreicht. Der Straße SS 494 folgte ich einige hundert Meter bis diese eine Rechtskurve beschrieb. (IT 1115)

Ich wanderte weiter den einzigen hier ausgeschilderten Zweig des E1, nämlich dem östlichen geradeaus. Anhand der Karten, die ich passiert hatte, verzweigt sich der Wanderweg hier. Wollte man zu der Bootsbrücke am westlichen Ticino – Ufer wandern, dann sollte man weiter der lebensgefährlichen SS 494 bis zu einer Brücke (Ponte di Vigevano) folgen. Ab der Brücke ist die westliche E1 – Variante aber wieder markiert.

Der östliche Zweig des E1 führte erstmal malerisch auf „Cascina Santa Maria de Bosco" zwischen einem Fluss und einem Kanal in Richtung Süden (IT 1116). Er schwenkt später leicht nach Südosten.(IT 1117) An einem kleinen Hof, ging es weiter nach Süden. (IT 1118). Kurz danach jetzt links (IT 1119) und rechts (IT 1120). Ein großer Hof wurde erreicht, der auch Reitferien anbietet. (IT 1121) Hier nach Osten, später leicht ansteigend zu einer Wegbiegung nach Süden. (IT 1122)

Ein paar Meter weiter besteht die Möglichkeit, einen Abstecher nach Morimondo zu machen. Hierbei handelt es sich um einen alten Pilgerweg, der später wieder zum E1 stößt. In Morimondo kann ein bereits im Jahre 1134 gegründetes Kloster besichtigt werden.

Ich bekenne mich schuldig, diesen Abstecher nicht unternommen zu haben. Sollte man keine Gewalttouren wie ich machen, wird einem jedoch meistens nichts anderes übrig bleiben als dieser Abzweigung zu folgen, um dort zu übernachten. Es gibt zwischen Abbiategrasso und Bereguardo nach meinen Recherchen keine anderen Übernachtungsmöglichkeiten.

Dem Feldweg immer in Richtung Süden / Südosten folgend passierte ich zunächst einen Kanal (IT 1123). Danach ging es wieder mal an zwei dieser hier typischen einsamen Höfe vorbei. (IT 1124 – IT 1125)

Nach kleinem Schwenk in Richtung Südosten (IT 1126) wurde Besate erreicht. Hier rechts nach Westen an einer Informationstafel vorbei. (IT 1127) Ein paar hundert Meter weiter links auf einen Feldweg (IT 1128). Danach nach rechts nach Südosten (IT 1129) und an der nächsten Abzweigung die Richtung beibehalten. (IT 1130)

An einem Hof links nach Süden (IT 1131) und dann gleich wieder (IT 1132) rechts nach Westen. Die sich hier irgendwo befindliche Madonna dal Zerbo habe ich leider nirgends gesehen! So ereichte ich kurz danach einen Parkplatz mit einem Imbiss. (IT 1133) Ich wanderte zunächst erstmal bis zum Ufer des Ticino (IT 1134) und schwenkte nach Süden.

Das Ufer war überflutet. Das Wasser reichte bis zu Knien. Nach etwa fünfzig Meter wieder ein Wanderweg. Ein Computerschild warnte allerdings vor irgendetwas. „Pericolo" also „Gefahr" stand ebenfalls darauf. Fünfzig Meter weiter (IT 1135) war der E1 auf einer Länge von mindestens 50 Metern überflutet. Bereits nach zehn Metern reichte mir das Wasser fast bis zu Hüfte. Aufgrund der Strömung und der Jahreszeit war an das Durchschwimmen der Lücke nicht zu denken.

Ein Versuch weiter „im Landesinneren" einen Weg nach Süden zu finden, endete an einem verlassenen, halb zerstörten Gebäude mitten im dichten, undurchdringlichen Gebüsch. Es wäre die perfekte Kulisse für einen Horrorfilm. „Der Fluch des Ticino", „Grauenhafter Fluss" oder „Die Verlorenen von Besate" fielen mir spontan als mögliche Titel ein. Der Stichweg endete auch an diesem Gebäude. So ging ich zurück zum Parkplatz mit dem Imbiss und kehrte dort ein.

Ich hatte natürlich auch den Hintergedanken etwas über einen eventuellen anderen Weg herauszubekommen. Den gibt es auch etwas weiter vom Fluss entfernt. Nur leider war derselbe wegen Baumfällarbeiten ebenfalls unpassierbar. Ich aß etwas Süßigkeiten, trank zwei Biere und dachte über die missliche Lage nach. Die Lösung kam ganz von alleine. Der Wirt bot mir an, mich zu einem Hotel in Berrenguardo zu fahren. Von dort könnte ich am nächsten Tag zu Ponte di Barche di Bereguardo (Bootsbrücke) gehen und so wieder Anschluss an den E1 gewinnen. Da die Zeit inzwischen fortgeschritten war, nahm ich das Angebot gerne an, zumal damit auch das Verständigungsproblem im Hotel gelöst war.

Da ich diese Strecke zu einem späteren Zeitpunkt nachgeholt habe, hier eine Beschreibung. Nach ca. 100 Metern wird der Uferweg auf einen geradeaus verlaufenden Waldweg verlassen. (IT 1136) Der Waldweg führte nach Südosten (IT 1137).

An der nächsten Abzweigung dann nach links (IT 1138) Hier waren keine Wanderzeichen angebracht. Ein Bogen nach Süden wird ausgewandert (IT 1139) An einem Querzufluss (IT 1140) wurde die Markierung dann wieder aufgenommen. Rechts nach Süden (IT 1141) wird dann einem Flussarm gefolgt (IT 1142 – IT 1143), bis dann ein großer Parkplatz (IT 1144) mit Restaurant und Diskothek (IT 1145) sowie ein Stück weiter östlich einem Ufo – Restaurant (IT 1146) (geschlossen) und Grillplatz erreicht wurde.

Weiter am Fluss entlang (IT 1147 – IT 1148) ging es bis in die Nähe eines Parkinformationszentrums (IT 1149) Dann weiter die grundsätzliche südöstliche Wanderrichtung beibehaltend (IT 1150) bis ein Aufstieg aus dem Flusstal in östliche Richtung erreicht wurde. (IT 1151) Hier dem Weg folgen (IT 1152 – IT 1153), bis dieser sich nach Osten (IT 1154) zur Straße SP 170 orientiert. (IT 1155) Auf dieser nach rechts nach Zelata mit einer Informationstafel. (IT 1156)

An dieser nach rechts kurz in westliche Richtung. Dann links abzweigen (IT 1157). Das dazugehörige E1 – Zeichen war zerstört. Ein Bogen nach rechts wird ausgewandert. (IT 1158) An einem Silo dann nach links in südliche Richtung orientieren. (IT 1159) Auf diese Weise wird wieder der Ticino mit einem einsamen Haus am Fluss erreicht. (IT 1160)

Über einen teilweise am Ufer, teilweise am Damm geführten schönen Wanderweg (IT 1161 – IT 1168) wird dann nach vier Kilometern die Bootsbrücke (IT 1201) erreicht.

Auf nach Pavia (von Bereguardo nach Pavia)

Nachdem ich abends und morgens dem Essen gut zugesprochen habe startete ich in Bereguardo (IT 1200) und ging auf der Via Ticino in südliche Richtung erstmal zu der sehenswerten Brücke von Bereguardo.

Das ist eine Bootsbrücke, d.h. die Fahrbahn ruht auf ca. 20 quer zu Flussrichtung gestellten Booten. Diese wiederum sind an im Fluss verankerten Säulen festgemacht. Eine interessante Konstruktion, die jedoch die Autofahrer nicht so sehr erfreut. Sie dürfen die Brücke nicht so schnell passieren. Vor dem Überqueren der Brücke traf ich auch „meinen", östlichen E1, den ich gestern leider hatte verlassen müssen. Auf der anderen Seite fand ich auch den "anderen" E1, der auf dem westlichen Ufer hierher gefunden hatte.

Beide Wege vereinigen sich am westlichen Ufer. (IT 1201) und nutzen erstmal ein paar hundert Meter die Straße in südliche Richtung. An der Cascina Dogano wurde die Richtung beibehalten und die Straße verlassen. Am Anfang des Feldweges (IT 1202) stand eine Informationstafel. Dort war die E1 – Variante nach Pavia komplett eingezeichnet. Der E1 nach Genua war an der Abzweigung an der Cascina Venara nicht eingezeichnet. Lediglich ein kurzes Stück in der Höhe von Zerbolo war gestrichelt dargestellt. Das ließ fürs Weiterkommen nichts Gutes vermuten. Diese Vorahnung sollte sich leider bestätigen.

Zunächst ging es auf dem Feldweg nach einem Knick (IT 1203) längere Zeit in östliche, bzw. südöstliche Richtung auf einen Damm. Die Autobahn A7 wurde unterquert. (IT 1204) Einige Kilometer später kam ich an einem Gittertor vorbei und nahm an, dass das die Abzweigung zu der Cascina Venara sein müsste. (IT 1205). Diese befand sich samt Informationstafel etwa 100 Meter weiter. (IT 1206)

Auf dieser Tafel war lediglich der auf dem Damm markierte E1 nach Pavia allerdings als „Sentiero Europa" vermerkt. Kein Zeichen oder Wort über die „Hauptstrecke" wurde verloren. Ich beschloss daraufhin erstmal anhand der Beschreibung den Weg nach Zerboló zu gehen und dann weiter zu sehen. Ich begab mich also auf den in Richtung Westen führenden Feldweg. (IT 1207) Unterwegs dorthin an der Cascina Malpaga sah ich tatsächlich ein älteres einsames metallenes E1 – Zeichen (IT 1208) Ich erreichte Zerboló.

Das Zentrum wird von der Autobahnbrücke der A7 überspannt. (IT 1301) Nirgendwo ein Hinweis auf den E1. Da ich bereits jetzt zu Recht vermutete, dass die Wanderung zumindest bis Tortona auf Straßen stattfinden würde, entschloss ich mich zu Cascina Venara zurückzukehren und die Stichstrecke nach Pavia zurückzulegen. Sozusagen als Ersatz für den mir durch das Hochwasser am Vortag verwehrten Abschnitt.

Die Strecke in Richtung Pavia führte zunächst in Richtung Süden und wandte sich in einem Bogen in östliche Richtung (IT 1210 – IT 1211), um danach wieder südliche Richtung einzuschlagen (IT 1212 – IT 1214) Die Auenlandschaft mit teilweise natürlichen, teil künstlich gesetzten Bäumen war abwechslungsreich.

Ich kam an eine Verzweigung. (IT 1215) Hier war der E1 schräg nach rechts markiert. Ich folgte. Plötzlich endete der Pfad an einem sumpfigen Kanal. Die Fortsetzung war ca. sechs Meter entfernt. Da ich die Tiefe nicht unbedingt antesten wollte kehrte ich erstmal zu der Verzweigung zurück und ging jetzt geradeaus.

Der Kanal wurde auf einer Holzbrücke überquert. Auf der anderen Seite lächelte mir wieder ein E1 – Zeichen entgegen! Der andere Weg mündete auch ein. Ob hier jemand einen Streich gespielt hatte oder der Weg verlegt wurde, ohne die E1 – Zeichen zu verlegen kann ich nicht beurteilen.

Kurz danach sogar drei E1 – Zeichen an einer Stelle! (IT 1216) Das sollte für die nächsten zwei Kilometer jedoch reichen. Es gab dann nämlich keine mehr. Es bot sich nach Sondierung der Lage eigentlich nur ein logischer Weg nach Pavia an. Auf den Feldweg nach Süden (IT 1217), diesem folgen (IT 1218). Es geht dann nur noch nach rechts oder links. Hier nach links in Richtung Süden halten. (IT 1219). Es wird ein Fahrweg erreicht. Hier nach rechts über die Brücke mit dem Gittertor. (IT 1220) In dem Tor ist ein schmaler Durchlass für Fußgänger. Auf diesem Feldweg Richtung Süden (IT 1221) bis eine Straße erreicht wurde. Hier zeigte mir der in beide Richtungen markierte E1, dass ich den Orientierungstest bestanden habe und richtig gewandert war. (IT 1222)

Zur Erholung für gestresste Wanderköpfe jetzt zwei Kilometer auf dieser kaum befahrenen Straße (IT 1223- IT 1224) bis nach Canarazzo. (IT 1225). Kurz danach (IT 1226) ging ich nach links ab, um jetzt über Feld- und Waldwege möglichst nahe den Flussauen zu sein. Deren Nähe artikulierte sich kurz nach dem Verlassen der Straße durch knöcheltiefen Match, des sollte aber bis Pavia die einzige überflutete Stelle bleiben. (IT 1227 – IT 1229) Ich ging jetzt nach links (IT 1230), um zu einer Uferwirtschaft zu kommen (IT 1231) An dieser 250 m nach rechts in südliche Richtung. Hier (IT 1232) nach links und sofort schräg rechts. (IT 1233) Jetzt zwei

Kilometer dem Fluss folgen (IT 1234 – IT 1236), bis zu einer Abzweigung nach rechts (IT 1237) zu einem See (IT 1238).

Gegen Ende dieses Sees folgt eine Abzweigung nach links (IT 1239), die über weitere Richtungsänderungen (IT 1240 – IT 1241) zu einem Gasthaus (IT 1242) führt. Von diesem Gasthaus kommen Sie nach links (IT 1243) wieder auf den Weg, vom dem Sie gerade abbiegen sollen. Falls Sie also nicht einkehren wollen, können Sie sich einen halben Kilometer sparen, indem Sie direkt vom IT 1239 zum IT 1243 wandern.

Danach ging es ohne weitere Umwege Richtung Osten. Die Autobahn A54 wurde unterquert (IT 1244). Einen Kilometer später folgte eine Eisenbahnbrücke. (IT 1245) Kurz nach dieser nicht auf der Straße bleiben, sondern geradeaus auf den Feldweg weiter wandern. (IT 1246) Wieder einen knappen Kilometer weiter wird die Straße SS 35 unterquert. (IT 1247) 150 Meter später (IT 1248) ging ich schräg hoch zu einer Straße (IT 1249) um auf ihr links haltend die sehenswerte Ponte Vecchio (IT 1250) zu erreichen.

An einer Wandertafel bestätigte sich die Vermutung, dass dieser Zweig des E1 hier beendet ist. Es gibt keine Wanderverbindung von Pavia nach Tortona. Ich würde also von Zerboló weiter in Richtung Genua wandern müssen. Zunächst aber besichtigte ich Pavia. Mit der Übernachtung gab es wegen eines Kongresses ein kleines Problem. So musste ich die halbe Stadt durchwandern, um im Hotel „Rosengarten" unterzukommen. Für den weiteren Weg war es in vier Buchhandlungen nicht möglich, Wanderkarten zu besorgen. Es gab einfach keine von dieser Region. Lediglich für das letzte Teilstück nach Genua sowie weiter südlich gelegene Teile des Apennins waren Karten zu bekommen.

Unterwegs auf italienischen Straßen von Zerbolo nach Tortona

Am nächsten Tag verließ ich Pavia ganz früh mit dem Taxi, das mir vom Hotel bestellt wurde. Ich ließ mich Zerboló fahren, um dort die „richtigen" E1 wieder aufzunehmen. (IT 1301) Gemäß der am Vortag gesehenen Karte wanderte ich erstmal auf der Via Pavia in Richtung Westen. (IT 1302-IT 1303) Ich erreichte eine Kreuzung und schwenke gemäß der Wegbeschreibung aus dem Internet nach Süden ein. (IT 1304) Es geht in Richtung Gropello Cairoli. Kurz vor dem Ort ein kleiner Anstieg. Ich kam an eine Abzweigung. (IT 1305).

Unnötig zu sagen, dass ich heute noch kein einziges E1- Zeichen gesehen habe... Hier die linke Abzweigung (Via Roma) genommen und im Prinzip nach Süden gehend (IT 1306), Via Liberta überquerend, den Ort durchgeschritten. Gropello Cairoli hat auch einen Eisenbahnanschluss von Pavia sowie eine kleinere Burg zu bieten. Weiter südlich wurde ein Kreisverkehr überquert. (IT 1307)

Ich wanderte weiter geradeaus in Richtung Süden in Richtung Dorno. Die Straße wandte sich nach Westen. (IT 1308) und erreichte an einer Kreuzung Dorno (IT 1309) Auf der Umgehungsstraße an Dorno vorbei. Und dann, kurz vor einer kleinen Brücke über den Terdoppio passierte es. Ich hatte bereits die Hoffnung aufgegeben. Ein altes E1 metallenes E1 – Schild lächelte von einem Baum. (IT 1310) Leider sollte das für die nächsten zwei Stunden das einzige bleiben.

Das galt leider nicht für den Verkehr. Der entsprach dem einer deutschen Bundesstasse. Zuzüglich Mautsparer. Meistens ohne Seitenstreifen. Aber was tut der Mensch nicht alles, um den Kontinent vollständig zu überqueren!

Nach einer weiteren Stunde erreichte ich auf der fast gerade verlaufenden Straße den kleinen Ort Scaldasole. (IT 1311) In einem Linksbogen wurde der komplette Ort durchwandert, um etwas später einen Kreisverkehr zu erreichen. (IT 1312) Hier hielt ich mich geradeaus, um kurze Zeit später das Zentrum zu erreichen. (IT 1313)

Kurz vor dem Stadttor nach rechts. Dieser Straße folgte ich bis zu Via Roma, in die ich im spitzen Winkel nach links einbog. (IT 1314) In einem Bogen windet sich die Straße Richtung Süden, bis eine Kreuzung erreicht wird. (IT 1315) Hier befinden sich auch ein Hotel und ein Restaurant.

Jetzt folgte ich einer Straße stur Richtung Süden. Die Tiefebene hat sich den ganzen Tag nicht verändert. Jetzt endlich etwas Abwechslung. Ein Po-Zufluss wurde überquert. (IT 1316) An einer kleinen Kreuzung dann eine große Werbetafel für ein Bordell in Tortona (IT 1317). Und das in einem erzkatholischen Land! In Italien geschehen trotzdem noch Zeichen und Wunder! Kurz vor der langen Brücke über den Po dann die zweite E1 – Markierung des heutigen Tages. (IT 1318). Auf der Brücke dann noch eine! Das war aber dann wohl erstmal zuviel des Guten. Wo die Brücke sogar einen Fußweg hatte!

Die Aussicht auf die beiden Ufer zerstörte meine Hoffnung, dass der E1 auch anders geführt werden könnte und zwar von Pavia aus bis zum Zusammenfluss vom Ticino und Po und von dort aus entlang dem Po flussaufwärts hierher. Die Ufer waren überhaupt nicht erschlossen. Also weiter nach Süden, nach Cornale, das komplett durchschritten wurde. (IT 1319-1321) Am Ende des Ortes dann die Abzweigung nach Molino die Totti (IT 1322) auf der ich mich dann erstmal Richtung Westen wandte.

An der Abzweigung in den Ort (IT 1323) traf ich die die Polizei, die sich dafür interessierte, warum ich zu Fuß auf der Straße unterwegs wäre. Sie sprachen sogar gut Englisch. Ich stellte eine Gegenfrage ob sie denn wüssten, wo der E1 verliefe. Nein, eine Markierung hätten sie noch nicht gesehen. Im Zentrum der Orte Molino die Totti und Alzano Scrivia, die lt. der Beschreibung auf http://www.enrosadira.it/e1/piemontesud.htm durchquert werden sollten wären keine. Und am Flussufer gäbe es keinen Wanderweg.

So informiert blieb es mir nur übrig weiter der Straße zu folgen. Ein Umweg über die beiden Orte war jetzt überflüssig. So habe ich nicht lange später den fünfundvierzigsten Breitengrad überquert, war also genauso weit vom Äquator entfernt wie vom Nordpol. Eine kleine Kapelle stand auf der linken Straßenseite. Auch das vierte E1 – Schild besagte, dass ich mich auf dem besten Weg nach Tortona befand (IT 1324-1326) Zunächst wurde aber noch Castelnuovo Scrivia erreicht. (IT 1327) Der sehenswerte Ort kann entweder auf der Hauptstraße umgangen oder überquert werden.

Letzteres ist angenehmer und schneller. (IT 1328-1329) Sehenswert ist das Löwenportal der Kathedrale aus dem XII. Jahrhundert. Das Schloss wird von einem 39 Meter hohen Turm beherrscht. Weiter ging es aus der Stadt raus, (IT 1330) immer weiter Richtung Süden auf der Straße (IT 1331). Die Autobahn A7 wurde überquert (IT 1332) Von der Provinzstraße nach Tortona, die ich weiter verfolgte (IT 1333), gingen nur Stichstraßen zu den einzelnen Höfen ab. Die Autobahn A21 wurde überquert (IT 1334) und die Stadt kam in Sichtweite.

An dem ersten Kreisverkehr ging ich geradeaus. (IT 1335) Danach unterquerte ich eine Bahnlinie und bog an dem zweiten Kreisverkehr (IT 1336) nach rechts ab. Bis zum Bahnhof in Tortona (IT 1337) war es nicht mehr weit.

Nach fast 50 km Straßenwandern sehnte ich mich nur nach einem Hotel. Das fand ich auch in Bahnhofsnähe und dankte Gott nicht angefahren worden zu sein. Die Aussichten für den nächsten Tag wurden etwas dadurch getrübt, dass es nirgendwo in der Stadt auch nur den entferntesten Hinweis auf den E1 gab…

Die Hügel von Tortona nach Arquata Scrivia

Den nächsten Tag fing ich erstmal mit Besichtigungen an. An dem Rathaus vorbei ging ich zu der Walfahrtskirche „Madonna della Guardia" Auf dem Glockenturm dieser Kirche steht eine goldene Madonna mit Kind. (IT 1402) Auch das Innere der Kirche ist interessant. Da der E1 diese Sehenswürdigkeit ebenfalls passieren soll, hoffte ich in der Umgebung wenigstens einen vagen Hinweis auf denselben zu finden.

Leider Fehlanzeige. Ich ging also weiter auf die Straße SS 35. Diese ist hier die Hauptverbindungsstrecke in Richtung Süden. Entsprechend stark befahren war sie. Trotz eines Fußweges machte das Wandern hier nicht besonders viel Spaß. Nach zwei Kilometern bog ich deshalb ohne Zeichen auf die SP 130 nach links, also in Richtung Osten ab. (IT 1403)

Ich hatte mich bereits darauf eingestellt, den Tag ohne E1 zu verbringen, da sah ich an einer Biegung dieser Straße in Richtung Süden wieder ein E1 – Zeichen. (IT 1404) Die Landschaft veränderte sich ebenfalls. Es ging durch sehenswerte kleine

Hügel. Für die südliche Lage dieser Strecke war es auch recht kühlt. Auf gut Glück nahm ich kurz vor Villaromagano jetzt eine schräg rechts führende Abzweigung (IT 1405). Diese erwies sich als die richtige zum Gasthof Il Mulino. (IT 1406) Leider war dieses geschlossen. Also kein zweites Frühstück. Jetzt ein paar hundert Meter auf einer Nebenstraße zu Abzweigung zu Cascina Boschetto (IT 1407) auf die Via Boschetto. Diesem Wanderweg folgte ich in Richtung Südosten. (IT 1408 – 1410)

Endlch wieder keine Straße! Und ein E1 – Zeichen tauchte wieder auf! Immerhin schon das zweite an diesem Tag! Kurz vor einem Weiler wies es mich einen weiteren Wanderweg hoch zwischen den Weinbergen zu nutzen. (IT 1411) Bei schönen Aussichten zu beiden Seiten wanderte es sich so schön. Auf dem Weg blieb ich (IT 1412-IT 1414) bis kurz vor Montale Celli. (IT 1415) Hier setzte für einige Kilometer wieder eine Markierung ein. Inzwischen war auch schon eine Höhe von 247 Metern erreicht. Verglichen mit den 80 Höhenmetern von Tortona schon eine gute Steigerung. Nach Süden aus dem Ort raus. (IT 1416)

Bei der Cascina Montesono gibt es eine Übernachtungsmöglichkeit. (IT 1417) Das im Tal links vor uns liegende Costa Vescovate wird vom Wegverlauf auf dem Höhenweg (IT 1418) nicht berührt. Stattdessen erreichte ich wieder die SP 130, exakt am Vermessungskilometer 11 (IT 1419) Hier gab es zu Bestätigung auch wieder ein Wanderzeichen. Ich überquerte die Straße und nahm einen Feldweg schräg hoch. (IT 1420) Dieser Feldweg führt nach einige hundert Metern zu einer Straße auf der ich mich nach Süden also links wandte (IT 1421) Da inzwischen fast schon 500 m Höhe erreicht worden waren, war die Sicht immer besser. An einer Abzweigung hielt mich auf der Hauptspur, also rechts (IT 1422) und erreichte über ein paar Kurven den kleinen Ort San Alosio (IT 1423)

Wollen Sie schnell weiter, dann können Sie auf der Hauptstraße Richtung Osten bleiben und erreichten dann unterhalb einer Telekommunikationstation den Ortsausgang (IT 1425) Ich persönlich empfand jedoch den Abstecher zu Burg (IT 1424) als lohnend.

Ob mit Burg oder nicht, Sie gelangen aus dem Ort aus einem Feldweg raus, der zunächst Richtung Osten (IT 1426) dann aber immer mehr nach Süden schwenkend in Richtung Albergo il Ciliegio führt. Unterwegs zwei ganz alte E1 – Schilder. (IT 1427-IT 1428) An einer Abzweigung geradeaus und auf der Höhe bleiben. (IT 1429) Es kommt ein Wanderweg von links hinzu, der uns auch nach il Cilegio führt. Zunächst wird aber noch eine weitere Abzweigung nach links passiert, an ich ebenfalls korrekterweise auf der Höhe bleibend geradeaus ging. (IT 1430) In zwei Kehren wurde Höhe gewonnen. An der nächsten Abzweigung, die diesmal nach rechts führt weiter geradeaus. (IT 1431) Weiter, leicht absteigend erreichte ich dann endlich Albergio il Cilegio. (IT 1432)

An diesem gastlichen Gebäude stand auch eine Wanderkarte des E1. So stellte ich zufrieden fest, richtig gegangen zu sein. Ferner bewahrte mich die Karte davor zwei Kilometer später einen ganz falschen Weg zu nehmen. Zunächst aber war eine Mittagsrast angezeigt. Also Pasta e Birra bestellt.

Da macht man nichts falsch. Dachte ich. Also noch eines. Schließlich habe ich schon heute richtig geschuftet. Nicht nur dass es ein paar hundert Meter Anstieg und 25 km Strecke gab. Das Überlegen, welcher Weg der E1 sein könnte, kann ganz schön anstrengend sein. Gestern war es einfacher. Da waren eher die Reflexe gefragt. Zum Ausweichen. Dafür nicht so schöne Strecke. Heute hatte ich bis Il Cilegio ca. 12 E1 – Schilder gesehen.

Für einen gut markierten Wanderweg bräuchte man denke ich zehnmal so viele. Aber ich bin angekommen. Also das Wetter und die Aussicht genießen! Das Essen war etwas trocken. Oder war es der Kaffee zum Frühstück? Entwässernd? Also noch etwas trinken. Man soll bei einem Getränk bleiben. Noch eine Flasche Bier bestellt. Als diese bereits zu Hälfte geleert war sah ich den Grund für meine ansteigende Fröhlichkeit. Es waren keine 330 ml – Flaschen. Nein, auch keine 0,5 Liter. 650 ml lachte mir das Etikett entgegen! Was tun? Übernachtung wäre möglich gewesen, es war aber erst 13 Uhr.

Also weiter. Sozusagen als betrunkener Wanderer immer der SP 135 folgen. Getreu der Wanderkarte. Es ging zunächst in Richtung Südosten (IT 1433-1434). An einem Knick der Straße nach rechts (Westen) lief ich auf dieser weiter. Da wäre es auch ganz falsch gewesen, den markierten Wanderweg weiter zu folgen. Es handelt sich dabei nicht um den E1! (IT 1435) Diese Straße führte jetzt leicht abschüssig an ein paar Häusern (IT 1436) Nach Abstieg über zwei Kehren (IT 1437-IT 1438) erreichte ich eine Kreuzung (IT 1439), an der es geradeaus weiter ging. Die Straße machte einen Knick nach rechts. (IT 1440).

Hundert Meter weiter zweigt nach links ein Wanderweg ab, der nach oben zieht. (IT 1441) Es passiert einen Knick (IT 1442) und kommt zu einem Punkt an dem sich vier Wege treffen. (IT 1443) Sie können auch alternativ am Sportplatz vorbei bis in den Ort Albarasca wandern. Vom Zentrum erreichen Sie schräg links ansteigend (Via della Neve di Ca' del Bello) ebenfalls denselben Punkt.

Ab jetzt geht es auf einen gut markierten Wanderweg Nr. 200 immer weiter in Richtung Südwesten durch den Wald. (IT 1444) An einem Anwesen mit tadellos gepflasterter Auffahrt dann rechts runter (IT 1445) Welch ein Kontrast, wo die Zufahrt über einen Wanderweg erfolgt! Kurz danach eine Spitzkehre nach links. (IT 1446) Eine Rechtskurve auswandernd erreichte ich die Kapelle Madonna della Neve di Ca' del Bello (IT 1447)

Hier erfuhr ich, dass der Wanderweg 200 von Borgo Adorno gekommen ist. Das liegt weit östlich. Abseits des E1. Sehr erfreulich war der Hinweis, dass mich dieser

Wanderweg nach Stazzano (2 Stunden 45 Minuten) über Bivio Campolungo (30 Minuten) und Santuario Monte Spineto (2 Stunden) führen wollte. Exakt der Verlauf des E1! Das ließ nur Gutes für die Markierungsqualität vermuten. So einen nummerierten Wanderweg, den kann man doch nicht sich selbst überlassen! Nicht einmal in Italien! Ich wurde nicht enttäuscht. Ich konnte mich wieder verstärkt auf die Umgebung konzentrieren. So erreichte ich ohne Probleme (IT 1448 – IT 1459) nach knapp zwei Stunden im Wesentlichen in westliche Richtung gehend den Fuß der riesigen Klosteranlage Santuario Monte Spineto auf einem Berg. (IT 1460)

Hier fing der Abstieg nach Stazzano an. Der E1, der hier weiter durch den Wanderweg 200 vertreten war, wandte sich von seinem Ziel Genua und auch dem Zwischenziel Arquata Scrivia ab und strebte erstmal bis zu einer Spitzkehre (IT 1461) nach Norden. Dann in südliche Richtung, leicht nach Westen schwenkend zu einem Gebäude an der Zufahrtsstraße zum Kloster (IT 1462) Jetzt der Straße kurz in nordwestliche Richtung folgen. Bei der nächsten Rechtskurve (IT 1463) wurde die Straße geradeaus auf einem Wanderweg verlassen. Ein weiteres Gebäude wird linker Hand passiert. (IT 1464) Der Abstieg wurde weiter geradeaus in nordwestliche Richtung fortgesetzt. Nach einem Kilometer ereichte ich dann das alte Kollegium (IT 1465) In drei Spitzkehren (IT 1466 – IT 1468) wurde der Talgrund und eine Kreuzung in Stazzano erreicht. (IT 1469)

Damit war der Wanderweg 200 und jegliche Markierung erstmal beendet. Ich überschritt eine Eisenbahnlinie auf einer Straßenbrücke und folgte dieser weiter nach links. (IT 1470) Weiter auf der Via Verdi parallel zur Bahnlinie gehend wurde erstmal beim Abstieg die nach Norden gegangene Strecke aufzuholen versucht. Nach einem halben Kilometer machte die Straße einen leichten Rechtsknick nach Südwesten. (IT 1471) An der 250 Meter später folgenden Kreuzung (IT 1472) bog ich nach rechts in die Via Pietro Forni ein. Ich unterschritt die Autobahn A7 (IT 1473) und überschritt den Fluss Torrente Scrivia. (IT 1474).

Jetzt kurz hoch durch ein altes Tor mit einer nicht ganz so alten E1 – Markierung. Sofort danach nach links in die Via Roma. Ich passierte das Rathaus von Serravalle Scrivia. (IT 1475) Dort immerhin wieder eine E1 – Markierung. Das war aber dann doch des Guten zuviel. Bis zum Ende der Etappe sah ich keine mehr! Ich ging weiter nach Süden aus dem Ort und folgte der viel befahrenen SS 35. (IT 1476 – IT 1479)

Zwischendurch waren linker Hand Ausgrabungen von Libarma (IT 1480) aus dem ersten Jahrhundert angekündigt, die aber in der Dunkelheit nicht zu sehen waren. Ich folgte weiter geradeaus der Straße. (IT 1481). Die SS 35 bog dann nach links, um dem Tal Richtung Genua zu folgen. Ich wanderte geradeaus (IT 1482) ins Zentrum von Arquata Scrivia und fand dort einen E1 – Wegweiser nach Genua. (IT 1501)

Die Richtung aus der ich kam wurde mit keinem Zeichen erwähnt. Der Passo della Bochetta war mit neun, Genova Pegli mit 17 Stunden Wanderzeit angegeben. Der

Weg stieg nach rechts sofort aus dem Tal an und wirkte gut markiert. Ich erinnerte mich an den „alten" Krause. Dort waren bis Arquata Scrivia gar keine Etappen in Italien beschrieben, sondern nur Projektskizzen abgedruckt.

Die Strecke Arquata Scrivia – Genua wurde dagegen beschrieben und gelobt. Im „neuen" Krause sind überhaupt keine Etappen in Italien detailliert dokumentiert. Es wird nur eine grobe, inzwischen teilweise nicht mehr aktuelle Wegbeschreibung angegeben. Ich nahm mir vor, die nächsten beiden Tage die Geheimnisse der restlichen Strecke nach Genua zu lüften. Welche Überraschungen verbergen sich auf den verbleibenden 17 Stunden also ca. 50 Kilometern?

Nach den über 40 km heute galt es aber erstmal eine Übernachtung zu finden. Ich ahnte noch gar nicht welche Überraschungen mich dabei erwarten werden! Nachdem ich den viel versprechenden Anfang der letzten Etappe genügend bewundert hatte, machte ich mich auf den Weg ein Stück weiter südlich eine Herberge zu finden. Ich kam an das Hotel Arquata.

Die Fenster waren größtenteils dunkel, was auf ein nicht voll belegtes Haus schließen ließ. Die Bedienung verkündete mir jedoch, dass das Hotel ausgebucht sei. Es klang unglaubwürdig. Auch der Hinweis auf die gerade zurückgelegten Kilometer und die Absicht morgen in Richtung Genua weiter zu gehen half nichts. Die Information, dass es 6 km weiter nördlich ein Motel gäbe war nicht wirklich hilfreich. Ich verließ das Haus und sprach davor Passanten auf Englisch an, inwieweit es in Arquata Scrivia eine andere Übernachtungsmöglichkeit gäbe.

Aufgrund der nun etwas gefallenen Temperatur und der Tatsache, dass ich bereits über zwölf Stunden unterwegs war verspürte ich keine Lust die letzte Etappe in der Nacht unter die Füße zu nehmen. Man kann ja nicht überall damit rechnen, sich unsittlich verhaltende Jugendliche mit überzähligen Decken zu treffen. Italien ist nicht Odenwald. Da die Englischkenntnisse der meisten Passanten beschränkt waren, versammelten sich immer mehr Menschen vor dem Hotel. Auch die Polizei erschien und beobachtete das Treiben.

Ich wurde von jemandem gefragt, ob ich einen Ausweis und Geld hätte, um die Übernachtung zu bezahlen. Beide Fragen konnte ich bejahen. Er ging in das Hotel und meinte, dass er mit der amerikanischen Besitzerin gesprochen hätte. Es wäre doch ein Zimmer da. Ich ging also wieder rein und bekam ein Bett in einem Dreibettzimmer für mich alleine incl. Frühstück für nur 30,- EUR. Mein Gegenüber sprach sehr gutes Englisch, ich nahm also an, dass ich jetzt mit der Besitzerin persönlich gesprochen habe. Die Bedienung von vorhin ging mir aus dem Weg. Ich konnte also nicht in Erfahrung bringen, warum sie mir kein Zimmer vermieten wollte. War es Faulheit? Oder meinte sie, ich könnte es nicht bezahlen? Da hätte sie doch fragen können. Die Pennerebene habe ich trotz der vergangenen vier Wandertage noch lange nicht erreicht.

Nach dem Abendessen telefonierte ich mit Daisy und diskutierte, da nur noch zwei Tage bis Genua waren, was man mit dem verbleibenden Urlaub anstellen könnte. Der Grund für ihr Daheimbleiben wäre nun entfallen. Sie äußerte den Wunsch in der verbleibenden Zeit doch noch ihre Familie in Davao City auf den Philippinen zu besuchen. Um Flüge zu buchen benötigte ich aber das Internet. Meine Frau kennt sich mit den Kniffen von Reisebuchungen im Internet noch nicht so gut aus. Ich versprach ihr zu versuchen, ein Internetcafe zu diesem Zweck aufzutreiben.

So fragte ich die Besitzerin, wo es denn in Arquata Scrivia ein. solches gäbe. Sie meinte dazu. „We have a computer here. We pay the Internet for 24 hours. You can use it for free." Das ist ein Service! Wenn man es erstmal geschafft hat, Hotelkunde zu werden, ist man ein König. Es sollte die bisher teuerste Internetsession in meinem bisherigen Leben werden.

Es war Mittwochabend. Ich fand eine Verbindung am Samstagmorgen ab München und buchte sie. Der Flug war ca. 65 % teurer als der ursprünglich gebuchte und stornierte. Aber was tut man nicht für den Familienfrieden!

Danach schaute ich nach, wann ich spätestens ab Genua abreisen müsste, um rechtzeitig am Flughafen zu sein. Ich habe mich verkalkuliert. Der späteste Termin war um 14 Uhr am Freitag. Sicherer wäre es natürlich bereits um 11 Uhr dem Mittelmeer den Rücken zu kehren. Das bedeutete im Umkehrschluss, dass es am besten wäre, die ganze verbleibende Strecke an einem Tag zu laufen. Das sind mehr als 50 km durch die Berge. Da half nur ein frühes Aufstehen.

Ich erkundigte mich, ob es möglich wäre, bereits um sechs Uhr zu frühstücken. Da die Bar bereits um diese Zeit aufmachen würde, wäre auch dieser Wunsch kein Problem ließ man mich wissen. Nach den vielen Eindrücken des Tages fiel ich nur noch müde ins Bett. Ohne vom Wandern zu träumen.

Der lange Marsch zum Mittelmeer

Das Aufstehen hatte geklappt. Schnell gefrühstückt, den Umsatz des Hotels mit Wegprovianteinkauf angekurbelt. Dabei wurde mir Rabatt eingeräumt. Plagte immer noch das schlechte Gewissen? Ich verabschiedete mich und ging zum E1. Das Schild „Genova Pegli Ore 17" wirkte gespenstig in der Nachtbeleuchtung.

Aber jedes Mal, wenn ich auf dem E1 unterwegs war habe ich mir vorgestellt wie es wohl dort aussehen würde? Am anderen Ende des E1. Jetzt schien es zum Greifen nahe. Nur 17 Stunden. Vielleicht nur 15, wenn man schnell ginge? Oder 20 wenn man sich verliefe? Vier Tatsachen standen allerdings jetzt schon fest.

a)   Es war 6 Uhr 30.
b)   Es war kalt.
c)   Erst in einer Stunde würde es hell werden

d) Es würde nur knapp zehn Stunden hell bleiben

Ich ging südwestlich in die Via Carrara. Zumindest der Aufstieg wärmte. Die Markierungen waren hervorragend. Keine Holzschilder, die evtl. Sammler wie Magnete anziehen könnten. Nein, man hat sogar in Farbe investiert! Es ging erstmal auf einer Asphaltstraße und dann auf einem Feldweg in Richtung Südwesten, bis der Weg nach eineinhalb Kilometern nach Süden abknickte. (IT 1502) Im Wald wurden einige Abzweigungen benutzt, die allesamt gut markiert waren. (IT 1503-IT 1507) Später kam ich nach einem Abstieg auf eine kleine Straße. (IT 1508) Hier ging ich nach links, um nach einem Straßenknick nach rechts dieser nach oben und Süden zu folgen (IT 1509) Einer der wenigen Orte unterwegs Sottovalle in 433 Metern Höhe war erreicht.

Hier von der Hauptstraße nach rechts auf einem kleinen Weg nach oben (IT 1510) und dann gleich in östliche Richtung. (IT 1511) Über einige Knicke begann jetzt der Aufstieg zum Monte Monte Zuccaro (IT 1512 – IT 1516) mit seinen 654 Metern. (IT 1517) Danach wandte ich mich nach Süden und stieg kurz zu einer Straße ab. (IT 1518)

Auf dieser nach rechts. Kurz danach wurde in einem Linksbogen die einsame Casa Fraccia erreicht. (IT 1519) Ich folgte weiter der Straße, bis diese nach rechts abknickte. An dieser Stelle geradeaus in den Wald in östliche Richtung. (IT 1520) Mit ein paar Richtungsänderungen, aber generell die südliche Richtung beibehaltend (IT 1521 – IT 1524) kam ich an eine Abzweigung.

Hier ließen die Markierungen das erste Mal an diesem Tag nach. Zum Glück war es schon seit zwei Stunden hell. An dieser Abzweigung nach rechts in Richtung Süden. (IT 1525) Die Aussichten von dem offenen Höhenweg, besonders nach rechts waren sehr schön. Der Weg stieg nur noch sanft an (IT 1526) und erreichte nach einem Knick nach rechts also Westen eine Kapelle auf dem Gipfel des Monte Brignone.

Von seinen 804 Meter hohem Gipfel folgte ein steiler und steiniger Abstieg über einige Kehren (IT 1529 – IT 1532) zu einer Straße. (IT 1533) Dieser muss nach rechts also in südöstliche Richtung gefolgt werden. An dieser Straße taucht das E1 – Zeichen nur noch sporadisch auf, was aber nicht weiter tragisch ist. Über mehrere Serpentinen (IT 1534 – IT 1537) stieg ich bis zu dem Ort Castagnola ab. (IT 1538)

Hier befand ich mich nur noch in 590 Metern Höhe. Rückblickend sah der Monte Brignole richtig riesig aus. In diesem Ort soll man auch übernachten können. Da ich es jedoch eilig nach Genua hatte, konnte ich es nicht überprüfen. Der weitere nicht mehr so steile Abstieg (IT 1539) führte mich zu einer Kreuzung. (IT 1540) Dort hieß es, die Querstraße zu überqueren und die nächsten knapp über 2 km zum nächsten Ort Fraconalto auf der Straße SS 164 aufzusteigen. Der E1 wurde hier die ganze Zeit auf der Straße geführt. Unter Umständen lassen sich bei sehr guter Kondition die Serpentinen (IT 1541 – IT 1542) schneiden.

In Fraconalto war schon wieder mit 725 Meter fast die ganze verlorene Höhe wieder erstiegen. An der Kreuzung (IT 1543) dann nach links in Richtung Süden einer kleinen Straße folgen. Nach etwa 700 Metern wird diese Straße (IT 1544) nach rechts auf einen Waldweg verlassen. (IT 1545) Dieser steigt über einige Knicke erstmal noch etwas an (IT 1546 – IT 1548), um sich dann als ein angenehm zu gehender Höhenweg in Richtung Süden zu stabilisieren. (IT 1549 – IT 1550) Die Kilometer nach Genua schienen nur noch so zu purzeln. Kurz vor der nächsten Überraschung wimmelte es an einer Stelle nur so von Wanderzeichen. Es sollte wie schon einmal auf der Stichstrecke nach Pavia nichts Gutes bedeuten.

Der Wanderweg, der bisher brav dem Kamm gefolgt war verließ diesem schräg nach links absteigend. (IT 1551). Ein Bach wurde überquert. Vom E1 nichts zu sehen. Ich kehrte um bis zum letzten Zeichen. Aber keinen Weg verpasst. In der Fortsetzung des Kammweges geradeaus war auch kein Durchkommen. Also wieder zurück. Nach 400 Meter vom letzten Zeichen entfernt kam ich an eine Abzweigung. (IT 1552) Die Fortsetzung des Weges wäre schräg links gewesen. Das wäre aber Richtung Osten / Nordosten. Also nahm ich den spitz nach rechts ansteigenden Weg in Richtung Süden. Nach ein paar hundert weiteren Metern Ungewissheit, ob der Weg nicht mitten im Wald endet, wurden meine Orientierungskenntnisse mit einem E1 – Zeichen belohnt! (IT 1553 – IT 1555)

Dieser Wanderweg gewann weiter an Höhe (IT 1556 – IT 1557) und kann kurz vor einer Anhöhe (IT 1558) aus dem Wald heraus. Hier noch 200 Meter nach Süden, dann nach links durchs Gestrüpp (IT 1559) und schon erreichte ich die E1 / E7 – Verzweigung.

Gedanken an der E1 / E7 - Abzweigung

Dabei handelte es sich lediglich um eine Holzstange, an der drei nicht viel sagende Wegweiser, von denen zwei einer dringenden Reparatur bedurften, hingen. Für den vorab vorbereitenden Wanderer waren jedoch die E1 sowie die AV Markierungen für den E7 zu erkennen. Dabei stellt sich die Frage. Wie verläuft eigentlich der E1 ab diesem Punkt? Hierher ist der Weg unstrittig - vom Norden, von Arquata Scrivia. Der weitere Verlauf hängt davon ab, von welcher Strecke man ausgeht.

Geht man von der „Stammstrecke" des E1, Flensburg – Genua aus, dann muss man hier nach rechts abbiegen, um nach knapp 30 Kilometern das Mittelmeer zu erreichen.

Geht man von der Gesamtstrecke des E1, die es irgendwann mal geben soll und das soll nicht weniger als Nordkap – Sizilien werden, dann soll man lt. Krause nach links auf den AV abbiegen, um den E1 noch ca. 700 km bis zu dem aktuellen Ende bei Norcia zu genießen.

Die Italiener sind sich selbst unschlüssig, welche Variante die „richtige" ist. Die Markierung spricht sehr deutlich dafür, dass man dem E1 nach Genua folgen soll. Auf Wanderkarten von der Toskana sind dagegen die Wanderwege, die der E1 nutzen (soll) bereits mit E1 gekennzeichnet.

Für mich persönlich bestand die Herausforderung des E1 immer damit, den europäischen Kontinent durchzuwandern. Dieses Projekt fing für mich immer in Flensburg an der Ostsee an und wäre dann in Genua am Mittelmeer abgeschlossen.

Das schließt das spätere Erkunden weiterer Abschnitte sei es im Norden (Schweden Dänemark) oder im Süden (Italien) natürlich nicht aus.

Die beiden Wege E1-Variante Genua / E7 (AV) verlaufen bis kurz vor Genua gemeinsam. Da stellte sich gleich die Frage: Wie wird jetzt die Markierung sein? Die letzten Kilometer vor der Abzweigung waren nicht gerade erfreulich!

Der finale Streckenabschnitt

Nach so vielen Gedanken und einer Stärkung wurde es Zeit den letzten Streckenabschnitt unter die Füße zu nehmen. Es ging zunächst auf einen breiten Forstweg (IT 1602 - IT 1603) nach Westen runter zum Passo della Bochetta. Auf diesem Pass in 785 Metern Höhe standen richtig informative Wanderschilder. Diese verkündeten mir auch, dass es bis Genua noch acht Stunden Fußweg wären. Es war bereits 14 Uhr 30, ich war schon acht Stunden unterwegs. Ich habe also von den ursprünglich angegebenen neun Stunden nur eine einsparen können. Da konnte ich nur das Beste für den weiteren Weg hoffen. Es ging zunächst in Richtung Nordwesten hoch auf einem steinigen aber breiten Weg. (IT 1605 – 1608) Vor einer Übertragungsstation nach links (IT 1609) Die Ausblicke waren großartig.

Obwohl ich mich nur in etwas über 1000 Metern Höhe befand gab es keine Vegetation mehr. Ich konnte die Alpen sehen. Die Sicht auf das Mittelmeer war jedoch nur sporadisch da. Verkehrte Welt. Wo die Alpen zehnmal weiter entfernt waren als Genua.

Den Berg Monte Taccone nördlich umgehend (IT 1610 – 1614) erreichte ich den Passo Mezzano in immerhin 1065 Metern Höhe. (IT 1615) Und kein Schnee, der das Wandern behindern oder gefährlich machen könnte. Obwohl es Dezember war! Jetzt hieß es erstmal absteigen. Es ging jetzt drei Kilometer hauptsächlich in Richtung Süden auf guten Bergwegen. (IT 1616 – IT 1620)

Danach nicht dem Kammweg weiter folgen, sondern in eine Steinrinne (IT 1621 – IT 1625) bis ein Fahrweg erreicht wird. (IT 1626) Dieser Weg ist nicht gefährlich aber sehr unangenehm zu gehen. Alternativ kann noch ein Stück auf dem Kamm weiter gegangen werden. An einem historischen Gebäude (habe nicht verstanden worum es geht), dann eine Treppe nach links runter zu der Rinne. Ein Drittel dieses unangenehmen Abstieges kann somit gespart werden.

Der Fahrweg (IT 1626) entschädigte etwas für die Steinrinne. Hier konnte auch etwas verlorene Zeit wieder aufgeholt werden. In einer Linkskurve desselben (IT 1627) wird dieser nach rechts in den Wald verlassen. (IT 1628) Kurz danach habe ich mich verlaufen, weil die Wegführung geändert wurde. An einer Abzweigung im Wald (IT 1629) muss nach links abgebogen werden. Es geht in einigen Richtungsänderungen runter (IT 1630 – IT 1632), bis die ursprüngliche Wanderrichtung in südwestliche Richtung (IT 1633) zum Prou René (IT 1634) in etwa 800 Metern Höhe wiederhergestellt ist. Hier ist wieder ein kleiner Anstieg zu absolvieren.

Oben angekommen kann man entweder eine Kurve auswandernd der Straße nach rechts folgen oder direkt über einen Hügel nach Süden (IT 1635 – IT 1636) überschreitend, diese wieder erreichen. (IT 1637) Ab hier musste ich wieder die Taschenlampe nutzen. War ja kein Flughafen in der Nähe.

Auf der Straße weiterhin aufwärts nach Süden gehend (IT 1637) wird diese in knapp 900 Metern Höhe nach links auf einen Wanderweg verlassen. (IT 1638) Dieser Höhenweg zieht jetzt zweieinhalb Kilometer größtenteils in südöstliche Richtung (IT 1639 – IT 1642)

Es wurde eine Abzweigung nach rechts erreicht. (IT 1643) Genua war als Lichtenmeer und das Mittelmeer als dazu ruhender Pol zu sehen. Es schien so nah. Das GPS holte mich auf den Boden der Tatsachen zurück. Nah war ich. Aber auch hoch. Ich war schon wieder auch fast 1000 Metern Höhe!

Nun ging es nach rechts. Auf dem Höhenweg wanderte es sich sehr gut. Nach drei weiteren Kilometern größtenteils in südwestliche Richtung (IT 1644 – IT 1647) kam dann die lang ersehnte Abzweigung E1/E7 (AV) am Monte Penello. (IT 1648) Ich machte mir bereits Sorgen, diese verpasst zu haben. Die Unsicherheit wurde dadurch verstärkt, dass obwohl E1 / AV zusammenführten manchmal nur der E1 oder nur der E7 angegeben war.

Der bequeme Höhenweg war damit sofort zu Ende. Der Nachtabstieg rief. Über steile steinige Bergwege. Da ich immer noch das Felsenmeer in Erinnerung hatte, war ich diesmal besonders vorsichtig. Nach eineinhalb Kilometern (IT 1649 – IT 1651) war ein Rastplatz mit Bänken erreicht. (IT 1652) In Italien eine eher seltene Einrichtung. Leider war an dieser Stelle erst ein Drittel der Höhe verloren.

Viele Spitzkehren und Steine sowie knapp über vier Kilometer mussten überwunden werden, (IT 1653 – IT 1662) um einen Fahrweg zu erreichen. Die Höhe war auf knapp 300 Meter geschrumpft. (IT 1663) Unterwegs sah ich die ganze Zeit Genua Pegli und insbesondere den Hafen vor mir, kam aber diesem Ziel nur langsam näher. Auf dem Fahrweg, (IT 1664) der in einen Waldweg (IT 1665) überging habe ich weitere Höhenmeter verloren. Ich kam an eine Pfadkreuzung (IT 1666) Hier hieß es weiter runter zu gehen. (IT 1667), bis ein geteerter Weg erreicht wurde. (IT 1668).

Der E1 ist aber geschickt. Er versucht bis zuletzt nicht in die Stadt zu kommen. Auf der Via Scarpanto bis zu einer Straßeneinmündung von rechts. (IT 1669) Der Straße schräg links folgen, bis links ein Eingang in den Park Parco Villa Durazzo Pallavicini auftaucht. (IT 1670) Durch diesen Park runter. (IT 1671) bis es in nur 65 Metern Höhe keinen Ausweg mehr gibt. Die Stadt ist erreicht. (IT 1672) Hier geradeaus über steile Treppen (IT 1673) und schiefe Ebenen, bis zum Markierungsende. (IT 1674)

Ein viersprachiges Schild in der Via Rimembranza di Pegli weist auf den E1 bzw. E/1 hin.

European long distance trail

Flensburg – Nordsee = Genua Pegli Mare Mediteraneo

Also hat sich auch hier noch nicht herumgesprochen, dass Flensburg an der Ostsee liegt. Über die Risiken und Nebenwirkungen einer solchen Wanderung wird selbstverständlich nichts geschrieben.

Um die Wanderung abzuschließen ging ich noch die verbleibenden 260 Meter zum Strand. (IT 1675) Gemessen an den knapp 60 an diesem Tag in knapp 15 Stunden zurückgelegten Kilometern geradezu ein Spaziergang.

Es war ein überwältigender Augenblick das Rauschen des Meeres zu hören. Es ist schon etwas Besonderes in unserer schnelllebigen Zeit einen ganzen Kontinent zu Fuß zu überqueren. Ich rief Daisy an und ließ sie an meiner Zufriedenheit teilhaben. Sie hatte auch einen großen Grund zu Freude. Es bestanden jetzt kaum noch Risiken für den gemeinsamen Urlaub auf den Philippinen.

Am schönsten wäre es gewesen, hier zu übernachten. Leider waren sowohl das Strandhotel als auch die beiden anderen Häuser in Pegli ausgebucht. Sie waren es wirklich. So fuhr ich mit einem Bus in die Innenstadt und bezog strategisch günstig gegenüber dem Bahnhof ein Quartier. Ich wollte noch rausgehen, um den E1 – Abschluss zu feiern. Die Müdigkeit war jedoch stärker.

So wurde der E1 etwas später nachgefeiert. Nachdem ich im Urlaub endlich geschafft habe, den höchsten Berg der Philippinen, den knapp 3000 Meter hohen

Mt. Apo zu besteigen. Nicht nur mit Bier. Auch mit Rum. Man kann sich nirgends so günstig besaufen wie auf den Philippinen. Wenn die Fahrtkosten nur nicht so hoch wären!

Die Neugier führt wieder zum E/1

Nach der abgeschlossenen Wanderung Flensburg – Genua habe ich häufiger über den E/1 nachgedacht. Warum waren manche Etappen sowie sie waren? Die Umwege in Schleswig – Holstein. Durchquerungen von Großstädten. Ticino – Seitenkanal. Straßenwandern in Italien.

Ich denke der erste Punkt wird mit der ursprünglichen Projektierung des E1 zusammenhängen. Falls er von Flensburg aus geplant wurde, wollte man natürlich möglichst alle Landschaften in dem nördlichsten Bundesland einfließen lassen.

Übertragen auf den weiteren Streckenverlauf würde das den Wanderweg sicher um 500 – 600 km verlängern. Also ließ man es bleiben, um den deutschen Streckenabschnitt nicht auf über 2000 km anwachsen zu lassen.

Die Großstädte werden durchquert, weil sie einfach zu unserem Land auch dazugehören. Es gibt eben nicht nur Wälder, Berge, Flüsse und Meere. Die Landschaft wird jeden Tag von Menschen geformt. Ob zum Besseren ist eine andere Frage. Deshalb gehören die beiden Städte Hamburg und Frankfurt / Main eben auch dazu. Wenn nur der Wanderwegvandalismus nicht wäre!

Straßenwandern in Italien, insbesondere Zerbolo - Tortona hängt nach meinen Erkenntnissen damit zusammen, dass es kaum Alternativen gab. Wenn die Wege zwischen den Höfen privat und Wanderer unerwünscht sind, hilft nur Gesetz oder überzeugen. Inwieweit in diesem Abschnitt aber etwas machbar ist, kann ich nicht beurteilen. Hier habe ich aber über eine Broschüre über neue Wegführung erfahren. So soll man den E1 nicht mehr bei Cascina Venera verlassen, sondern über Pavia hinaus am Ticino – Ufer weiter wandern. Habe ich an der Brücke in Pavia doch eine Fortsetzung übersehen?

Der Ticino – Seitenkanal. Hier ist tatsächlich die Frage, warum man den Wanderweg am Kanal führt, wo Wandern am Fluss abgesehen von Hochwasserperioden sicherlich interessanter wäre. Hier fiel mir ein, dass es zwischen der Brücke Ponte di Porto Torre – Turbigo – Ponte de Boffalora zwei E1 gibt.

Die Situation wiederholt sich weiter südlich zwischen Ponte de Vigevano und der Bootsbrücke. Wobei im letzteren Fall auch der „östliche Ast" soweit es ging, in die Flussnähe gelegt wurde. Manchmal zu nahe wie ich erfahren musste. Ich wollte mal die andere Seite nachschauen und die fehlende Strecke am östlichen Ufer nachwandern.

Um diesen Fragen nachzugehen habe ich mich März 2007 für ein paar Tage wieder nach Mailand begeben. Um mich vor Ort besser orientieren zu können, habe ich mir von den zu gehenden Abschnitten Sattelitenbilder besorgt. Das sollte sich als sehr hilfreich erweisen.

Von Ponte di Torre zu Ponte di Boffalora

Von Mailand – Malpensa ließ ich mich mit einem Taxi die nur ein paar Kilometer zur Brücke Ponte di Porto Torre (IT 401) bringen. Der Taxifahrer schaute mich seltsam an. Ich sollte bald rausbekommen, warum.

Zunächst fiel mir auf, dass es zwar noch einen E1 – Wegweiser auf die andere Seite des Ticino gab, aber das Schild, dass die Entfernungen angab und im Dezember noch vorhanden war, fehlte.

Diesmal überschritt ich diese Brücke in Richtung Westen. (IT 402) Auf der anderen Seite macht die Straße SS 336 einen Rechtsbogen in Richtung Südwesten. Da sich der Wanderweg aber grundsätzlich in Richtung Süden orientieren müsste, suchte ich nach einer Abzweigung nach links.

Mein langsames Gehen verunsicherte die hier nur in rosa Höschen und knappen Oberteilen bekleideten drei afrikanischen Damen. Eine davon flüchtete in den Wald. Eine andere fragte mich. „Are you looking for somebody or something?" Endlich mal wieder eine Gelegenheit, in Italien ein korrektes Englisch zu sprechen. Ohne mir große Hoffnungen zu machen, fragte ich sie nach ihrem Herkunftsland sowie dem E1. Das erste gab sie mit Burundi an, vom „walking path E1" oder „sentiero E/1" hätte sie noch nie etwas gehört bzw. gesehen. Ich gehe davon aus, dass Letzteres stimmte. Aufgrund des Verbotes der Straßenprostitution in Italien wird wohl häufiger der Standort gewechselt, so dass mit Ortskenntnissen nicht zu rechnen ist.

Mangels Alternativen folgte ich der Straße, passierte an einer Gaststätte vorbei gehend das km 22 Schild (IT 403) Dem Straßenverlauf folgend kam ich, nachdem sich ein lokaler Wanderweg von rechts dazugesellte, an einem kleinen Anstieg an dem km 23 Schild vorbei. (IT 404). Kurz danach das erste E/1 Schild auf dieser Ticino – Seite, das nach links hoch zeigte. (IT 405) Keine zehn Meter weiter wieder eine, diesmal nicht ausgeschilderte Abzweigung.

Hier entschied ich mich für den linken Weg, der zwar fast entgegengesetzt zu dem soeben gegangenen Straßenstück verlief, jedoch mit dem Wanderzeichen TT3 gekennzeichnet war. Er brachte mich durch den Wald in östliche, später südöstliche Richtung und danach südliche Richtung (IT 406 – IT 409) zu einem Punkt, an dem der TT3 sich nach links in östliche und der E1 nach rechts in westliche Richtung orientierte. (IT 410) Unterwegs waren in unregelmäßigen Abständen auch E1 -

Ausschilderungen vorhanden. Diesem Waldweg folgend wird nach ca. 700 m ein Damm erreicht, wo es nur nach rechts oder links geht. (IT 411)

Hier nach rechts schwenkend erreicht man nach gutem halben Kilometer eine Kreuzung, an der man sich nach links in westliche Richtung wendet. (IT 412)

200 Meter weiter beginnt ein Bogen in südliche Richtung (IT 413). An dessen Ende, wo der Weg wieder nach rechts in westliche Richtung abknickt (IT 414) merkt man, dass man bisher drei Kilometer fast nur im Kreis gelaufen ist. Von der Stelle, an der der E1 die Straße verlassen hatte ist man hier nämlich nur 300 Meter auf dem anderen Weg entfernt. Will man also 2,7 km abkürzen, dann folgt man nach dem Verlassen der Straße nicht dem TT3/E1 sondern dem anderen Weg. Nach 150 Meter 20 Meter nach rechts, dann gleich wieder links und schon ist man da!

Nach dem Rundgang orientiert sich der E1 jetzt zielstrebiger nach Südwesten und erreicht linker Hand immer der Umzäunung einer Kiesgrube folgend, eine Straßenkreuzung. (IT 416)

Hier kann man 1,2 km nach Westen zunächst dem TT3 weiter folgend und dann geradeaus weiter hoch gehend den Ort Varallo Pomba. Im Ort an einem Kreisverkehr angekommen kann man nach rechts abbiegend das Albergo Baldina und weiter das Zentrum mit zwei weiteren Hotels erreichen. Eine Übernachtung hier kann sinnvoll sein, da die Möglichkeiten im weiteren Verlauf des E1 sehr beschränkt sind.

Der E1 orientiert sich von diesem Punkt (IT 501) runter nach Süden. Das dazugehörige Schild ist alt und wackelig. Der Weg steigt an einem eingezäunten Gelände linker Hand ab, (IT 502) bis die Straße sich in mehreren Serpentinen nach unten zu einem betonierten Kanal orientiert. (IT 503) Hier dem Kanal kurz nach rechts folgen, bis dieser nach 70 Metern auf einer Brücke nach Süden überquert wird.(IT 504)

Diesem Feldweg wird jetzt einen kleinen Knick über offenes Feld auswandernd fast ein Kilometer lang gefolgt. Unterwegs wird rechter Hand Cascina Guzzetta passiert. An einer Wegabzweigung (IT 505) nach rechts in westliche Richtung. Eine Abzweigung passierend wendet sich der Weg in einer Kurve leicht ansteigend nach links. Hier habe ich wieder eine Abzweigung sowie denselben betonierten Kanal erreicht. (IT 506) Jetzt wird einige Häuser und Abzweigungen passierend dieser Asphaltstraße, die später in einem Feldweg übergeht, fast zwei km nach Süden gefolgt. (IT 507 – IT 511)

Ich erreichte eine Asphaltstraße SP 148. Auf diese nach links in östliche Richtung abbiegen. (IT 512) Glücklicherweise ist sie kaum befahren. Ein Kanal wird überquert (IT 513), kurz danach macht die Straße einen Knick nach rechts in südliche Richtung. Es geht bis zu einem neuerlichen Knick (IT 514) nach links nach

Süden, danach wieder nach Osten. Hier wird der Vermessungskilometer 5 passiert (IT 515) Ein weiterer Kanal wird überschritten. Die Straße wendet sich nach Südosten. An dem Kilometer 4 (IT 516) stehen ein paar Häuser. Hier bog ich nach rechts in westliche Richtung ab. Rechts befindet sich übrigens eine übel riechende Kläranlage.

Nach weiteren 400 Meter auf der Straße folgte ich dieser weiter schräg links nach Südwesten ab. (IT 517) Danach noch eine kleine Richtungsänderung nach Süden (IT 518), bevor der Vermessungskilometer 3 (IT 519) erreicht wurde. Hundert Meter weiter verließ ich die SP 148 auf einen Feldweg geradeaus nach Süden gehend. (IT 520) Auf diesem Weg wird kurz der Ticino erreicht (IT 521) und wieder verlassen (IT 522). Es folgte ein Knick nach Südsosten. (IT 523) Diese Richtung beibehaltend wird mal wieder eine E1 - Markierung passierend eine Abzweigung erreicht.

An dieser und an der nächsten hielt man es nicht für nötig, die Wanderer über den weiteren Wegverlauf zu informieren. Es geht an der ersten nach links in östliche Richtung (IT 524) und kurz danach nach rechts in südliche Richtung weiter. (IT 525) Ein Kanal wird überschritten. Kurz danach vor einem Centro Parco nach links in der Nähe dieses Kanals bleibend in östliche Richtung abbiegen. (IT 526)

An einem Haus mit mehreren Schleusen oder anderen hydrologischen Einrichtungen knickt der Weg etwas nach rechts in südliche Richtung ab. (IT 527) Diesem Weg wird für ca. 650 Meter gefolgt, bis es nach links wieder in östliche Richtung geht. (IT 528) Auch diese Abzweigung ist nicht angegeben. Bei dem folgenden Rechtsknick (IT 529) nach Süden sieht man dank eines Zeichens, dass man richtig gegangen ist.

Eine Abzweigung nach rechts passierend ging es weiter geradeaus. (IT 530) Der Weg macht einen kleinen Knick nach Südwesten (IT 531) und erreicht dann eine Trattoria (Gaststätte) (IT 532) Hier geht es auf eine Asphaltstraße nach links in südöstliche Richtung. Es wird die Straße SP 527 erreicht. (IT 533)

Der E1 folgt dieser Straße ca. 300 Meter nach links in südöstliche Richtung. (Weiter gehend würde man nach einem weiteren Kilometer die Brücke Ponte di Oleggio erreichen. Ca. drei Kilometer in westliche Richtung auf der SP 527 ist die Ortschaft Oleggio. Dort sowie unterwegs sollen sich Übernachtungsmöglichkeiten befinden.)

Die Straße SP 527 wird nach rechts in südliche Richtung verlassen. (IT 534) Es wird einem asphaltierten Weg für ca. 250 Meter gefolgt. Dieser verzweigt sich danach. Hier weiter nach links in südliche Richtung gehen. (IT 535) Weiter nach Süden gehend (IT 536) erreicht man nach 1,5 Kilometer ganz kurz den Ticino. Hier (IT 537) geht es scharf nach rechts in westliche Richtung.

Etwa einen Kilometer weiter wird ein sehr altes E/1 – Schild passiert, das etwas missverständlich anzeigt, dass der Weg über eine Spitzkehre nach links auf einen

Asphaltweg fortgesetzt wird. (IT 538) Im Wald folgen aber dann zu Beruhigung ein paar neue Schilder (IT 539) Kurz nach einem Wegknick nach links in südliche Richtung (IT 540) habe ich einen Anglerteich erreicht. (IT 541)

Im Gegensatz zu Lottorf waren die Angler hier überhaupt nicht still. Angeln war wie fast alle Tätigkeiten in Italien gesellig. Haben sich die italienischen Fische im Laufe der Evolution an den Krach gewöhnt und beißen trotzdem an? Mangels adäquater Sprachkenntnisse blieb diese Frage für mich unbeantwortet.

In der Nähe des Teichs war eine brauchbare Karte mit eingezeichnetem Verlauf des E1 aufgestellt. Wahrscheinlich auch der Grund dafür, sich in der Natur die Markierungen erst einmal zu sparen. Es ging erstmal zum Parkplatz (IT 541) und nach diesem links haltend weiter in südliche Richtung (IT 542)

Nach etwa einem weiteren Kilometer macht der Weg einen Linksknick in östliche Richtung (IT 543) Kurz danach wird eine Abzweigung erreicht. (IT 544). Hier nicht geradeaus auf den Parkplatz sondern nach rechts in südliche Richtung schwenken. Nun wird der Ticino erreicht, (IT 545) dem man in südöstliche Richtung folgt. Das gleiche tun erstmal auch die Hochspannungsleitungen.

Nach knapp zwei Kilometern wird ein Rastplatz mit Bänken erreicht. (IT 546) Der Wanderweg folgt weiter dem Ticino, bis vor dem Haus „La Quercia" dieser nach rechts in westliche Richtung verlassen wird. (IT 547) Hier folgt man jetzt den Kurven einer Asphaltstraße, passiert eine Brücke (IT 548) und kommt auf freies Feld. (IT 549)

Die Straße orientiert sich nach Südosten und dann nach Süden, dabei beginnt sie anzusteigen. Am höchsten Punkt „Belvedere di Cameri" (IT 550) angekommen wendet sich die Straße scharf nach rechts. Der E1 verlässt sie an dieser Stelle und folgt geradeaus einem Feldweg auf der Höhe bleibend in südliche Richtung.

Es wird rechter Hand die Cascina Zaboina passiert. (IT 551) 350 Meter später an einer Y – Abzweigung (IT 552) nicht runter zum Ticino, sondern den rechten Ast weiter in Richtung Süden nehmen. Schöne Ausblicke runter zum Ticino und zu einer Staustufe. (IT 553) Nach einem weiteren Kilometer knickt der Weg scharf nach rechts in westliche Richtung vom Ticino weg. (IT 554)

Kurz bevor der Weiler Piccetta erreicht wird, wird an einem zerstörten E1 – Wegweiser an einer Kreuzung (IT 555) links abbiegend die ursprüngliche Wanderrichtung nach Süden wieder aufgenommen. Machen Sie sich nur keine Sorgen wegen der Markierung. Sie werden jetzt fast zwei Kilometer lang keine sehen! Dafür tauchte eine kurz vor einer Bahnüberführung auf und zeigte mir, dass ich bisher die richtigen Wege gewählt habe. An dieser Stelle gibt es wieder abzuwägen. (IT 556) Geht man geradeaus oder links in Richtung des Ticino. Links ist richtig! Man wird an der nächsten Abzweigung nach rechts (IT 557) gleich mit drei E1 – Zeichen belohnt!

Die Straße SS 341 (IT 558) wird erreicht, auf der es links runter zur Brücke geht. (IT 559) Auf dieser Straße kann man drei Kilometer weiter gehend oder auf der anderen Seite etwas die gleiche Strecke dem Verbindungs E/1 folgend Turbigo mit zahlreichen Übernachtungsmöglichkeiten erreichen.

Der „westliche" E/1 knickt vor der Brücke (IT 601) nach rechts in südliche Richtung, passiert einige Häuser (IT 602) und erreicht eine Abzweigung, an der es nach links in östliche Richtung geht. (IT 603) Kurz danach geht es wieder nach rechts nach Süden. (IT 604)

Über eine neue Brücke mit Holz- Leitplanken wird ein Kanal überquert. Hinter dieser Brücke (IT 605) geht es nach rechts, es wird dem Kanal gefolgt. Der Weg macht einen Linksknick in südöstliche Richtung. (IT 606) An einer Abzweigung wird dieselbe Richtung beibehalten. (IT 607) Ein weiterer Kanal wird überquert, es geht weiter auf dem Hauptweg nach Süden. (IT 608)

Eine asphaltierte Straße wird erreicht. Hier nach links. (IT 609) Nur 130 Meter später wird diese Straße schon wieder nach rechts in südliche Richtung verlassen. (IT 610) Der Feldweg geht in einem Bogen nach links (Osten) und passiert eine Ruine. (IT 611) 150 Meter weiter kommt von rechts ein Weg dazu. (IT 612) Die Wanderrichtung Südosten wird beibehalten.

Nun muss von der freien Fläche in den Wald abbiegend ein Viereck ausgewandert werden. Zunächst nach links nach Norden (IT 613), danach nach rechts (IT 614) nach Osten, dann noch mal nach rechts nach Süden (IT 615) und nochmals nach links womit die ursprüngliche Wanderrichtung wieder erreicht wird. (IT 616)

Halben Kilometer weiter wird ein Kanal erreicht (IT 617) Der Weg entlang desselben macht nach 800 Meter einen Knick nach Süden (IT 618) und erreicht weitere dreihundert Meter weiter eine rote Brücke über diesen Kanal (IT 619), die nach Osten schwenkend überquert wird.

Nach knapp 300 Metern in dieser Richtung wenden wir uns nach rechts nach Süden. (IT 620) Knapp einem Kinometer seit der Brücke wird derselbe Kanal von der anderen Seite wieder erreicht und über eine breite Brücke nach rechts in westliche Richtung gehend wieder überquert. (IT 621) Zweihundert Meter weiter wird gerade wieder eine Ruine erreicht. (IT 622)

Hier an der Kreuzung nach Süden in Richtung der Autobahn abzweigen. Kurz vor dieser wieder nach rechts (IT 623) in Richtung einer Überführung wenden. (IT 624) Die Autobahn wird überschritten und die im Bau befindliche Schnellbahntrasse Milano – Torino unterschritten. Nach der letzteren nach rechts gehen und vor dem

Kanal nach links. (IT 625) Genauer gesagt muss genau der Weg weiter gegangen werden, als ob es die Schnellbahntrasse nicht gäbe.

Dem Feldweg wird an östliche Kanalseite in südliche Richtung gefolgt. (IT 626) Kurz vor einem Hof an einer Abzweigung nach rechts in südwestliche Richtung halten. (IT 627) Hier kam ich an dem zweiten Fischteich vorbei. Die Angler waren aber im Gegensatz zum ersten sehr ruhig – wie in Lottorf. Ich vermute mal, dass die Fische importiert waren. Nach Durchschreiten des Hofgeländes (IT 628) nach rechts in westliche Richtung wenden.

Der Kanal an dem man jetzt schon länger gewandert ist, wird überquert, der Weg steigt an. Es wird eine Kreuzung erreicht. (IT 629) Hier geht es ohne Zeichen nach links nach Süden. Rechter Hand befindet sich ein Betrieb, der Baumaterial für die Neubaustrecke herstellt. Hinter der Abzäunung bellten einige Hunde, die sich auch an den schwachen Teilen des Zauns zu schaffen machten. Irgendwann mal werden sie es wohl schaffen, die Straße zu erreichen.

Eine Abzweigung nach links wird links liegen gelassen. Nach einem knappen Kilometer erreichte ich eine Y – Kreuzung, an der es nur rechts oder links ging. Hier wieder ohne Zeichen nach links in östliche Richtung gehen. (IT 630) Kurz danach verkündet wieder ein E1 – Zeichen, dass man die asphaltierte Straße geradeaus gehend in östliche Richtung verlassen soll. (IT 631) Der Weg schwenkt vor einer Kreuzung kurz nach Süden, bevor an dieser links abbiegend (IT 632) wieder die Wanderrichtung nach Osten aufgenommen wird.

Es geht jetzt leicht absteigend weiter nach Osten in Richtung eines Kanals. Dieser sowie eine Schranke mit vielen Verboten werden überschritten. (IT 633) Kurz danach knickt der Weg nach rechts (IT 634) und erreicht danach das Gelände der Gaststätte „Alla Spina" mit Parkplatz. (IT 635) Die südliche Wanderrichtung beibehaltend wird noch ein hydrologisches Gebäude passiert (IT 636), bevor 650 Meter weiter die Strasse SS 11 erreicht wird. (IT 637)

Auf dieser Straße, bzw. 10 Meter weiter südlich auf einem Parallelweg erreicht der E/1 sich links wendend nach 600 Metern die Brücke Ponte die Boffalora. (IT 638) Weitere 400 Meter weiter über die Brücke und dann durchs Gebüsch runter ist dann der Anschluss an den östlichen E/1 gewonnen. (IT 1035)

Die Straße SS 11 in westliche Richtung gehend erreicht man zunächst San Martino und nach drei Kilometern Trecate mit Bahnhof. Unterwegs soll sich eine Übernachtungsmöglichkeit (Due Sovrani, Tel.: 0321 79152) befinden. Ein kleines Stück östlich der Brücke befindet sich ebenfalls eine Gaststätte mit Gasthaus (Grotta Verde, Tel.: 02 9754492) Ein größerer Ort (Magenta), ebenfalls mit Bahnanschluss ist 3,5 km östlich an der SS 11 gelegen.

Von Magenta kann man leicht nach Mailand jedoch nur mit Umsteigen nach Vigevano kommen. Es sieht nach dem Augenschein an der Brücke sowie den Quellen im Internet so aus, dass es auch einen Radweg / Wanderweg auf der westlichen Seite des Ticino von Ponte di Boffalora nach Vigevano gibt. Da dieser jedoch nicht zum E1 gehört, habe ich das nicht weiter verfolgt. Es müssten ca. 15 km sein.

Von Vigevano zu Ponte di Barche

Die Strecke Ponte de Vigevano bis zu Bootsbrücke reizte mich ebenfalls. Ich fuhr deshalb mit dem Zug nach Vigevano und ließ mich mit dem Taxi zum Santa Maria del Bosco bringen. (IT 1115) Dort hatte ich mich vor zwei Monaten für den „östlichen" E1 entschieden. Wie bereits beschrieben kam ich wegen des Hochwassers damals nicht weit.

Es war nicht die beste Entscheidung. Bis zu Brücke wird die stark befahrene SS 494 (IT 2101) benutzt. Die Brücke wird erreicht (IT 2102) und überschritten. (IT 2103) Kurz danach ging es nach links in Richtung Süden auf die Via Lungotico (IT 2104) Die Sicht auf den Ticino wird leider in diesem Abschnitt durch die Bebauung verhindert. Dem Straßenverlauf folgen (IT 2105 – IT 2106) bis vor der Gaststätte Conca Azzura es nach rechts (IT 2107) und 60 Meter später in einen Feldweg nach links geht. (IT 2108) Der Straße weiter in Richtung SW (IT 2109) und S folgen, (IT 2110), bis Ausläufer von Vigevano erreicht werden.

Hier schräg links hoch auf die Via Vento (IT 2111) und kurz danach links auf Via San Giovanni (IT 2112). Dieser Weg berührt nun kurz den Ticino, bevor es an der nächsten Abzweigung wieder etwas von diesem weg schräg rechts in Richtung Süden geht. (IT 2113) Auf diesem Weg jedoch nur halben Kilometer bleiben, bevor es nach links (IT 2114) nach Osten in die Via Aguzzafame geht. Über die Felder wird eine Biegung des Teerweges passiert, der man nach rechts (IT 2115) in südliche Richtung folgt.

Jetzt erreicht man wieder das Ufer des Ticino (IT 2116), dem man fast einen Kilometer (IT 2117) bis zu einem rechts einmündenden Kanal folgt. (IT 2118) Hier nach rechts bis zur Brücke auf dieser nach links gehend den Kanal überqueren und jetzt einem Feldweg nach Süden folgend den Ticino wieder verlassen. (IT 2119)

Ein geschlossenes Tor wird passiert. (IT 2220) Dieses an der Seite umgehen; kurz danach kurz nach links und auf einen Feldweg sofort wieder nach rechts. Eine Dreifach – Abzweigung wird erreicht. (IT 2221) Hier bitte schräg rechts weitergehen. Über einige Richtungsänderungen (IT 2222 – IT 2226) kommt man nach über zwei Kilometern an einer Steinbrücke an. (IT 2227) Jetzt nach links in östliche Richtung zu Wanderwegweisern. (IT 2228) Hier nach rechts.

Jetzt verläuft der Feldweg an einigen größeren Freiflächen vorbei (IT 2229) immer weiter in südliche Richtung. (IT 2230). An einer Wegverzweigung kann auf dem Alternativweg S3 nach rechts gegangen werde, der E1 führt weiter geradeaus in südöstliche Richtung. (IT 2231)

Ich kam an einer linksseitigen Abzweigung zum Ticino vorbei und ging weiter auf dem E1 in südliche Richtung. (IT 2232) Ca. 400 Meter südlich kommt von rechts der Alternativweg S3 zurück. (IT 2233) Diesem Weg folgte ich ein paar Freiflächen passierend (IT 2234 – IT 2235) sich in östliche Richtung wendend bis zu einer Abzweigung. (IT 2236) Der Weg schlängelte sich durch ein Wäldchen West, Süd Ost Süd (IT 2237) bis zur einen Brücke, über die eine Kette gespannt war. (IT 2238) Eine echte Falle für Radfahrer! Kurz danach folgte ich dem E1 nach links in östliche Richtung. (IT 2239)

Der E1 folgte jetzt dem gerade überquerten Kanal zunächst in östliche, dann nördliche (IT 2240) und dann wieder in östliche Richtung.(IT 2241), um sich dann ein Feld überquerend (IT 2242 – IT 2243) wieder in südwestliche Richtung zu wenden. Nach diesem Feld leicht links nach Süden in den Wald (IT 2244)

Dem Waldweg leicht links haltend nach Süden folgend (IT 2245) überquerte ich einen weiteren Kanal (IT 2246), um mich kurz danach nach links in östliche Richtung zu wenden. (IT 2247) Der Weg folgt jetzt über einen Kilometer dem Fluss, (IT 2248 – IT 2249), bevor dieser leicht nach rechts gehend verlassen wird. (IT 2250)

Nach einem weiteren Knick nach rechts in westliche Richtung an einem Rastplatz (IT 2251) wird nach weiteren 400 Metern eine Brücke erreicht. (IT 2252) Diese links gehend überschreiten und gleich danach wieder links. Es werden in südöstlichen und dann östlichen Richtung gehend zwei Villenruinen passiert. (IT 2253 – 2254), bevor die Bootsbrücke erreicht wurde. (IT 1201)

Ich wechselte die Seite und ging „entgegen" dem E1 auf der östlichen Ticino – Seite nach Besate. Der Abschnitt ist in der Nord – Süd – Richtung dokumentiert. Nach meiner subjektiven Meinung ist die östliche Variante die schönere. Allerdings wird sie im Falle von Hochwasser auch schneller überflutet als die westliche.

Ich kam in Besate an. Es gibt dort keinen Busverkehr um die Zeit und wie mir bereits von der Wanderung, bei der ich wegen des Hochwassers umkehren musste bekannt war, auch keine Übernachtungsmöglichkeit. In der Paulaner (!) Gaststätte kam ich mit dem Wirt ins Gespräch. Ein Taxi zu bestellen sei sehr teuer, weil das dann beide Wege berechnet würden.

Einer seiner Freunde brachte mich dann gegen eine kleine Kostenerstattung nach Abbiategrasso. Dort stellte sich am Bahnhof das übliche Fahrkartenproblem für den Vorortzug nach Mailand. Die Schalter sowie ein Kiosk, der auch Fahrkarten verkaufen soll, waren geschlossen. Soweit ich die anderen Fahrgäste verstanden habe, kann man die Karten irgendwo in der Stadt am Kiosk kaufen. Da der Zug jedoch in fünf Minuten kommen sollte, fragte ich „biglietti sul treno; kiosco cuisso?", also ob man wenn der Kiosk geschlossen ist, die Karte im Zug bekommen könnte. Das „Sí, sul treno" als Antwort klang nicht besonders überzeugend. Ich vermute mal, dass man sich auf eine unfreundliche Diskussion mit dem Kontrolleur einstellen muss – falls einer kommt. Es kam keiner – Glück gehabt! Ich fuhr von danach, diesmal mit einer Fahrkarte von Mailand nach Pavia, um dort eine neu geschaffene Verbindung nach Tortona zu eruieren.

<u>Neue Verbindung von Pavia nach Tortona? – jein!</u>

Bei der Wanderung im Dezember habe ich die Umgebung der gedeckten Brücke abgesucht, ob es nicht doch eine Weiterführung gibt. Ich fand keine und ging davon aus, dass es sich tatsächlich nur um eine E1 – Stichstrecke nach Pavia handelte. Nun hatte ich eine Publikation des Parco Ticino, aus der eindeutig hervorging, dass der E1 östlich der „ponte Coperto" fortgeführt wird.

An der Brücke bot sich das gleiche Bild wie vor drei Monaten mit dem Unterschied, dass auch die Karte, die den E1-Verlauf in Richtung Schweiz angab entfernt, bzw. demoliert worden ist. In Richtung Genua gab es nach wie vor nicht den Ansatz eines Hinweises.

Ich ging trotzdem von der Brücke (IT 1251) lt. der Karte in Richtung Osten dem Ticino entlang. Nach 350 Meter (IT 1252) kam ich tatsächlich an einem Wanderzeichen vorbei. Es ging weiter in östliche Richtung an hübschen Häusern entlang. (IT 1253) Eine Rohrleitung wurde passiert. (IT 1254) Etwa 300 Meter später überschritt ich eine Brücke und kam an eine Wegabzweigung. Keine Wanderzeichen weit und breit. (IT 1255)

Der Karte folgend ging ich scharf rechts, um nach 400 Metern kurz vor dem erreichen eines Ortes ebenfalls ohne Wanderzeichen links auf einen Damm abzubiegen. (IT 1256) Unterwegs tauchte dann mal wieder ein E1 – Zeichen auf. Der Damm nähert sich einem Straßenknick. Man folgt weiter dem Damm. (IT 1257) Den Abstieg zum Parkplatz können Sie sich sparen. Die dort hängende Karte ist völlig nutzlos.

Eine kleines Gebäude (früheres Schleuserwärterhäuschen?, IT 1258) wird passiert, der Wanderweg bleibt weiterhin auf dem Damm. Linker Hand ist in etwas entfernt der Ticino zu erkennen. Es wird rechter Hand eine kleine Siedlung Cascina dell'Orologio erreicht. (IT 1259) Dort befindet sich auch eine Gaststätte. Der Wanderweg folgt dem Damm, bis es scharf nach rechts in südliche Richtung geht. (IT 1260) Es folgt ein weiterer Knick nach rechts in südwestliche Richtung. (IT 1261)

Ab jetzt folgt man nicht mehr dem Ticino, sondern dem Po, allerdings entgegengesetzt der Fließrichtung. Das auf einem Privatgrundstück stehende, abgeschlossene Santuario del Novello wird passiert. (IT 1262) Betreten der dorthin führenden Brücke ist nur zur Teilnahme an religiösen Festivitäten gestattet.

Einen Kilometer weiter wird der Ort Valbona passiert (IT 1263), der Wanderweg hält sich weiter geradeaus in westliche Richtung. Das gleiche gilt auch an dem abzweigenden Via Po (IT 1264) Schöne Ausblicke auf den Fluss Po. Der Damm macht einen leichten Knick in südliche Richtung. (IT 1265) Auch bei der nächsten Abzweigung muss weiter dem Damm gefolgt werden, nun in südwestliche Richtung. (IT 1266) Eine Ruine wird rechter Hand passiert. (IT 1267)

Der Damm macht einen Linksknick nach Süden. (IT 1268) Kurz danach kommt man an eine Stelle, an der auf der linken Wegseite ein E/1 – Zeichen nach rechts weist. (IT 1269) Es sieht so aus, als ob man in den Feldweg nach rechts abbiegen sollte. Das ist aber nicht gemeint! Vielmehr soll weiter geradeaus dem Damm nach Süden und dann nach Südwesten. (IT 1270) gefolgt werden!

Der Ort Mezzana Corti (IT 1271) mit der Bushaltestelle wird erreicht. Von hier verkehren täglich recht häufig Busse nach Pavia. Der E/1 folgt weiter geradeaus dem Damm, bis eine Kurve nach rechts erreicht wird. (IT 1272) Hier befand sich auch das letzte von mir gesehene E/1 – Zeichen.

Ich folgte dem Damm weiter bis zu Straße SS 35. An der Ecke befindet sich ein Restaurant. Fast überflüssig zu erwähnen, dass niemand etwas vom E1 wusste. (IT 1273) Ich folgte der viel befahrenen Straße nach links hoch auf die Brücke. Meine Hoffnung dort wieder auf ein E/1 – Zeichen, ähnlich der Strecke von Zerboló nach Tortona zu sichten, erfüllte sich nicht. (IT 1274) Lt. der Broschüre soll der E1 jedoch die Brücke hier in Richtung Tortona überqueren.

Auch an dem späteren Kreisverkehr (IT 1275) war weit und breit keine Markierung zu sehen. Ich beschloss daraufhin nicht schon wieder entlang von Straßen nach

Tortona zu wandern, sondern begab mich zum Bahnhof des Ortes Bottarone. (IT 1276) Diesen erreicht man vom Kreisverkehr aus in südwestliche Richtung gehend.

Von dem Bahnhof gibt es häufige Zugverbindungen über Pavia nach Mailand bzw. über Voghera nach Tortona. Eine Straßenwanderung nach Tortona wäre von hier immer noch ca. 30 km. Verglichen mit den 50 km von Zerboló ist das aber schon eine Erleichterung… Deshalb eben neue Verbindung Pavia – Tortona: Ja aber nur bis zur Po – Brücke…

Da ich noch das ganze Wochenende vor mir hatte, beschloss ich über Voghera nach Genua zu fahren, um mir die Fortsetzung des E1 Richtung Süden auf dem AV (Altavía die Monti Liguri) anzuschauen. Ich hatte vor, mit dem Zug nach Busalla zu fahren, dort zu übernachten und von dort aus ganz früh zum AV aufzusteigen. Leider kam der Zug aus Mailand mit zwanzig Minuten Verspätung in Tortona an. Diese Verspätung wurde bis Genua dann konsequent auf 30 Minuten ausgebaut. Der Anschlusszug nach Busalla war dadurch schon weg – es war der letzte. Es blieb mir also nichts anderes übrig, als in Genua zu übernachten und sehr früh aufzustehen.

Über 18 Stunden auf dem AV

Um fünf Uhr früh war ich bereits auf den Beinen. Da die Verständigung bzgl. einer Busverbindung zum Passo della Bochetta nicht den gewünschten Erfolg brachte, investierte ich 40,- EUR in eine Taxifahrt. Diese Tour wird wohl selten gemacht. Der freundliche Taxifahrer, der auch ein bisschen Englisch sprach, hat sich bei der Zentrale zweimal nach dem Weg erkundigt. Das Lenken des Fahrzeugs zum Pass hoch beanspruchte ebenfalls seine volle Aufmerksamkeit, so dass ich fast den Eindruck hatte, er wäre noch nie aus Genua raus gekommen. Zumindest nicht in die Berge.

Am Pass angekommen nahm ich die Wanderung jetzt in entgegen gesetzter Richtung auf, als ich seinerzeit in Dezember nach Genua – Pegli gewandert bin. Nach kurzer Zeit kam ich an der E1 – Abzweigung in Richtung Arquata Scrivia vorbei. Danach ging es auf dem Wanderweg AV runter zum Passo dei Giovi. Endlich konnte ich mich vollends der Bewunderung der Natur widmen – die Markierung des Wanderweges selbst ließ keine Wünsche offen. Die Ausblicke auf die Berge zu einen und auf das Mittelmeer zu anderen Seite waren sehr beeindruckend.

Vom Passo dei Giovi ging es erstmal wieder hoch zu einem Pilgerort. „Santuatrio Ns. Signora della Vittoria. Dort befindet sich auch eine „offizielle" AV – Unterkunft. Ein ebenfalls sehr offiziell aussehendes Schreiben verkündete, dass diese, soweit ich es verstanden habe, zwei Wochen zuvor zwangsgeschlossen wurde.

Es ging um Steuern oder ähnliches. Ich ahnte bereits, dass das Unterkunftsproblem im Apennin ein Besonderes ist. Falls man „übliche" Streckenlängen von 20 – 25 km am Tag zurücklegt, hat man dieses bereits bei der Strecke von Arquata Scrivia nach Genua Pegli.

Der Weg stieg weiter an nach Casale di Sella. Ich erreichte nach einem nachfolgenden Abstieg linker Hand Crocetta d'Orero. Dort besteht auch ein Zuganschluss.

An dem nächsten Pass, dem Colle di Creto waren Spaßvögel am Werk. Die Buchstaben an den Richtungsschildnern waren mit viel Mühe so umgeklebt worden, so dass sie exakt falsche Richtungen angaben. Sofern man bereits unterwegs ist, merkt man das natürlich, aber für Neueinsteiger an dieser Stelle könnte sich so eine Modifikation als nicht ganz so witzig herausstellen.

Zunächst ging es auf einem bequemen Weg weiter. Danach wurde die Wanderstrecke etwas schwieriger. Handelte es sich bisher um relativ breite Forstwege, so ging man jetzt auf schmalen Pfaden an mit Gras bewachsenen recht steilen Hängen. Ich fragte mich, ob nach Schweizer Spezifikation es sich dabei noch um weiß – rot – weißen oder bereits um einen weiß – blau – weißen Weg handeln würde. Besonders bei Regen kann das Ganze etwas kritisch werden. Da auch mehrfach der Kamm überschritten bzw. der Weg direkt auf diesem führt, dürfte bei Gewitter der Weg im wahrsten Sinne des Wortes elektrisierend sein.

Ich kam am Nachmittag am Passo della Scofera an , wo es einen Lebensmittelladen gab. Leider weiß ich nicht, ob man dort hätte übernachten können, weil die Füße noch weiter wollten. Es ging zunächst auf einer Straße, dann auf Waldwegen weiter nach oben. Der Monte Lavagnola wurde erreicht. Hier verabschiedete sich der E7 nach links. Ich kam in Barbagelata an. Leider gibt es in diesem Ort keine Übernachtungsmöglichkeiten. Dort befindet sich nur eine unbewirtschaftete Nothütte, die zudem abgeschlossen war. Ich beschloss an die bereits gewanderten 48 km noch maximal 17 km bis zum Passo della Forcella anzuhängen. Unterwegs sollte sich auch noch eine Hütte befinden. Es war allerdings schon spät – in einer Stunde würde es dunkel werden.

Der folgende Weg runter durch den Wald bis zum Passo della Scoglina war schön und schnell. In dieser Gegend waren während des II. Weltkriegs Partisanen aktiv. Davon zeugen einige Denkmäler für diejenigen, die den Faschisten in die Hände fielen und hingerichtet wurden.

Ich hatte fast den Eindruck, dass die Geister immer noch durch diese Gegend umherirren und das Wandern schwer machen. Der AV wird im nächsten Abschnitt sehr wenig begangen. Ansonsten wäre es kaum möglich, dass Laub mehrerer Jahre teilweise wadenhoch auf dem Wanderweg liegt. Da dieser hier nicht begradigt wurde und unter dem Laub teilweise nass war, wurde das Weiterkommen langsam und rutschig.

Ich kam an einer Nothütte im Wald an. Obwohl diese in ca. 1000 Metern Höhe gelegen war, war es hier relativ warm. Von Außen machte das Gebäude einen soliden Eindruck. Leider hielt der Blick nach Innen mich davon ab, auch nur einen Gedanken an ein Biwak hier zu verschwenden. Es gab keine Bretter und der Boden war mit vor sich hin moderndem Gerümpel voll gestellt. Mit welchen Mitbewohnern hier zu rechnen wäre, wollte ich mir lieber nicht vorstellen.

Also weiter auf den Monte Ramaceto, mit 1345 Metern den höchsten Punkt der Tour. Es wurde kälter und es blies ein starker Wind. Der Aufstieg über breite Grasflächen war einfach.

Nach dem Gipfel mit einer Kapelle änderte sich dramatisch das Bild. Der Weg führte über schmale Felsgrate und war besonders im Dunkeln nicht mehr leicht zu begehen. Nach einem Kilometer ging es nach links runter in den Wald. Der Wind hörte seltsamerweise schlagartig auf, als ich in den Wald eintauchte – auch in höheren Lagen.

Durch den Wald mit den Laubproblemen kam ich zu einem Forstweg. Dieser führte zu einer Abzweigung, wo es wieder etwas nach oben zum Passo della Forcella ging.

Ich kam kurz nach Mitternacht an der einsamen Passstrasse an. Weitere 12,5 km zu einer Unterkunft am Lago delle Lame wollte ich mir lieber nicht antun. Ich besaß schließlich keine Informationen über die Untergrundbeschaffenheit. Ich ging also nach rechts runter. Ein von mir angehaltener Geländewagen hielt glücklicherweise.

Das Fahrzeug hatte schon bessere Zeiten gesehen – Lenkung und die Batterie bedurften vorsichtig gesagt einer Inspektion. Der freundliche Fahrer brachte mich ca. zehn Kilometer runter nach Borzonasca, wo ich übernachtete.

Mit dem Wirt eruierte ich die Lage. Ich könnte den sieben Uhr Bus zum Pass nehmen, um dort die Wanderung z.B. über 32 km zum Passo del Bocco fortzusetzen. Abgesehen davon, dass ich kaum zum Schlafen käme, wusste er auch nicht, wann ein Bus vom Passo del Bocco nach Chiavari runter fährt. Da der nächste Tag mein letzter Tag in Italien war, wäre diese Information sehr wichtig gewesen, um abschätzen zu können, ob der Rückflug in Mailand noch erreicht werden kann.

So entschloss ich mich lieber auszuschlafen und den 10 Uhr Bus nach Chiavari runter zu nehmen. Da ich noch in Genua Zeit hatte, fuhr ich mit dem Bus nach Pegli, um ein paar Fotos vom Endpunkt der „Stammstrecke" zu machen. Das war im Dezember aufgrund der Uhrzeit nicht möglich. Anschließend kehrte ich über Mailand nach Hannover zurück.

Weiter auf dem E1 nach Süden?

Ich machte mir bereits Gedanken, inwieweit es für mich möglich sein könnte, dem E1 weiter in Richtung Süden zu folgen. Die von mir zurückgelegten 65 km Strecke auf dem AV sind nach den im Internet vorliegenden Berichten durchaus repräsentativ für die weiteren ca. 640 km nach Castelluccio bei Norcia.

-   Es handelt sich zum großen Teil um Bergwege, die stark wetterabhängig sind.
-   Im Gegensatz zu dem Wegabschnitt Porto Ceresio – Passo della Bochetta, der befriedigend bis katastrophal markiert war, scheint hier die Markierung gut bis sehr gut zu sein.
-   Spätestens der GEA, der sich nach weiteren 65 km an den AV anschließt, und den E1 „übernimmt" ist ein Sommerwanderweg. Abetone, das im weiteren Verlauf am E1 liegt, ist ein Wintersportort. Mitte März 2007 waren noch alle Lifte im Betrieb.
-   Da die gute Markierung des Weges hauptsächlich an Steinen erfolgt, ist der Weg, abgesehen von der Gefahr abzurutschen, nicht begehbar, falls dort Schnee liegt. Man findet ihn dann einfach nicht mehr.
-   Übernachtungsmöglichkeiten befinden sich häufig nicht direkt an den Passstrassen, sondern teilweise einige Kilometer davon entfernt. Hier ist man entweder auf die nur sporadisch fahrenden Busse oder die Hilfe der Mitmenschen angewiesen. Beides birgt ein unkalkulierbares Risiko.
-   Viele der in der Beschreibung des weiteren Verlaufes angegebenen Unterkünfte waren nicht zu erreichen und/oder sind nur in bestimmten Monaten und/oder am Wochenende geöffnet.
-   Einkaufsmöglichkeiten für Tagesverpflegung sind sehr spärlich.
-   Italiener sind grundsätzlich hilfsbereit. Aber ohne wenigstens grundlegende Sprachkenntnisse ist eine Kommunikation sehr schwierig.

Aus diesen Überlegungen heraus bleibt entweder nur Wandern mit Zelt und Schlafsack sowie Verpflegung für zwei bis drei Tage. Diese Variante kam und kommt für mich aufgrund des Gewichts nicht in Frage. Ich wandere immer nur mit einem Tagesrucksack und beabsichtige auch in der Zukunft daran nichts zu ändern.

Eine andere Möglichkeit wäre eine Hilfsperson, die mit dem Auto an den Passstrassen dem müden Wanderer mit Verpflegung versorgt. Am Tagesende kann man sich dann gemeinsam auf die Suche nach einer Unterkunft machen. Meine Frau hat zwar inzwischen ihre Führerscheinprüfung bestanden. Aber sie braucht noch einige Praxis, bis man sie mit mehreren Kindern im Auto guten Gewissens in das Abenteuer italienischer Passstrassen schicken kann. Ich wollte es deshalb noch einmal allein versuchen.

Von Passo della Forcella zum Lago Santo Parmese

Eine weitere Erkundungstour auf dem AV und dem GEA bestätigte meine Überlegungen. Ich fuhr mit meiner Mutter für vier Tage nach Italien. Sie wollte sich Genua anschauen. Nach elf Stunden waren wir in Chiavari, kurz vor zwei Uhr nachts. Um sieben nahm ich den Bus zum Passo della Forcella und begann im Regen meine Wanderung. Die erste geöffnete Einkehr- und Übernachtungsmöglichkeit war nach 32 km am Passo del Bocco. Der Weg bis dorthin war abwechslungsreich, gut markiert und schön. Sogar der Regen hörte auf.

Hier kehrte ich jedoch nur ein, weil ich eine Übernachtungszusage in der weitere 25 km entfernten „Ranch Camilloi" am Passo di Cento Croci zu haben glaubte. Der Weg dorthin war wandertechnisch schwieriger als der am Vormittag zurückgelegte. Ich kam erst in der Dunkelheit gegen 22 Uhr am Pass an und suchte die Pension in falscher Richtung. (Die richtige Richtung ist rechts die Straße runter, vom Norden kommend aus gesehen.) Die Wirtin hat mich erst nach einer zehnminütigen Unterhaltung rein gelassen, sie hätte mich telefonisch so verstanden, dass ich wegen eines anderen Termins angerufen hätte. Immerhin gab es außer der Übernachtung noch etwas zu Essen und zu Trinken.

Am nächsten Tag kam es noch schlimmer. Aber der Reihe nach. Zunächst fing ich mal wieder sehr früh mit dem Wandern an. Die Überlegung in Italien ist weniger Geld zu sparen als eher die, dass je schneller man unterwegs ist, desto weniger Übernachtungen mit den damit verbundenen Suchproblemen benötigt werden. Wie wahr!

Die ersten 35 km bis zum Passo die Due Santi (1392 m) über den Foce die Tre Confine waren kein Problem. Da ich bereits zu Mittag hier ankam, beschloss ich, weiter zu gehen. Der AV endet hier endgültig, nachdem er bereits ab Foce die Tre Confine AV2 als Verbindungsweg AV – GEA hieß.

Der GEA wird nachdem er zunächst wie der AV vorwiegend im Wald verlief zu einem Bergweg. Nicht exponiert aber aufgrund der Neigung und

Bodenbeschaffenheit nicht mehr so schnell zu gehen. 11 km weiter am Passo del Bratello (953 m) kann man zwar etwas essen, aber nicht übernachten. Für diese 11 km habe ich fast drei Stunden gebraucht. Kein gutes Zeichen. Ab hier wurde der GEA übrigens als Kammweg mit 0-0 markiert. Zweites schlechtes Zeichen.

Also weiter einen lang gezogenen 500 m Anstieg zu Fontana del Gaiardo (1432 m), um an einer unbewirtschafteten Schutzhütte weitere zwei Kilometer zum Passo della Cisa in 1039 Metern Höhe abzusteigen. Wie schon eine Hütte im ersten AV – Abschnitt verdiente auch diese Hütte das Prädikat „unbewohnbar".

Am Pass war alles verschlossen und verrammelt. Vermutet hatte ich das schon, meine Anrufversuche bei dem einzigen Hotel hier blieben ja unbeantwortet. Ich rief die Berghütte am Lago Santo Parmese an und siehe da. Kein Problem zu übernachten. Leider aber noch 20 km und einige Berge von mir entfernt. Und was für welche!

Die erste Hälfte der 20 km legte ich noch bei Tageslicht zurück. Dann wurde es dunkel, so dass ich kurz vor dem Passo del Cirone (1255 m) den Wanderweg verloren habe. Dazwischen habe ich am Monte Fontanini bereits eine Höhe von 1399 Metern erreicht.

Jetzt wurde es ganz dunkel und der GEA (E1) begann nicht nur einen weiteren 500 - Meter - Anstieg, sondern wurde jetzt endgültig zu einem Bergweg. Obwohl im Wald war er teilweise so schmal, dass hier Fixseile angebracht waren. Wobei manche nicht den Eindruck erweckten, als hielten sie im Notfall. Nichts für bequeme deutsche Sonntagswanderer.

Ich kam immer höher. Endlich eine Abzweigung nach links zum Lago Santo Parmese. Ich stieg ab und stand nach 15 Minuten vor dem Nichts. Keine Fortsetzung des Weges sichtbar. Also fluchend wieder zurück hoch. Weiterer Aufstieg bis zur Baumgrenze. Hier lag noch etwas Restschnee. Der dunkle, kalte und zu einer Seite stark exponierte Gipfel des Monte Orsaro (1831 m) war erreicht.

Weder die Hütte noch der See sind in irgendeine Richtung zu sehen. Inzwischen ist es 23 Uhr geworden. Der Abstieg weiter ist gut markiert jedoch aufgrund der Dunkelheit und des starken Windes nur sehr langsam zu bewältigen.

Ich kam gegen Mitternacht an eine Abzweigung. Geradeaus zieht der GEA (0-0) weiter hoch zum nächsten Gipfel (Monte Aquila, 1780 m), nach links soll es runter zum Lago Santro Parmese gehen. Halbe Stunde später komme ich an der Nothütte Capanna Schiaffino in 1600 m Höhe vorbei. Da ich nicht weißt wie weit es noch zum Lago Santo Parmese ist, verbringe ich hier eine recht kalte Nacht.

114

Am nächsten Morgen wanderte ich zurück zur Abzweigung und freute mich schon, die nächsten zwei Tage richtig weit zu kommen. Der direkt am Kamm führende Wanderweg hat eine große Anzahl von Kreuzen aufzuweisen, die an abgestürzte oder von Blitz erschlagene Wanderer erinnern. Das Wetter ist aber noch gut. So passierte ich Monte Aquila (1780 m), Passo delle Guadine (1680 m), sowie Monte Brusà (1796 m) ohne Probleme. Der E1 steigt jetzt an der nördlichen Flanke des Berges über Fontane del Vescovo (1706 m) zum Passo di Badignana (1685 m) ab.

Als ich um eine Ecke wanderte kam mir plötzlich sehr kalte Luft entgegen. Die Ursache war nach weiteren 100 Metern klar ausgemacht – der weitere Weg führte über ein ausgedehntes, geneigtes Schnee- und Eisfeld, das mir Mitte Mai bösartig entgegenglitzerte. Umgehen unmöglich. Durchqueren zu gefährlich.

Was blieb da übrig, als bis zu der letzten Abzweigung zum Lago Santo Parmese zurück zu wandern, dort aus lauter Frust ein ausgedehntes Frühstück zu sich zu nehmen und mit der Seilbahn die Berge zu verlassen. Der idyllisch gelegene Lago Santo Parmese mit der Wanderhütte wird wohl länger der südlichste Punkt meiner E1 – Wanderung bleiben.

Die Rückfahrt nach Chiavari dauerte wegen schlechter Busverbindungen fast den ganzen restlichen Tag. Wir kehrten einen Tag früher als geplant nach Hannover zurück und wanderten mit der ganzen Familie auf dem E1 ... zum Annaturm.

Weiter auf dem E1 in den Norden?

Der E1 ließ mich jedoch nicht los. Wie im Internet vermeldet wurde, wurde der E1 in Dänemark endlich komplettiert.

Der dänische E1 war bisher ausgehend von Viborg auf dem Heerweg bis nach Flensburg definiert. Eigentlich sollte der Wanderweg jedoch in Grenå beginnen, weil dort die Fähre aus Schweden / Varberg anlegt.

Die dänische Wandervereinigung hat im Jahre 2006 den Streckenabschnitt Grenå – Århus, den sog. Molweg markiert. Der Weg stellt sich damit wie folgt dar.

Der E1 in Dänemark			
Wanderweg:	Startpunkt:	Zielpunkt:	Distanz (km):
Molweg	Grenå	Århus Nord	80
ohne Markierung	Århus Nord	Århus West	5
Århus-Silkeborg	Århus West	Skanderborg Ost	26
ohne Markierung	Skanderborg Ost	Skanderborg West	10
Århus-Silkeborg	Skanderborg West	Silkeborg	43
ohne Markierung	Silkeborg	Hærvejen	12
Hærvejen	westlich von Funder	Padborg	220
Gerdarmenpfad	Padborg	Flensburg	10
		Gesamt:	406

Damit ist der dänische E1 von der Länge am ehesten mit der Schweiz vergleichbar. Natürlich nicht, was die Höhenunterschiede angeht.

Auf nach Skandinavien (Göteborg – Flensburg)

Nach Varberg gelangt der E1, der in Schweden „Europaled 1" heißt, von Grövelsjön, dem derzeitigen offiziellen Beginn über eine Reihe von zusammenhängenden lokalen Wanderwegen:

Der E1 in Schweden			
Wanderweg:	Startpunkt:	Zielpunkt:	Distanz (km):
südlicher Kungsleden	Grövelsjön	Sälen	180
Vasaloppsleden	Sälen	Mora	90
Siljansleden	Mora	Leksand	70
regionale Wege	Leksand	Kloten	120
Bergslagsleden	Kloten	Stenkällegârden	260
Västra Vätterleden	Stenkällegârden	Mullsjö	150
regionale Wege	Mullsjö	Åsarp	30
Redvägsleden	Åsarp	Ulricehamn	50
Sjuhäradsleden	Ulricehamn	Borås	40
Knalleleden	Borås	Hindås	45
Vildmarksleden	Hindås	Göteborg (Skatås)	38
Bohusleden	Göteborg (Skatås)	Blåvättnerna	27
Hallandsleden	Blåvättnerna	Åkulla	89
Verbindungsweg	Åkulla	Varberg	21
		Gesamt:	1210

Erster Wandertag in Schweden (Göteborg – Fjärås)

Ich habe mir Ende Mai ein paar Tage frei genommen, um den E1 in Schweden und Dänemark „anzutesten". Als „Einstigspunkt" wählte ich Göteborg. Der Streckenabschnitt von Göteborg nach Varberg verläuft zwar im Wald. Es gibt aber Verbindungswege zu Orten sowie Hauptstraßen.

Ich fuhr mit dem Auto nach Grenå und parkte dort auf dem kostenlosen Kundenparkplatz der Fährlinie. Mit der Nachtfähre setzte ich nach Schweden über. Nur 45 Minuten ging es mit dem Zug nach Göteborg.

Hier stellte sich die Frage wie ich zum Ausgangspunkt komme. Der liegt im Ortsteil Sktås. Da Karfreitag um acht Uhr früh das Touristenbüro am Hauptbahnhof noch geschlossen war, half nur zu fragen. Es fiel sofort auf, dass die Verständigung in Englisch hier viel besser möglich war als in Italien. Dafür war es eiskalt.

Die Straßenbahn Nr. 5 in Richtung Skatås (Endhaltestelle Torp) fährt nicht direkt vom Hauptbahnhof, sondern von einer ca. 400 Meter westlich gelegenen Haltestelle Brunnparken. (57°42'25.65"N, 11°58'4.01"E) in der Östra Hamngatan ab. Ausstieg ist dann die Haltestelle Welandergatan. (57°42'21.02"N, 12° 1'27.48"E) Hier befindet sich auch ein an Feiertagen länger geöffneter Supermarkt. In der Nähe ist auch eine Jugendherberge, wobei man beachten muss, dass in Schweden nicht alle Jugendherbergen ganzjährig geöffnet sind. Nach Skatås geht es dann ca. 1 km auf dem Skatåsvägen. Ich wanderte zunächst kurz nach Osten, dann nach Süden hoch und zum Schluss wieder nach Osten, bis ein Sportzentrum erreicht wurde. (57°42'15.22"N, 12° 2'9.81"E) Hier stehen u.a. schon Informationstafeln zu dem vom Nordosten aus Hindås kommenden Vildmarksleden und zu dem nach Süden ziehenden Bohusleden. Der eigentliche Punkt, wo diese Wanderwege sich treffen befindet sich noch ein kleines Wegstück weiter südöstlich. (57°42'11.21"N, 12° 2'21.15"E)

Die alle Verbindungen ohne Probleme geklappt haben, konnte ich bereits um zehn Uhr morgens mit dem Wandern beginnen. Es ging zuerst in südliche Richtung. Was mir sofort aufgefallen war, dass der Wanderweg hier gut markiert war. Kein Vergleich mit Italien. Jede 100 Meter, teilweise sogar häufiger, waren an den Bäumen orangene Punkte aufgemalt. Es gab auch Pfosten mit der Aufschrift „Bohusleden" sowie alternativ oder zusätzlich zu der Farbe an den Bäumen angebrachte orangene Ringe. Ich glaubte schon fast, mir die Wanderkarten, die man übrigens auch in Deutschland in den darauf spezialisierten Buchhandlungen problemlos für ganz Schweden bekommt , umsonst gekauft zu haben.

Ich kam weiter durch den Sportpark an einer Skisprungschanze ohne Schnee vorbei. Kurz danach ging zu leicht nach Südwesten zum ersten See auf dieser Tour, dem Delsjön. Eigentlich war der Weg dorthin wegen Bauarbeiten an der wunderschön durch den See verlaufenden Brücke gesperrt. Das störte aber weder mich noch einige Radfahrer, diese leicht klappernde Brücke trotzdem zu nutzen. Aufgrund der Jahreszeit konnte ich die herrliche Landschaft ohne Mücken genießen.

Nach Überquerung der Nationalstraße 40 nach Borås kam ich ins Grübeln. Hätte ich nicht etwas nördlicher anfangen sollen? Die Landschaft so schön, das Wetter so gut, der Weg so einladend. Ich bin früher noch nie in Schweden gewandert, deshalb habe ich mich für ein wie ich meinte „zivilisationsnahes" Teilstück des E1 hier entschieden. Das Desaster in den Great Smoky Mountains war zwar schon sehr lange her, aber immer noch lebendig genug, um nicht gleich am 62. Breitengrad in Grövelsjön anzufangen!

Ein kurzes Stück auf einer Asphaltstraße und schon ging es nach rechts hoch. Es handelte sich hier jetzt um einen Wanderweg, den ich in Schweden erwartet hatte. Es ging Natur belassen durch eine Fels- und Moorlandschaft. Nasse Stellen wurden zwar durch Stege überbrückt, teilweise waren diese aber schon so weit eingesunken, dass man sich mit nicht bis über Knöchel reichenden Schuhen nasse Füße holen konnte.

So kam ich nach insgesamt ca. 8 km an einen schön zwischen den Seen Stensjön und Radasjön gelegenen Vorort von Mölndal mit der Bushaltestelle Kristineda. Von hier besteht auch eine regelmäßige tägliche Busverbindung nach Göteborg. Kurz nach Stensjön kommt man an einem Schloss mit Park vorbei.

Wie es sich für solche Sehenswürdigkeiten gehört, müssen lokale Wanderwege her. Sonntagswanderer wollen schließlich auch versorgt werden. Diese waren hier besser markiert als der Bohusleden und man konnte hier leicht der Versuchung erlegen, an einer Stelle wo dieser nicht markiert war, der roten Raute nach links zu folgen. Der Bohusleden macht aber an dem Schloss nur einen Knick nach rechts in südliche Richtung. Dieser folgt er auch zu einer Bahnunterführung, um die Schlossgespenster möglichst schnell hinter sich zu lassen.

Ich kam später an einer Windschutzhütte (schwedisch: vindskydd) vorbei. Diese zu einer Seite offenen Hütten befinden sich an allen schwedischen Fernwanderwegen und können zum Übernachten genutzt werden. Es erinnerte mich wieder mal an den Appalachian Trail. Ich kann mich persönlich für diese Art der Übernachtung und vor allem die damit auch verbundene Notwendigkeit, zumindest den Schlafsack mitzuschleppen, nicht erwärmen. Von hygienischen Bedenken ganz abgesehen.

In Kållered waren dann schon 17 km geschafft. Ich verlief mich hier kurz, weil wegen einer Baustelle die Schilder entfernt waren. Man muss nach dem Sportplatz nach links in westliche Richtung gehen. Eine Wanderkarte ist also schon ganz hilfreich. Im Gegensatz zu einigen italienischen sind in den schwedischen die Wanderwege auch eingezeichnet. Von Kållered besteht auch eine regelmäßige Busverbindung nach Göteborg.

Den sehenswerten See Tulebosjön halb umrundend aber der Straße folgend kam ich nach Aspås. Hier wird auch ein Gelände eines Bogenschützenvereins überquert. Vor den dazugehörigen Sportgeräten wird auf großen Tafeln gewarnt! Es ging weiter nach Sinntorp. Das ist ein Vorort von nur ca. 3 km entferntem Lindome. Die Bushaltestelle hier heißt Bunketorp, der Verkehr ist jedoch nur an Werktagen regelmäßig. Kurze Zeit folgte der Bohusleden einem abends beleuchteten Trimmpfad. Das waren außer Straßen und Orten die einzelnen Stellen, wo ich andere Menschen gesehen habe. Ich habe den ganzen Tag nur einen Wanderer getroffen. Nach 27 km seit Skatås erreichte ich Blåvättnerna. Das ist eine Stelle, an der der Bohusleden endet und der Hallandsleden beginnt. Ansonsten ist hier ein schöner See mit einer Windschutzhütte. Blåvättnerna ist kein Ort nur ein Platz. Würde man es nicht besser wissen, dann käme man gar nicht auf die Idee, dass dieses idyllisch gelegene, einsame Plätzchen es immerhin auf 16 Einträge im Internet bringt.

Der Hallandsleden setzte die südliche Richtung des Bohusledens fort. Im Übrigen noch gar kein Hinweis auf den E1. Die nächsten 12 km nach Stensjön folgt der Hallandsleden hier im Nadelwald hauptsächlich der mächtigen Göteborgsmoräne. An dem See Stensjö erreichte ich den Ort Hjälm. Nur noch 5 km nach Fjärås. Dort hoffte ich, eine Übernachtungsmöglichkeit zu finden, weil es sich um einen größeren Ort handelte. Leider hatte in dieser Gegend ein Sturm gewütet. Für eine Strecke von ca. einem Kilometer brauchte ich wegen der umgestürzten Bäume mehr als eine Stunde. Ich muss meine Schwelle, aufzugeben tiefer legen. Im Nachhinein erinnerte meine Kampf mit den umgestürzten Bäumen doch ein wenig an den Great Smoky Mountains NP.

Nach Besichtigung der Ruinen einer alten Siedlung ging es dann zunächst recht zügig in Richtung Süden. In kam jedoch wieder mal an eine Stelle, wo ein Sturm gewütet hatte. Hier waren die Bäume schon aufgeräumt, die übrig gebliebenen Äste sowie der aufgeweichte Grund erschwerten sehr das Vorankommen. Positiv für die Holzfäller muss ich erwähnen, dass einige Baumstämme stehengelassen wurden, an denen dann die Wegmarkierung angebracht war. Leider haben sie das wohl nicht durchgehend durchgehalten, so dass ich an einem östlich statt an einem westlich von Fjärås gelegenen Weg rauskam. Aufgrund der fortgeschritten Uhrzeit und der damit verbundenen Dunkelheit und Kälte setzte ich den Weg dorthin auf dem kürzesten Weg fort.

Ich kam an einer Pizzeria an und erkundigte mich nach einer Übernachtungsmöglichkeit in diesem Ort. Der Wirt eröffnete mir, dass sowohl der Campingplatz als auch die „Bed & Breakfast" – Angebote noch geschlossen hätten. Vorsaison bis Ende April. Wir kamen ins Gespräch. So konnte ich in Schweden auch einige Brocken Italienisch „an den Mann bringen". Ich erzählte ihm, dass ich auch schon in Italien auf dem E1 gewandert wäre, das Klima dort hätte mir besser zugesagt. Die Markierungsqualität zwischen Gavirate und Passo della Bochetta erwähnte ich vorsichtshalber nicht. Ja, er würde sich auch immer nach der Sonne seiner Heimat sehnen. Da an einem Feiertag der Bus zwischen Fjärås und Kungsbacka nicht verkehrt bot er mir an, mich zu einem Hotel in Kungsbacka hin und am nächsten Morgen wieder zurück zu bringen. Ich nahm dankend an. Während die Kosten für das Abendessen nicht wesentlich über denen in Deutschland lagen, kostete das Mittelklassehotel in Kungsbacka umgerechnet stolze 87,- EUR!

Zweiter Wandertag in Schweden (Fjärås - Veddige)

An nächsten Morgen wurde ich wieder zurückgefahren, frühstückte in der Pizzeria und setzte die Wanderung auf dem Hallandsleden von Fjärås in südliche Richtung fort. Zunächst ging es ganz nahe an dem See Lyngern vorbei, einem der größeren Seen der Region.

Danach nach rechts runter durch das Fjärås bräcka. Das ist ein Naturschutzgebiet. Der Sprung ist 77 Meter hoch und wurde vom Inlandseis vor mehr als 12000 Jahren gebildet. Nach Erreichen der unteren Straße auf diese nach links und kurz danach wieder auf einen nur mit Naturreservat markierten Feldweg nach links, um wieder die obere Straße zu erreichen. Hier erreicht die Markierung wieder die gewohnte hohe Qualität.

Auf Waldwegen und einsamen Höfen vorbei wird der Weiler Askhult erreicht. Kurz davor befindet sich wieder eine Windschutzhütte. Da geschahen noch Zeichen und Wunder. An einer Abzweigung stand „Europaled 1", also Europäischer Wanderweg 1. Es sollte aber die einzige Erwähnung des E1 in der Natur zwischen Göteborg und Varberg bleiben. Fairerweise muss man aber sagen, dass in der Hallndsledenbroschüre der E1 angegeben ist.

Weiter immer etwas auf und ab, teils im Wald, teils über offene Fläche wanderte ich in südöstliche Richtung, bis am See St. Hornsjön zunächst eine Windschutzhütte und dann eine Abzweigung nach Stättared erreicht wurde. Wenn Sie weiter wollen, dann folgen Sie nicht dem verdrehten Wanderwegweiser. Dieser bringt Sie nach rechts nach Stättared wo sich auch eine Jugendherberge befindet. Der Hallandsleden führt nach links in südliche Richtung weiter.

Den See umgehend wendet sich der Wanderweg in östliche Richtung, bis eine Straße erreichend die nördliche Richtung eingeschlagen wird. (57°19'19.98"N, 12°21'10.22"E) Knapp zwei Kilometer später wird die Hauptrichtung Richtung Süden wieder eingenommen. (57°19'55.75"N, 12°22'25.46"E) Der See St. Hornsjön wurde nun ausführlich besichtigt. Weiter nach Süden, an dem See Kroksjö und später dem See Arsjöarna geht es durch eine Moorlandschaft. An dem letzten See können die Reste einer historischen Steinbrücke besichtigt werden.

Das Wetter verschlechterte sich zusehends. Ich erreichte im Regen bei Järlow eine Bahnstrecke. Dort kam mir ein Regionalzug von Varberg nach Borås Central entgegen. Vielleicht nehme ich ihn mal, um die Strecke Borås – Göteborg zu wandern? Vordringlicher war jedoch nach 40 km angesichts der Witterung das Anliegen, eine Übernachtungsmöglichkeit zu finden.

Der Hallandsleden kreuzt bei einem riesigen Betonwerk eine Straße mit einer Bushaltestelle. Am Wochenende gibt es aber keinen Busverkehr hier. Ich verließ also den Wanderweg hier und ging der Straße entlang zwei Kilometer nach Veddige.

An einer Tankstelle erkundigte ich mich nach Übernachtungsmöglichkeiten. Nach einigen Telefonaten fand sich ein Bed & Breakfast – Anbieter bereit, mich abzuholen. Trotz der Vorsaison. So kam ich an einer Farm unter, die „Ferien auf dem Bauernhof" anbietet. Immerhin nur die Hälfte des Hotelpreises in Kungsbacka bezahlt und ein Frühstück bekommen.

Der Besitzer arbeitet auch in der Jugendherberge Stättared. Dort hätte ich aber nicht übernachten können. Die Pfadfinder wären jetzt da. Sie würden im Wald etwas Ähnliches wie „geocaching" betreiben, nur eben traditionell. Ohne GPS, mit Kompass und Karte. Wie es sich eben für anständige Pfadfinder gehört. Den Amerikanern könnte man schließlich nicht trauen oder sich von ihnen abhängig machen. Ganz meine Meinung. Man sollte mit Karten anfangen. Als „senior hiker" kann man sich dann aber etwas Luxus erlauben.

Dritter Wandertag in Schweden (Veddige - Åkulla)

Am nächsten Morgen bekam ich noch die Möglichkeit, die Jugendherberge doch noch sowohl von außen als auch von innen zu besichtigen. Ich äußerte die Befürchtung, die Abzweigung nach Varberg verpassen zu kennen, weil diese auf der 1:100.000 – Karte nicht ganz klar zu identifizieren war. Es gibt in Schweden natürlich auch 1:50.000 – Karten. Aber für meine Strecke hätte ich statt zwei sieben Karten gebraucht. Bei Preisen von über 10,- EUR pro Karte nicht nur eine Gewichts-, sondern auch ein finanzielle Belastung. So kam ich noch zu einer kostenlosen, offiziellen Hallandsleden – Broschüre, in der die Abzweigung nach Varberg auf den enthaltenen Karten deutlich mit „Europaleden E1" gekennzeichnet war.

Um zu dieser zu kommen mussten noch viele Kilometer bewältigt werden. Nachdem mein Gastgeber mich wieder bei dem Betonwerk abgesetzt hatte, ging es erstmal nach Osten auf der Straße und kurz danach nach Süden an einem Steinbruch hoch. Kurz an einer nicht eindeutigen Abzweigung nach rechts (57°16'30.66"N, 12°22'41.91"E) waren auf der linken Seite die Bauelemente zu „bewundern", die die Endkontrolle des Betonswerks wohl nicht bestanden haben.

Ich passierte einige gut gekennzeichnete Abzweigungen auf Feldwegen. Trotz des Regens konnte man recht weit sehen, es ging über größtenteils offene, landwirtschaftlich genutzte Flächen. Ich passierte eine Rastplatz- und Windhüttenabzweigung (57°15'34.65"N, 12°22'41.29"E) nach Dranstugan und kurz später eine historische alte Wassermühle in Ulvatorp (57°15'31.64"N, 12°22'41.76"E) Nun ging es an einem Bachlauf ansteigend im Wald. Man hat gesehen, dass es in der Nacht geschneit hatte.

Fünf Kilometer später kam ich an eine asphaltierte Straße und bog auf dieser nach links in östliche Richtung ab. (57°14'56.80"N, 12°26'57.29"E). Der Weiler Grimmared war erreicht. In diesem Bereich fehlt die Markierung. An der nächsten Wegabzweigung also weiter geradeaus gehen, bis die Straße in südöstliche Richtung verlassen wird. (57°15'17.74"N, 12°27'57.24"E) An einer Kunstinstallation im Wald, die aus bunt dekorierten Bäumen mit hängenden Buchstaben bestand, wanderte ich dann weiter.

Vier Kilometer später wird eine unglücklich markierte Abzweigung des Viskanstigs passiert. (57°15'24.92"N, 12°30'58.08"E) Dieser Wanderweg geht hier scharf links ab. Der Hallandsleden setzt sich geradeaus nach Süden fort. Erst ca. 200 Meter später folgt eine gut markierte Abzweigung nach Süden. Ich erreichte einen Weiler mitten im Wald.

Nach weiteren fünf Kilometern kam ich an der Kölereds Heide an, in der 1612 Dänen und Schweden im Kalmarkrieg gegeneinander kämpften. Meine Feinde waren harmloser – nur umgestürzte Bäume, zum Glück nicht so viele wie am ersten Tag. Eine Fahrstraße wurde erreicht auf der es an dem See Stora Neten vorbei bis kurz vor dem Weiler Nösslinge ging. Vor der Brücke dann nach rechts. Zuerst am See, dann links hoch gehend wurde die Windschutzhütte Gällarpesjön erreicht. Danach weiter nach Süden auf einem etwas schwierigen Pfad zwei Seen östlich umgehend wurde die Fahrstraße nach Varberg überquert.

Weiter nach Südosten und dann Süden gehend erreichte ich wieder eine Stelle an der ein Kettensägenmassaker stattgefunden hatte. Hier wurden alle Bäume erlegt. Deshalb dauerte das Finden des Weges hier länger als sonst. Ich konnte die eigentlich für den Abend gebuchte Fähre nicht mehr erreichen. Also rief ich bei der Hotline an. Umbuchung sollte ja kostenlos möglich sein. Wegen des Feiertages wurde für Notfälle eine Nummer angesagt, jedoch so schnell, dass ich um diese aufschreiben zu können, noch zweimal anrufen musste. Der Mitarbeiter, den ich nachher am Ohr hatte, wollte mich erstmal mit dem Hinweis abwimmeln, er wäre für die Fähre Varberg – Grenå gar nicht zuständig, führte aber dann die Umbuchung auf den nächsten Tag durch.

Da es wieder mal stärker regnete, freute ich mich darauf, bei Åkulla in Knutsböke zu übernachten. Dort sollte es einen Campingplatz mit Hütten sowie eine Jugendherberge geben. Das Schlussstück führte an den See Yasjön. Kurz vor Knutsböke erreichte ich ein richtiges Wanderwegkreuz. Ich kam von Norden auf dem Hallandsleden. Der E1 geht von hier aus nach Westen nach Varberg. Der östliche Hallandsleden wird entlang des südlichen Ufers des Sees Yasjön nach Osten geführt und passiert nach einem knappen Kilometer Knutsböke. Der westliche Hallandsleden geht nach Süden. Ich wandte mich also nach Osten zu Knutsböke und stellte dort fest, dass alles zu Ostern geschlossen war.

Ein freundliches Wandererehepaar nahm mich nach Varberg mit. Sie praktizierten die Wandervariante, die ich für die Zukunft auch vorhabe. Sie fahren zum Startpunkt, er wandert und sie holt ihm, nachdem sie in der Start- und in der Zielumgebung jeweils ein paar Kilometer gewandert ist, am Zielort wieder ab. Im Hinblick auf mein GPS – Gerät wollte der Mann wissen, wie viele Kilometer ich, und wie viele er heute gewandert wäre. Da er „meine" Strecke gelaufen ist, nur später, nämlich bei Nösslinge eingestiegen ist, ließ sich das leicht feststellen. Nur dass er mit meiner Antwort, dass es nicht mehr als 18 km gewesen sein können, überhaupt nicht glücklich wurde. Seine Frau meinte, er hätte ihr was von 30 km erzählt, und wenn er den ganzen Tag nur noch 18 km zustande bringt, sollte er damit aufhören.

Vermutlich war seine daraus resultierende Verärgerung daran schuld, dass er mich bei einem der teuersten Hotels in Varberg abgesetzt hatte. Aufgrund des Starkregens sah ich mich außerstande, noch was anderes zu suchen, zumal ich wegen seiner langsamen Fahrweise etwas ausgekühlt bin. GPS kann schon tödlich sein. Nicht nur für irakische Truppen. Auch für schwedische Ehen.

Etwas Positives konnte ich dem Hotel außer diversen Kabelkanälen abgewinnen. Es gab nicht nur ein Frühstücks-, sondern auch ein Abendbüffet. Nach über 40 km Wandern war das auch nötig.

Vierter Wandertag in Schweden (Åkulla - Varberg)

Am nächsten Morgen stellte ich fest, dass es am Feiertagen keine Busverbindung nach Åkulla / Knutsböke gibt. So machte ich eine der teuersten Taxifahrten meines Lebens. Etwa 50,- EUR für 21 km.

Der Wanderweg nach Varberg folgte von Knutsböke immer in westliche Richtung gehend zunächst längere Zeit einer stillgelegten Bahnlinie. In Åkulla / Knutsböke kann man an dem ehemaligen Stationshaus noch die Entfernungen nach Varberg bzw. Ätran sehen. Auch das Stationshaus in Grimeton ist noch erhalten. Weiter

124

westlich gibt es einen guten Blick auf die etwas südlich befindliche Grimeton Radio Station, über die besonders im zweiten Weltkrieg Verbindungen in die USA hergestellt wurden.

Die Autobahn E40 wurde überquert (57° 7'1.41"N, 12°19'33.35"E) Einem schönen Feldweg weiter folgend wurde eine Stelle erreicht, an der es in das Industriegebiet nach links in südliche Richtung ging. (57° 7'2.12"N, 12°17'49.07"E) Da gab es sogar eine Firma, die nicht nur mit Wärmepumpen, sondern auch mit Klimaanlagen handelte. Bei der Kälte konnte ich mir nicht so recht einen großen Bedarf vorstellen. Aber wie heißt es so schön: „Ein guter Vertriebsmann verkauft einem Saudi eine Heizung."

Nach Überquerung des in Nord – Süd laufenden Österledens (57° 6'52.46"N, 12°17'28.44"E) ging es in westliche Richtung einen schönen Spazier- und Joggingweg entlang. Ein Linksbogen über einen kleinen Hügel (57° 6'54.62"N, 12°16'35.22"E) führte zu einer größeren Straße, die unterquert wurde. (57° 6'41.03"N, 12°16'9.72"E). In südliche, dann südöstliche (57° 6'38.02"N, 12°15'31.56"E) und dann wieder südliche Richtung (57° 6'34.00"N, 12°15'21.37"E) erreichte ich den Bahnhof von Varberg. Ich habe die Erfahrung gemacht, für die Strecke, die ich mit dem Zug 45 Minuten gebracht habe, auf einem schöneren und längeren Weg dreieinhalb Tage und 137 km unterwegs gewesen zu sein.

Der Weg zum Hafen geht auf der Västra Vallgatan, und danach über die Bahn nach Westen. Die Markierung endet ein paar Meter vor dem Wasser. Leider sind die Schilder in Varberg nicht vandalensicher. Einige waren bereits verdreht. In der Varberger Burg befindet sich auch eine Jugendherberge. Nur in der Saison geöffnet.

Nach den grundsätzlich guten Erfahrungen mit dem Ausschilderung, Kartografie sowie Mitmenschen in Schweden war ich gespannt, wie der E1 in Dänemark so aussieht. Negativ war in Schweden das Wetter sowie die fast nicht vorhandene Infrastruktur entlang des Wanderweges.

Erster Wandertag in Dänemark (Grenå – Studstrup vor Århus)

Die abendliche Fährüberfahrt verlief ohne Probleme. Kurz nach Mitternacht war ich dann wieder in Dänemark. Die Autofahrt nach Århus verhieß nichts Gutes für die Streckenlänge. Es waren 62 km. In Århus suchte ich mir eine ruhige Anliegerstraße und schlief noch viereinhalb Stunden im Auto. Gut dass ich schon auf der Fähre etwas geschlafen habe. Kurz nach fünf Uhr früh ging dann mein Zug zurück nach Grenå. Hier hatte ich erstmal einen über drei Kilometer langen Marsch zur Fähre zu absolvieren. Ich hielt Grenå für einen kleineren Ort, deshalb bin ich nicht auf die Idee gekommen, einen Bus zu nehmen.

Am Fähranleger gibt es im Gegensatz zu Varberg keinen Hinweis auf den E1 oder irgendwelche anderen Wanderwege. (DK 1) Ich begab mich zur Brücke über den Fluss Grenaen, (DK 2). Noch ein kurzes Stück auf der Straße und schon war ich am Beginn der der Markierung der Molsrute. (DK 3) An dieser Stelle wurde auch der E1 mit dem aktuellen Startortort in Schweden, in Grövelsjön und dem Endpunkt in Italien, in Castelluccio angegeben.

Während die Molsroute festgelegt ist, ist die Markierung nicht durchgehend. Bei Ortsdurchquerungen bzw. längeren geraden Strecken hört die Markierung bisweilen bis zu zwei Kilometer auf. Auf diesem Grund habe ich mich entschlossen, auch für Dänemark bis zum Heerweg Waypoints zu veröffentlichen. Nach dreihundert Metern (DK4) dann rechts halten. Kurz danach links halten in eine Ferienhaussiedlung. (DK5) Die bunten Häuser vermitteln hier etwas Karibik – Gefühl. Leider liegen die Temperaturen auch im Sommer zehn bis zwanzig Grad niedriger. Es geht immer parallel zum Strand, zunächst weiter nach Süden (DK6), dann leicht nach Südosten schwenkend. (DK 7) Hundert Meter weiter nach links und dann nach rechts, und den Dünenverlauf weiter folgen. (DK 8)

Die Küste konnte auf dem weiteren Weg ausgiebig bewundert werden. Ein einsamer Strand hier. Lud geradezu zu einem hüllenlosen Bad ein, um beim Weiterwandern nicht die nassen Sachen tragen zu müssen. Das wäre in Dänemark auch generell erlaubt. Das Wetter sprach an diesem Tag leider dagegen. Drei Kilometer weiter überquerte ich einen Priel auf einem kleinen Steg. (DK 9) Ich folgte weiter dem Strandverlauf. An einem Steilküstenabschnitt (DK 10) könnte es beim Sturm eng werden. Einen Plattenweg (DK 11) erreichend folgte ich weiter dem Strandverlauf und kam an einem Priel mit Informationstafeln an. (DK 12) Es ging weiter ein Werksgelände an der Landseite umgehend, (DK 13-DK 15) nach Südwesten.

Im weiteren Verlauf wird ein dritter Priel auf einer Brücke überquert. (DK 16) Kurz danach nach links (DK 17) und dann wieder rechts. Der Weg verlief jetzt wieder näher zum Strand. (DK 18) An einem Baumtisch vorbei (DK 19) wird ein größerer Campingplatz (DK 20) erreicht. Hier nach rechts und dann am Zaun nach links (DK 21), bis die Rezeption erreicht wird. (DK 22) Dieser Campingplatz (Rugård Camping, http://www.rugcamp.dk, Rugårdsvej 4, 8400 Ebeltoft, Telefon 86 33 60 25, Fax. 86 33 60 25) ist eine der wenigen Übernachtungsmöglichkeiten in diesem Streckenabschnitt des E1.

Als ehemaliger Marathonläufer gab ich mich natürlich nicht mit den 20 km zufrieden und marschierte nach rechts in den Rugårdsvej. Hier wird für viele Kilometer der Strand verlassen; das Wandern fällt wieder etwas leichter. Dem

Forstweg folgt man in westliche Richtung, bis an der Abzweigung zum Campingplatz die Straße nach links, nach Süden weiter befolgt wird. (DK 103) An einem Hof geht es kurz danach nach rechts. (DK 104) Die Landschaft ist so hügelig, dass die nächste Abzweigung nach links sogar Bjergvejen heißt. (DK 105) Diesem Weg folgte ich jetzt an einem Hof (DK 106) weiter, bis der Hulgaden erreicht wurde. (DK 107)

Kurz danach zeigte sich ganz deutlich die Schwäche des Markierungssystems der Molsrute, diese nur bei Richtungswechsel zu markieren. Fehlt ein Pfahl dann läuft man garantiert falsch. Das war an der nächsten Abzweigung (DK 108) der Fall. Hier muss die asphaltierte Straße schräg rechts verlassen werden. Diesem Weg folgt man durch die Feldmark, bis man ca. 150 Meter vor einem Bauernhof nach rechts in nördliche Richtung schwenkt. (DK 109) Der Weg wendet sich bald danach nach links in westliche Richtung (DK 110), passiert leicht schlängelnd mehrere Höfe.

An einer Abzweigung, kurz nach einem größeren Hof links biegt man dann nach links in die Stubbe Søvej. (DK 111) Auf der Anhöhe ein Stück weiter rechts vom Weg befindet sich eingezäuntes Gelände. Vor einem weiteren Hof macht die Straße einen Knick nach rechts in westliche Richtung. (DK 112) Kurz danach kommt man an Informationstafeln bezüglich einer stillgelegten Bahnstrecke Ebeltoft – Trustrup an. (DK 113)

Auf diese schwenkte man hier auch in südwestliche Richtung ein. Hier wanderte es sich zweieinhalb Kilometer wieder schöner als auf der Straße. Die Straße Stubbe Søvej (DK 114) wurde wieder erreicht. Hier kurz nach rechts und dann nach links an imposanten Hofgebäuden des Gutes Skærse vorbei. (DK 115)

Dem Feldweg Skærse Søvej wird jetzt länger gefolgt. (DK 116) Durch den Wald und am Waldrand wird die Richtung zunehmend nördlicher. (DK 117) Bei dieser leicht hügeligen Wanderung wird dann eine Y-Einmündung passiert an der weiter geradeaus in westliche Richtung geht. (DK 118) Auf der rechten Seite wird jetzt der Stubbe Sø, ein größerer See in dieser Gegend passiert. An der Fahrstraße (Ebeltofvej) nach rechts (DK 119) Kurz danach in einen Feldweg schräg links (DK 120) Der Weg schlängelt sich in nordwestlicher Richtung (DK 1212-DK122), bis ein schöner Rastplatz mit einer alten Mühle (Ørnbjerg Mølle) erreicht wird. (DK 123)

Hinter dieser geht es kurz nach rechts, nach Norden, bis an einer Abzweigung der Wanderweg nach links in westliche Richtung fortgesetzt wird. (DK 124) Der Wanderweg kreuzt nach einem weiteren Kilometer die Straße Nr. 21. (DK 125) Hier kann man links nach Süden gehend nach ca. 400 Meter rechter Hand gehend die Abzweigung zum Krakær Camping (http://www.krakaer.dk-camp.dk, Gl. Kærvej

18, 8400 Ebeltoft, Fon: 86362118, Fax 86362187) (DK 126) erreichen. Dieser ca. 2 km vom Wanderweg entfernte Campingplatz ist in dieser Gegend die einzige Übernachtungsmöglichkeit.

Da ich teilweise gejoggt war, hatte ich noch Zeit und folgte weiter dem Wanderweg in westliche Richtung, kurz nach der Straße hübsch aussehende gelbe Gebäude passierend. (DK 203) Einen Wald- und Wiesenbogen auswandernd kam ich an eine Abzweigung mit dem Jeshøjvej. (DK 204). Hier kurz schräg links nach Süden, bevor die weitere Wanderrichtung nach Westen wieder eingeschlagen wurde.

Eine Einmündung von rechts passierend (DK 205) zu einer Kreuzung (DK 206), an der es jetzt nach rechts (DK 206) in den Ort Kejlstrup ging. (DK 207). Hier an der Hauptstraße links nach Westen, bis eine andere Straße erreicht wurde. (DK 208). Hier noch mal nach links in südliche Richtung. Der schöne Ort, der jedoch keinerlei touristische Infrastruktur besitzt, wurde kurz danach nach rechts in westliche Richtung verlassen. (DK 209)

Knapp über 1 km weiter geht es an einem Walstück auf der rechten Seite nach links in südliche Richtung. (DK 210) Auf diesem in südliche und westliche Richtung führenden Weg kam ich zum Ort Egens Kirke. (DK 211) Hier rechts auf die Asphaltstraße. Dieser Straße, die später Molsvej heißt jetzt länger geradeaus, grundsätzlich in nordwestliche Richtung folgen. (DK 212) Es wird ein Bootshafen – die Kalø - Bucht der Ostsee- passiert. (DK 213)

An einer Imbissbude macht die Straße einen Rechtsknick. Hier weiter geradeaus nach Westen (DK 214) Hier seit Egegens Kirke zum ersten mal wieder eine Markierung. Der andere Pfad über einen Damm zur Bucht nach Süden führt zur durchaus sehenswerten Schlossruine Kalø. Der E1 geht am Waldrand weiter geradeaus (DK 215), die Markierung zeigt kurz danach nach links in Richtung Strand. (DK 216).

Ich kam wegen des Gestrüpps dort jedoch nach ein paar hundert Metern nicht weiter. Deshalb empfehle ich, hier weiter geradeaus dem höher gelegenen Spazierweg weiter zu folgen. (DK 217) Dieser wendet sich nach und nach in nördliche Richtung. Auch der Wanderweg kommt später von links zurück. (DK 218)

Jetzt macht die Molsrute einen kilometerlangen Umweg, um den Ort Rønde zu berühren. Aufgrund der vorangegangenen Erfahrung ist es aber auf der anderen Seite auch fraglich, ob es tatsächlich eine Abkürzungsmöglichkeit hier gibt. Also zunächst durch den Wald in nordöstlicher Richtung. (DK 219) Sobald die erste Straße in Rønde erreicht wird (DFK 220), geht es nach links in westliche Richtung.

An einer Kreuzung links halten (DK 302), kurz danach nach links in die Richtung der Buchung abbiegen. (DK 303) In der Strandnähe wieder mal Probleme mit der Botanik. (DK 304).

Ich schlug mich nach oben zu einem Bed & Breakfast – Haus durch. (DK 305) Außer der in Rønde befindlichen Jugendherberge eine weitere Möglichkeit zum Übernachten. Diese werden jetzt im Allgemeinen zahlreicher. Der Ort heißt Ugelbøle Strand. Ich wanderte parallel zum Strand weiter (DK 306) und erreichte den Strandvejen. (DK 307) Dieser Punkt lässt sich auch erreichen, wenn man an dem Punkt DK 222 weiter geradeaus geht. Der Wanderweg macht einen kurzen Ausflug zum Strand (DK 308- DK 311) und erreicht die Straße wieder.

An der nächsten Möglichkeit zum Strand zu gehen (DK 312) diese nicht nutzen, es gibt an der Steilküste dort kein Durchkommen. Die Straße entfernt sich etwas vom Strand, und wendet sich an der nächsten Abzweigung (DK 313) von westlicher in südwestliche Richtung. Der Ort Løtgen bugt wird leicht links haltend in südöstlicher Richtung durchquert. (DK 314)

Als halben Kilometer weiter die Bucht wieder erreicht wurde, (DK 315) wendet sich der Wanderweg von dieser nach rechts in westliche Richtung ab, steigt durch einen Wald an, passiert später einen Hof links und ein Schloss rechts. (DK 316) 400 Meter später wird die grundsätzliche Wanderrichtung nach Süden links auf einen Feldweg wieder eingenommen. (DK 317) Ohne weitere Abzweigungen wandere ich jetzt diesen Feld, bis es zwei Kilometer weiter an einer Y – Kreuzung (DK 318) links weiter geht. Dieser Weg ist nicht lang, jedoch nicht im besten Zustand, knickt aber bald nach recht in südliche Richtung (DK 319) ab, um dem Strandverlauf folgend kurz danach Studstrup zu erreichen. (DK 320) Hier rechts. Das dortige Kraftwerk war bereits vorher kilometerweit zu sehen.

In Studstrup ist die Wegführung –wahrscheinlich wegen des Kraftwerks- etwas komplizierter. Kurz nach dem Verlassen des Strandweges nach links in südliche Richtung (DK 321). Nach dreihundert Metern wird, da es geradeaus nicht mehr weitergeht, der Wanderweg scharf rechts durch den Wald fortgesetzt. (DK 322) Hier langsam nach links schwenken (DK 323- DK 324), bis eine Zufahrtsstraße zum Kraftwerk erreicht wird. (DK 325) Der Wanderweg geht hier nach Süden weiter. Geht man nach rechts, erreicht man nach ein paar hundert Metern eine Bushaltestelle mit regelmäßiger Verbindung nach Ärhus.

Trotz des Sommers wurde es langsam dunkler. Ich war inzwischen schon fast 70 km unterwegs. Da der Busfahrplan gerade nicht so passend war, beschloss ich noch ein paar Kilometer weiter zu joggen. Es ging weiter, zwei weiteren Zufahrtsstraßen zum Kraftwerk (DK 326 – DK 327) kreuzend und später am Zaun desselben entlang.

(DK 328) Nach einem Wegbogen nach rechts (DK 329) und dem Erreichen des Yachthafens (DK 330) hörte die Markierung einfach so auf. Ich joggte über eine Wiesen (DK 331) und noch einen Kilometer weiter (DK 332) Die weitere Wegführung war nur noch am Strand möglich. Da es aber inzwischen fast völlig dunkel geworden ist, beschloss ich den Wanderweg hier nach rechts zu verlassen.

Ich wurde nach Durchqueren einer Kleingartenkolonie mit einer Bushaltestelle sowie einem leckeren Imbiss belohnt. Nach den vier Tagen Wandern reichte es erstmal auch. Um keine weiteren kostbaren Urlaubstage zu verschwenden, beschloss ich, die weiteren Etappen des E1 in Dänemark an Wochenenden zu wandern. Vielleicht ließe sich Daisy auch mal überreden wieder mal auf dem E1 zu wandern? Dann aber sicher nicht 75 km an einem Tag!

Zweiter Wandertag in Dänemark (Studstrup vor Århus - Skanderborg)

Die Entscheidung an Wochenende zu wandern hatte zusätzlich den Charme, dass man Wochenenden aussuchen konnte, an denen voraussichtlich die Sonne scheinen würde. So fuhr ich an einem Samstag sehr früh nach Århus und von dort aus weiter mit dem Bus zu dem bekannten Imbiss. Die Entscheidung, sich dort vor der Wanderung erstmal ordentlich zu stärken war allerdings nicht so gut, weil dies bis Århus zu einem etwas langsameren Schritt führte.

Zunächst also zurück zu den Punkt, an dem ich den E1 verlassen hatte (DK 332). Am Strand langsame Spaziergänger. Ich mit einer klaren Zielvorstellung unterwegs. Der Weg aber breit genug, um nicht anzuecken. Die Marschrichtung war trotz fehlender Markierungen klar vorgegeben – nach Süden, der Sonne entgegen. Nach etwa eineinhalb Kilometer erreichte ich einen Joggingpfad. (DK 333), Einen weiteren Kilometer weiter setzte unvermittelt die E1 – Markierung wieder ein. (DK 334) Bei dem Strand handelte es sich um einen ganz gewöhnlichen Sandstrand. Keine Steilküste oder Ähnliches mehr.

Weiter ging es, auf einem Schotterweg (DK 335) entfernte sich der Weg etwas vom Strand (DK 336) und führte an einem kleinen Wald vorbei. In Erinnerung an einen ähnlich kleinen Wald in einem Freizeitpark in der Heimat meiner Frau würde ich ihn Mini – Forest nennen. (DK 337) Allerdings waren die Temperaturen auf den Philippinen angenehmer.

Obwohl es schon Mai war, waren die Familien, die am Strand waren, sehr gut eingepackt. Gebadet hat niemand. Umso imposanter war der Yachthafen. (DK 338) Damit die Reichen unter sich bleiben, wird derselbe sogar mit Hilfe einer Unterführung (DK 339) und Richtungsänderungen (DK 340) umgangen. Kurz danach wird ein Zufluss auf einer kleinen Brücke überquert. (DK 341) Falls die

Füße qualmen lockt einen halben Kilometer später der Bus 6 mit dem man in die Innenstadt fahren kann. (DK 342) Ich habe aber mit dem Wandern erst begonnen.

Einen Strandbogen nach rechts gehend, (DK 343) kam ich an eine Grillstelle. (DK 344) Nach weiteren Kilometern in südwestlicher Richtung (DK 345) erreichte ich den Villenvorort von Århus. (DK 346). Nach 350 Metern ging es nach rechts (DK 347) über eine Bahnüberführung zu der viel befahrenen Stationsgade (DK 348), auf der die Wanderrichtung nach Süden wieder aufgenommen wurde. Einen halben Kilometer weiter nahm mich ein Wanderweg (DK 349) geradeaus auf, dem ich noch einen weiteren halben Kilometer bis zum Ende der Molsrute folgte. (DK 350)

An dieser Stelle befand sich ein Kiosk sowie Informationstafeln zur Molsrute und dem E1. Insgesamt muss man zu dieser sagen, dass sie landschaftlich abwechslungsreich ist. Markierungstechnisch gibt es aber noch einiges zu verbessern. Die Übernachtungsmöglichkeiten halten sich ebenfalls in Grenzen, was aber denke ich, auf die geringe Besiedlung dieses Gebietes zurückzuführen ist.

Da der weitere Weg bis zum Beginn der Strecke Århus – Silkeborg nicht markiert ist, nachfolgend ein Vorschlag für Durchwanderung der Stadt. Zunächst weiter geradeaus (DK 402 – DK 403), bis der Skovvejen erreicht wird. (DK 404) Hier nach links und dreihundert Meter später schräg rechts in die kleine Altstadtstraße Mejlgade. Auf dieser bis zum Dom. (DK 405)

Die Mejlgade wird durch die Skolegade weiter in südliche Richtung fortgesetzt, bis nach 200 Metern Åboulevarden erreicht wird. Auf dieser Promenade mit dem Fluss in der Mitte scharf rechts in nordwestliche Richtung (DK 406) Dieser Prachtstraße lässt es sich länger gut folgen. (DK 407 – DK 408) Restaurants, Cafés und andere urbane Einrichtungen laden zum Verweilen ein.

Danach geht es schräg rechts in die Thorvaldsengade (DK 409), An dieser Stelle besteht die Möglichkeit, links hoch zum sehenswerten Rathaus und zum Bahnhof mit dem Touristenbüro zu kommen. Im letzteren kann man sich im Übrigen mit den Broschüren zur Molsrute und zum Wanderweg Århus – Silkeborg versorgen, falls man das noch nicht online getan hat.

Ich wollte mir nur das Rathaus mir der riesigen Außenuhr anschauen und kam gleich zu einem der wenigen zwischenmenschlichen Kontakte im dänischen Streckenabschnitt. Vor dem Rathaus wurde nämlich demonstriert. Gegen die dänische Ausländerpolitik, die in einer –wie ich gedacht hatte- beschaulichen Stadt den Boden bereitet hatte, dass dort vor einigen Tagen ein ausländerfeindlich motivierter Mord geschehen ist. Es wurden auch Unterschriften für eine Petition gesammelt. Ich will das alles genauer wissen, doch leider reichen die

Englischkenntnisse des Unterschriftensammlers nicht für die Darstellung solcher komplizierten Zusammenhänge aus. Es findet sich aber jemand, der mir den Grund der Wut und der friedlichen Demonstration plausibel erklären kann. Danach ist aber der Unterschriftensammler schon weg. Da ich weiter muss, hoffe ich, dass die Petition auch mit einer Unterschrift weniger erfolgreich war. Das Blumenmeer aus Kränzen und die verzweifelten Angehörigen stimmten schon traurig. Ich habe die Skandinavier bisher immer für weltoffener und toleranter als die Deutschen gehalten. Offensichtlich sind es nicht alle. Man lernt eben ein Land erst richtig durch Begegnungen mit den Menschen kennen. Wenn es die Sprachbarrieren nur nicht gäbe…

Zurück zum E1. Von der Thorvaldsengade nach links in die Carl Blochs Gade (DK 410) In dieser Straße befindet sich auch das Bymuseet, das Stadtmuseum von Århus. (DK 411) Die Straße macht anschließend einen Rechtsbogen und wird zum Søren Frichs Vej. (DK 412) Nach der vorsichtigen Überquerung der vielspurigen Vestre Ringgade erreichte ich auf der linken Seite den Åbrinkvej. Hier beginnt die Markierung für den Wanderweg Århus – Silkeborg.

Der Wanderweg Århus – Silkeborg ist auf langen Strecken auch ein Radweg. Damit werden sehr viele asphaltierte Straßen benutzt. Zunächst folgt man dem Radweg ca. 1 Kilometer (DK 502 – DK 503) bis es unter einer Bahnunterführung links (DK 504) und anschließend über eine Brücke rechts geht. (DK 505) der Bahnstrecke entlang geht es flach in westlicher Richtung. (DK 506) Nun setzt sich die Wanderung entlang einem Fluss nach Süden fort (DK 507), die Hauptstraße15 wird unterquert. (DK 508) Weiter westlich gehend wird eine Abzweigung nach Süden erreicht (DK 509).

Jetzt beginnt der landschaftlich schöne Teil am Brabrand Sö. Hier gibt es noch einiges an Vögeln und Amphibien zu beobachten. Um alles noch besser sehen zu können, wurden sogar zwei Aussichtstürme gebaut, die unweit des Wanderweges stehen. (DK 510 – DK 521) Nach dem Ende des Naturschutzgebietes brachte mich der Wanderweg nach Berührung einer Straße (DK 522 – DK 523) und Unterquerung der Autobahn (DK 524) zu einer alten Mühle (Harlev Mölle) mit einer angeschlossenen Wirtschaft (DK 525).

Kurz danach ging es weiter nach Westen (DK 526 – DK 527), dann auf der linken Seite die Tarskov Mølle (DK 528) passierend zu einem unscheinbaren Feldweg nach links. (DK 529) Dieser führt nach einem Rechtsknick (DK 530) in ein sehenswertes Flusstal, dem er für ca. sechs Kilometer folgt. Man fühlt sich fast an einem Bergbach versetzt. Er handelt sich hier um ein steiles Erosionstal, das man so in Dänemark nicht erwartet. (DK 531 – DK 542) Über den Koskovvej (DK 543) wurde wieder Anschluss an die Zivilisation gewonnen. Dieser Straße weiter folgend (DK

544), erreichte ich Jeksen (DK 545) Aus Jeksen erstmal 350 Meter entlang der viel befahrenen Straße 511 (DK 546) nach Süden bevor es schräg rechts in den Gamle Randersvej ging. (DK 547) Diesem Weg folgte ich durch die Felder für ca. fünf Kilometer. Dabei wurde ein Hofgebäude und ein See (DK 548) und eine Kreuzung (DK 549) passiert, bevor nach einem Zick – Zack (DK 550 – DK 551) eine Autobahnunterführung erreicht wurde. (DK 552)

Danach kurz nach rechts und wieder nach links gehend erreichte ich ein Partisanendenkmal. (DK 553) Jetzt nur noch kurz über die Bahn, um das Ende des Gamle Randersvej und der Markierung zu erreichen. (DK 554)

Bezüglich der Durchquerung von Skanderborg hielt ich mich an die im Touristenprospekt eingezeichneten Sehenswürdigkeiten, kleinere Straßen sowie die Tatsache, dass ich in der Jugendherberge übernachten wollte. Will man sofort weiter, dann ist die Busverbindung unweit des Markierungsendes an der Hauptstraße sicher kürzer.

Weiter in südliche Richtung auf dem Sverigesvej. (DK 601) Dieser wird nach 150 Metern breiter und zum Danmarksvej. Irgendwie passten die Größenverhältnisse der Straßen nicht zu denen der dazugehörenden Länder. Haben die Dänen Minderwertigkeitskomplexe? An dem Autobahn – Grenzübergang Flensburg - Kruså ist das so ähnlich. Dort hängen die Flaggen der nordischen Staaten (Dänemark, Schweden, Norwegen, Finnland und Island) einträchtig nebeneinander. Die dänische Flagge ist jedoch doppelt so groß und fast doppelt so hoch angebracht…

Kurz nach Überquerung der Straße 170 (DK 602) bog ich nach rechts in den Grönnedalsvej ab. (DK 603) Auf diesem zwischen schicken Einfamilienhäusern jetzt nach Westen, bis der Höjvangen (DK 604) erreicht wird. Hier ging es nur 150 Meter in südliche Richtung. Dann (DK 605) nach rechts zum Schulgelände, kurz nach links (DK 606) und wieder nach rechts. (DK 607) Auf der linken Seite sind Skulpturen zu bewundern. Auf diese Weise wird ein Hohlweg erreicht (DK 608), auf dem es in leichten Serpentinen zum Odervej geht. (DK 609) Da kommt man auf lustige Gedanken. Bleibt der Mensch hohl, wenn er immer auf einem Hohlweg zur Schule muss?

Kurz nach dem Odervej wird das Ufer des Skanderborg Sø erreicht, hier geht es nach rechts. Kurz danach komme ich an einem Anleger an. Von dort aus soll es im Sommer zu üblichen Geschäftszeiten möglich sein, den Weg bis zur Jugendherberge auf dem Wasser zurückzulegen. Fast überflüssig zu erwähnen, dass bei mir weder die Jahres- noch die Tageszeit für diesen Service stimmte.

Zu Fuß erstmal auf dem Sölistvej (DK 610) und dach rechts hoch auf die Haupteinkaufsstraße von Skanderborg, die Nørregade (DK 611) Die Kreuzung mit der Banegårsvej (Bahnhofsstraße) wurde erreicht. (DK 612) Die Verlängerung der Nørregade heißt ab hier Adelgade und führt zu einer Brücke (DK 613).

Auf einem Hügel rechts grüßt die Kirche (DK 614), bevor es kurz danach nach links zum See geht. (DK 615) Dem Pfad (DK 616 – DK 618) in westliche und dann nordwestliche Richtung folgte ich, bis die Jugendherberge erreicht wurde. (DK 619)

Dem Komplex gegenüber befindet sich das in einem Bunkerkomplex aus dem II. Weltkrieg eingerichtete Freiheitsmuseum. Dieses beherbergt eine größere Sammlung von Landkarten, Kommunikationseinrichtungen und Waffen aus dieser Zeit.

Im Mai ist eine Übernachtung nur nach Voranmeldung und ohne Frühstück möglich. (Adresse: Skanderborg, Dyrehaven 9, 8660 Skanderborg, Dänemark, Fon: +45-86-511966, Fax: +45-86-511334, E-Mail:info@skanderborg-danhostel.dk) Damit stand einem frühen Aufbruch am nächsten Tag nichts im Wege.

Dritter Wandertag in Dänemark (Skanderborg - Silkeborg)

Kurz nachdem es hell wurde, machte ich mich wieder auf den Weg. Es ist dank der guten Bahnverbindungen in Dänemark zwar möglich, nur bis Ry zu wandern und von dort aus nach Århus mit dem Zug zurückzufahren. Ich wollte aber bis nach Silkeborg. Immerhin etwas mehr als ein Marathon also lieber früher als später losgehen.

Von der Jugendherberge (DK 620) erstmal einen Kilometer am See entlang. Die Natur erwachte langsam zum Leben. Dann kurz nach rechts auf die Straße Dyrehaven (DK 621) und 200 Meter weiter wieder nach links, nach Norden in den Døjsøvej. (DK 622) Daisyweg würde sich natürlich noch besser anhören, hier ging aber um einen See (dänisch Sø), der kurz danach links zu sehen war (DK 623), und nicht um eine Person.

Nach insgesamt etwas mehr als einem Kilometer auf dem Døjsøvej erreichte ich den Vroldvej (Hauptstraße 409) (DK 624) und folgte ihm, eine Bahnunterführung passierend, (DKL 625) bis zum Mossøvej. (DK 626) Hier beginnt wieder die Markierung des Wanderweges.

Die ersten sechs Kilometer des Wanderweges Skanderborg – Silkeborg (DK 701 – DK 707) bis hinter Alken verlaufen nur auf Straßen. Die Sicht auf den Mossø links ist etwas tröstend. Knapp zwei Kilometer hinter Alken zweigt der Weg zum Wald ab

(DK 707) und verläuft dann meist hügelig zwischen den Feldern. Als Schutzmaßnahme für die Natur erfolgte hier die Markierung mit halben, orange angemalten Mülltonnen. (DK 708 – DK 711). Zwischendurch verläuft der Weg aber auch direkt am See (DL 712 – DK 714), der auch der größte in Jütland ist. Danach geht es weiter durch Wiesen in westliche Richtung (DK 715 – DK 718)

Insgesamt ca. 13 Kilometer nach dem Beginn in Skanderborg habe ich die Klosterruine Øm erreicht. (DK 719) Hier bestand bis zur Reformation 1536 ein Zisterzienserkloster, das 1561 abgebrochen wurde. Außer den Grundmauern und dem Museum war folglich nicht viel zu sehen. Es werden aber umfangreiche Forschungsarbeiten über das Leben und die Frömmigkeit im Mittelalter unternommen. http://de.klostermuseum.dk/

Der weitere Wanderweg folgte in etwas Entfernung dem Seeuferverlauf (DK 720 – DK 722), passierte einen Zeltplatz (DK 723) und wandte sich dann nach rechts zur Straße. (DK 724) Dieser (DK 725) wurde glücklicherweise über eine Brücke (DK 726) nicht allzu lange gefolgt; die Zeichen wiesen mich nach rechts (DK 727) auf einen Feldweg in nordöstliche Richtung. Im Gegensatz zu so einigen Umwegen in auf dem E1 in Deutschland, besonders in Schleswig – Holstein, handelte es sich bei diesem wohl um den größten in Dänemark. (DK 728 – DK 730)

In Sichtweite von Gudensee (DK 731) und am Ry Mølle Sø (DK 732) erreichte ich schließlich die Straße 445 (DK 733). Kurz danach kann der Weg nach links weiter fortgesetzt werden (DK 734). Geradeaus gehend erreicht man Ry, um zu einer Übernachtungsmöglichkeit oder zum Bahnhof zu kommen.

Ich wandte mich nach links und passierte rechter hand den Birksø (DK 802 – DK 804) Danach folgte ein längerer Waldabschnitt (DK 805 – DK 806), bis an der Abzweigung zum Hotel Julsø der gleichnamige See zu sehen war, (DK 807)

Es folgten jetzt für dänische Verhältnisse ungewöhnlich viele „bergige" Abschnitte (DK 808 – DK 817), bis am der nordöstlichen Ecke des Slåensø (DK 818) die dänische Welt wieder „in Ordnung" war. In diesem Bereich gab es auch ungewöhnlich viele Richtungswechsel und Wege, die im Gegensatz zu den bisher in Dänemark begangenen nur bedingt rad- oder kinderwagentauglich wären.

Auf natur belassenen Wegen wanderte ich weiter am Südufer des Borresø (DK 819 – DK 822) bis zu einer Abzweigung. (DK 823) Kurz danach wurde der Paradiesweg (DK 824) berührt. Hier sollte sich auch ein Verbindungsweg zum Wanderweg Silkeborg – Horsens abgehen. Auf der etwas älteren Informationstafel war jedoch weder eine Richtung noch eine Markierung zu ersehen.

Also nach Westen auf dem asphaltierten Paradisvejen durch den Wald, bis dieser wieder nach rechts in nördliche Richtung verlassen wurde. (DK 825) Durch den Wald auf Naturwegen zwei Seen passierend (DK 826 – DK 835) kam ich Silkeborg immer näher.

Ein Kanal wurde auf einer schönen, der Natur angepassten Brücke überquert. (DK 836) Erinnerungen an den Spreewald, der jedoch nicht am E1 liegt, wurden wach. Der Weg orientierte sich wieder nach Norden. (DK 837 – DK 839) danach ein schöner Abschnitt zwischen zwei Seen. (DK 840) Nach weiteren zwei Kilometern (DK 841 – DK 842) kam ich an einem größeren Campingplatz (DK 843) vorbei.

Kurz danach an einer Kleingartenkolonie (DK 844) erreichte ich das Markierungsende des Wanderweges Århus – Silkeborg. Zusammenfassend lässt sich sagen, dass von diesem der Abschnitte Århus – Jeksen und Ry – Silkeborg landschaftlich die schönsten waren.

Um zum Bahnhof zu kommen wandte ich mich nach rechts in nördliche Richtung. (DK 901) Nach dreihundert Metern schräg rechts durch den Wald (DK 902) und dann links in die Åhave Allee (DK 903) Im Zick-Zack Über den Remstrupvej (DK 904), Åhavevej (DK 905) und Adler Lunds Gade (DK 906) erreichte ich die Frederiksberggade (DK 907) Hier ging es nach rechts zum Bahnübergang. Nach diesem geht es nach links zum Bahnhof. (DK 908) Rechts befindet sich eine Jugendherberge. Ich erreichte den Bahnhof (DK 909) und fuhr zurück nach Århus.

Sowohl die Zugverbindung Århus – Ry - Silkeborg also auch die Verbindung Skanderborg – Århus ist häufig befahren, auch an Wochenenden. Fahrpläne sind auch online unter http://www.dsb.dk/ recherchierbar. Das erste Wanderwochenende in Dänemark war damit am Nachmittag beendet.

Für die teilweise nur dänischsprachigen Fahrkartenautomaten ist der Hinweis angebracht, dass ein Erwachsener auf Dänisch Voksen heißt. Kreditkarte ist ebenfalls vom Vorteil, bei dem Preisniveau kann man gar nicht genug dänische Münzen haben und Scheine werden nicht akzeptiert.

Vierter Wandertag in Dänemark (Silkeborg – Harresø Kro vor Jelling)

Bevor der E1 in Dänemark durchgehend war, wurde die komplette Strecke des Hærvejen von (http://www.haervej.dk/) Viborg nach Flensburg benutzt. Jetzt sind es immer noch ca. 220 km von ca. 260 km, die vom E1 auf dem Weg nach Süden benutzt werden. Bei diesem historisch bedeutenden Weg handelt es sich um den längsten dänischen Wanderweg. Nach meinen Erfahrungen ist das auch der bestmarkierte. Natürlich ist der Weg nicht die ganze Zeit so geradlinig, wie die ursprünglichen Heerwege oder die Handelswege, auf denen früher die Ochsen zum Markt nach Hamburg getrieben wurden. Es sollen auch nach Möglichkeit Sehenswürdigkeiten entlang der Strecke berührt werden. Trotzdem gibt es lange geradlinige Abschnitte, die zum großen Teil auch asphaltiert sind. Es ist eine Ermessensfrage, ob man auf dem Weg wandert oder Fahrrad fährt. Ich persönlich würde nach einmaligem Wandern das nicht noch mal machen. Es passiert einfach zu wenig.

Der Weg ist sowohl als Radweg als auch als Fußweg eigenständig markiert. Teilweise führen die beiden Wege zusammen. Wobei der Fußweg nirgendwo so schwierig ist, dass er nicht auch mit dem Fahrrad befahren werden könnte. Aus Rücksicht auf die Wanderer und den Waldboden sollte man das jedoch vielleicht lassen. Auf den im Internet sehr gut verfügbaren Karten ist der Radweg blau und der Fußweg rot markiert.

Ehrgeizig wie ich immer bin habe ich mir für ein Wochenende die Strecke Silkeborg – Vejen vorgenommen. Ich fuhr also kosten- und zeitsparend schon am Vortag nach Vejen mit dem Auto, übernachtete im demselben und nahm gleich den ersten Zug um sechs Uhr früh über Fredericia nach Silkeborg.

Zunächst einmal galt es von Silkeborg überhaupt zum Heerweg zu kommen. Vom Bahnhof (DK 909) also erstmal in westliche Richtung bis zu einer Unterführung (DK 910) Diese passierend weiter nach rechts nach Westen in die Dalgasgade (DK 911) Etwas über einen Kilometer nach dem Bahnhof nach rechts in die Søndre Ringvej (DK 912) jetzt über die Bahn und zweihundert Meter weiter (DK 913) in den Herningvej. Wer will, der kann die nächsten paar Kilometer zum Heerweg auch mit dem Bus (Linie 33) fahren; besonders erquickend ist der Zugang nicht.

Dem Herningvej weiter folgend (DK 914 – 915) kommt man nach Funder (DK 916). Hier weiter nach Westen (DK 917) über einen Hügel (DK 918), bis der Rad – Heerweg erreicht wurde. Wer sich weiter auf der nun ohne Fußweg weiter nach Westen verlaufenden Hauptstraße in Lebensgefahr bringen will, erreicht nach ein paar weiteren Kilometern den Fuß – Heerweg. Ich bevorzugte eine etwas ruhigere, landschaftlich schönere und sicherere Variante. (DK 919)

Hier also nach links, nach Süden dem Rad – Heerweg folgen. Nach etwas über einem Kilometer vor dem Bahnübergang ist nach rechts ein blauer Wanderweg markiert. (DK 920) Dieser verläuft zunächst entlang einer aktiven Bahnlinie (DK 921 – DK 922) in westliche Richtung. Danach geht es auf einer stillgelegten Bahntrasse weiter. Ein Viadukt wird überschritten (DK 923), kurz danach finde ich Anschluss an den Fuß – Heerweg (DK 924)

Weder an dieser Stelle noch später gibt es an dem Heerweg einen Hinweis auf den E1, obwohl dieser von der dänischen Wandervereinigung (http://www.dvl.dk) zweifellos auf diesem geführt wird. Es ging an einem der vielen Zeltplätze vorbei (DK 925), bevor die alte Bahnstrecke sich selbst unterquerend nach links verlassen wurde. (DK 926) Da der Heerweg gut markiert ist und es vielfältiges Kartenmaterial hierzu gibt, werden ab dieser Stelle keine Waypoints mehr angegeben.

Ich wanderte durch Skærbæk Plantage, eine der vielen Plantagen auf dem Weg nach Flensburg. Es werden auch immer Heidelandschaften passiert. Gelegentlich führt der Weg auch entlang von Flüssen . Bis Nørre Snede kam ich an Ansø Mølle (Mühle), Vrads Sande(Naturschutzgebiet mit Dünen, Heide und Seen) sowie den die Tingdalsøerne (-seen) vorbei.

Der Fußweg umgeht Nørre Snede. Wer diesen sehenswerten Ort, der früher ein Treffpunkt für Heerweg – Reisende gewesen ist, und eine romanische Kirche mit einem Taufbecken aus dem 11. Jahrhundert aufzuweisen hat, besichtigen will, muss einen kleinen Umweg gehen. In Nørre Snede kann man auch übernachten.

Ich wanderte weiter nach Süden. Hier führen der Radweg und der Fußweg länger zusammen. Den Abstecher zu den Quellen von Gudenå und Skjernå ersparte ich mir aus Zeit- und Feuchtigkeitsgründen, da der Zugang über eine nicht trockene Wiese führte. Ultrawanderungen mit nassen Füssen sind nun mal nicht die Erfüllung innigster Wanderträume.

Eine in atemberaubenden Höhe von 127 Metern hoch gelegene, weithin sichtbare Øster Nykirke war Walfartskirche im Mittelater liegt rechts am Weg. Kurz danach erreichte ich den kleinen, öden Ort Kollemorten.

Kurz danach trennt sich der Radweg vom Fußweg. Letztere macht einen kleinen Umweg durch die Feldmark. Muss man nicht gesehen haben, der Untergrund ist aber angenehmer. Ich wanderte nun etwas schneller, der Nachmittag war schon etwas fortgeschritten. Kurz vor Givskud führen beide Wege wieder zusammen. Dort befindet sich außer einem Löwenpark, den man jedoch verständlicherweise nur mit dem Auto oder Bus befahren darf, auch eine Jugendherberge. Ich wollte eigentlich an diesem Samstag bis nach Jelling wandern wollte, deshalb hatte ich nicht reserviert. Da der Ort nicht direkt passiert wird, ging ich weiter nach Süden.

Ich wurde mit dem Harresø Kro, einem Gasthof, der bereits 1609 erbaut wurde, belohnt. Hier entschied ich mich, nicht nur das Abendessen mit reichlich dänischem Bier einzunehmen, sondern auch zu übernachten. Im Gegensatz zu anderen Ländern sind nach meinen Erfahrungen die Dänen selbst in der Kneipe gegenüber Deutschen höflich distanziert. Das Haus hat ansonsten normales skandinavisches Preisniveau.

Nicht so teuer wie Varberg aber auch nicht so preiswert wie eine Jugendherberge es gewesen wäre. Dafür ein ganzes Häuschen für mich. Im Gasthaus kann man den Stammtisch von Nikolai Frederik Severin Grundtvig, einem dänischen Philologen, Theologen und Patrioten, der im 19. Jahrhundert gelebt hatte, besichtigen.

Fünfter Wandertag in Dänemark (Harresø Kro vor Jelling - Vejen)

Kurz nach Sonnenaufgang also um sechs Uhr marschierte ich wieder los. Da das Auto in Vejen stand, gab es nicht so viele Alternativen als die ganze Strecke zu laufen. In einem nach Südosten führenden Bogen erreichte ich Jelling.

Sehenswert hier ist die Kirche von Jelling aus dem 11. Jahrhundert, die auf einer Anhöhe zwischen den beiden größten Hühnengräbern Dänemarks aus dem 9. Jahrhundert liegt. Jelling hat auch einen Bahnanschluss.

Der E1 strebte weiter nach Süden und orientiert sich dann etwas nach Westen. Nach einer weiteren historischen Mühle, erreichte ich einen Campingplatz am Fårup Sø. Ich versorgte mich hier mit Proviant und Getränken. Die Verkäuferin machte mir mit „I like hikers. They are so strong." ein eindeutiges Angebot, auf das ich nicht weiter einging. Wobei mir dadurch der regnerische Aufstieg mit Ausblick auf den See erspart geblieben wäre. Die Wegführung war wegen der Besitzverhältnisse in diesem Gebiet etwas umständlich. Die Gebäude hier machten den Eindruck, dass die Gegend früher wohlhabender gewesen ist.

Östlich von Bredsten (dort Übernachtungsmöglichkeit) kreuzte ich zwei Hauptstraßen. Seit dem Aufbruch war der Weg geteert und verlief fast ausschließlich auf kleineren Fahrwegen. Nachdem links ein Betriebsgelände passiert wurde, schwenkte der Heerweg wieder mal auf eine alte, stillgelegte Bahnstrecke, die als Radweg benutzt wurde. In diesem Bereich scheint es auch eine beliebte Trainingsstrecke für Rennradfahrer zu sein. Der Weg ist endlos und auch geteert. Ein Zeltplatz wurde passiert. Links vom Weg schlängelt sich ein Fluss. Der zweite Zeltplatz befindet sich am alten Bahnhof von Ravning, der zu einem Museum über die alte Bahnstrecke sowie eine Brücke, die es hier schon in der Wikingerzeit gab, ausgebaut wurde.

Einige Kilometer weiter wird die Bahntrasse nach Süden auf einen zunächst schlechten Weg verlassen, Spjarup wird passiert. Einer Hauptstraße wird zunächst gefolgt und diese dann in Tågelund in der Nähe eines Tagungshotels nach Westen verlassen. Nun wanderte ich endlich auf Feldwegen, jedoch nur solange bis sich der Weg wieder nach Süden wandte und wieder mal eine Fahrstraße erreicht wurde.

Nach zwei Kilometern machte der E1 einen Ausflug in ein geschütztes Gebiet mit einer kleinen Heidelandschaft und einigen Wagenspuren. Danach erreichte ich in westliche Richtung gehend den Rad – Heerweg, der jetzt für längere Zeit mit dem Fuß – Heerweg gleichlaufend ist.

Ich kam nördlich von Bække an einem 50 Tonnen schweren Findling vorbei. Kurz danach an Klebæk Høje befindet sich ein Hühnengrab, das in der Wikingerzeit mit einer knapp 50 Meter langen, schiffsförmigen Steinsetzung erweitert wurde. In dem 400 Jahre alten Gasthof in Bække stärkte ich mich für den Weiterweg. Historisch ist hier nur noch das Gebäude. Vor der doppelt so alten Kirche befindet sich ein Runenstein aus dem Jahre 925.

Die nächsten sechs Kilometer nach Læborg verläuft der E1 entlang von viel befahrenen Straßen. Falls der Busfahrplan es erlaubt, kann man die Wanderung hier also getrost abkürzen. Die Hühnengräber unterwegs in Mannehøj sind nichts Besonderes.

Bei der Kirche in Læborg gibt es wieder einen Runenstein zu sehen. Der Wanderweg erreicht Vejen über Feldwege westlich der Hauptstraße. Zuvor wird noch die Autobahn über eine Hochbrücke gekreuzt.

Ich wollte die Wanderung mit noch etwas Geocaching beenden. Dazu hatte ich einen Cache im nördlichen Teil von Vejen ausgesucht. (Skøjtesøen, GCTVZP) Leider war der Zugang über die Gartenkolonie mit dahinter liegendem Wohnviertel nicht der richtige. Als das GPS nur noch 80 Meter Entfernung anzeigte, musste ich wegen der Topologie umkehren. Obwohl hier nichts eingezäunt, geschweige denn gekennzeichnet war, kam ein älteren Typ mit Händen in den Taschen aus einem der Häuser. Bei nun über 20 Grad Außentemperatur. Er behauptete etwas von Privat auf Dänisch. Ich fragte ihn, ob er Englisch sprechen würde, was er verneinte. Also ging ich weiter zurück. Mit einem behauptet er auf Englisch, er würde jetzt die Polizei rufen und was ich hier zu suchen hätte. Haben die Dänen eine bahnbrechende Erfindung gemacht? Sprachpillen, die man schnell einwerfen kann? Ich habe jetzt keine Lust mehr auf ein Gespräch und antworte ihm, ich wäre jetzt weg. Er könne alleine den Polizisten sein Weichteilschaukeln vorführen, wenn sie denn irgendwann mal kämen. Nun wirkt die Sprachpille offensichtlich nicht mehr. Doch noch erst in der Erprobungsphase? Der Typ schimpft wie ein Wasserfall auf Dänisch. Angst um das bisschen Häuschen? Oder waren die Gartenfrüchte in Gefahr?

Nach dieser Begegnung laufe ich die restlichen zwei Kilometer zum Bahnhof, in dessen Nähe ich geparkt habe und fahre nach Durchwanderung von über 110 Kilometer des Heerweges nach Hause. Müde aber zufrieden. Auf eine Besichtigung von Vejen hatte ich keine Lust mehr. Bei der nächsten Etappe.

Sechster Wandertag in Dänemark (Vejen - Vojens)

Bei dem nächsten Ausflug nach Dänemark bin ich nur einen Tag unterwegs. Die restliche Strecke bis Flensburg wären ca. 120 km. Ich habe keine Lust wieder zweimal 60 km zu laufen. Also mit dem Auto nach Vojens und von dort aus mit zwei Zügen nach Vejen.

Ich besichtigte Vejen mit dem Rathaus; das Kunstmuseum hatte noch nicht geöffnet. Der Wanderweg führte an der westlich der Stadt gelegenen Jugendherberge vorbei (DANHOSTEL Vejen Vandrerhjem, Petersmindevej 1, 6600 Vejen, Telefon: +45 7536 0500, E-Mail: danhostel@vejenic.dk) nach Askov. Die dort befindliche, altertümlich aussehende Kirche ist neueren Datums, aus 1900. In diesem Ort schienen einige Wanderzeichen von den gelangweilten Besuchern des 1865 gegründeten Landschulheimes als Souvenirs „entsorgt" worden zu sein. Ich fand mich aber mit der Karte auch zurecht.

Weiter auf der Straße nach Skibelund Krat. Ein geschichtsträchtiger Ort mit Gedenksteinen für Persönlichkeiten, die sich für die Anliegen Südjütlands in der Zeit von 1864-1920 eingesetzt haben. Hier haben über 100 Jahre lang Verfassungsversammlungen stattgefunden, heute befindet sich hier auch ein Hotel.

Es geht unaufhaltsam weiter nach Süden durch eine Unterführung, der nach rechts führende Wanderweg ist falsch!

Ich erreichte Frihedsbroen (Freiheitsbrücke) und den Fluss Kongeåen. Dieser bildete in der Zeit zwischen 1864-1920 die Grenze zwischen Dänemark und Deutschland. Ein dänischer Nationalist baute damals gleich nördlich der Brücke ein kleines Steinhaus "Friheden" ("die Freiheit") und ärgerte mit einer größeren dänischen Flagge die Deutschen.

Wäre Südschleswig heute noch deutsch, ich wäre jetzt mit dem Wandern fertig. So aber auf einem etwas matschigen Weg am Südufer der Au, die hier unter Naturschutz steht, nach Osten zur Knagmølle, einer alten Wassermühle, die 1960 restauriert wurde. Es folgte ein langer Marsch bis nach Jels, teils auf Straßen, teils auf Naturwegen, wobei erstere leider überwogen.

In Jels, wo auch übernachtet werden kann, waren außer einer schönen Mühle aus 1859, die das Wahrzeichen der Stadt bildet, noch alte Grenzsteine aus der Zeit zwischen 1864-1920 zu besichtigen. Weiter führte der Weg in südöstlicher Richtung durch die Stursbøl Plantage und die Oksenvad Hede. In der Heide trennen sich der

Fuß- und der Radweg, der Fußweg macht einen sehenswerten Umweg entlang des mäandrierenden Flusses Nørre Å.

In Mojbøl treffen sich beide Teilwege wieder. Der Radweg strebt direkt nach Vojens, während der Fußweg diesen Ort am Schwimmbad, etwa 1 Kilometer vom Bahnhof entfernt berührt. Landschaftlich war der letzte Abschnitt nicht besonders interessant. Felder, soweit das Auge reicht. Von Vojens fuhr ich dann nach Hause.

Siebenter Wandertag in Dänemark (Vojens – Flensburg) mit Daisy

Die Wanderung in Dänemark näherte sich Ihrem Ende. Nur noch schlappe 80 Kilometer. Damit wäre auch die gesamte Strecke Göteborg – Genua abgewandert. Grund genug für Daisy auch mal wieder die Wanderschuhe zu schnüren und mich zumindest auf einer Teilstrecke zu begleiten. Da ich versuchen wollte, bis nach Flensburg zu kommen und Daisy mich dort abholen sollte, fuhren wir noch in der Nacht los. Bei Tagesanbruch gingen wir los. Diesmal ohne Kinder. Die hatten die ganzen Tag Spaß mit Oma.

In Vojens gestaltete sich das Geocaching einfacher als in Vejen. Der Cache (Fuglesøparken, GCR1B2) befindet sich 300 Meter abseits des Weges in einem Naturschutzgebiet mit einem See. Nach diesem Erfolgserlebnis wanderten wir weiter über Feldwege und später durch einen Park zu Tørning Mølle, vorrangig in östliche Richtung. Hier befindet sich ein noch arbeitendes Wasserkraftwerk. Die Törning Mühlenbrücke wurde im Jahre 1918 von einer Pionierkompanie aus Minden erbaut, die Aufschrift ist noch sehr gut zu lesen.

Vor Vedsted passierten wir noch ein historisches Gasthaus mit zwei riesigen dänischen Flaggen. Danach weiter nach Süden am Vedsted – See und Bunkeranlagen aus dem I. Weltkrieg. Später führte uns der Wanderweg an dem unter Landschaftsschutz stehendem Hochmoorgebieten Abkær Mose und Stengelmose vorbei.

Bei Immervad Bro steht seit 1776 eine Steinbrücke über die Au, hier befindet sich ein Zeltplatz sowie einige lebensgroße Holzskulpturen, die an die früheren Reisenden auf dem Heerweg erinnern sollen – Soldaten, Ochsentreiber, Kaufleute. Nun weiter direkt nach Süden – bis Rødekro gibt es leider nicht mehr viel zu sehen, der Weg ist fast durchgehend geteert.

Daisys Füße, Zehen und Schenkel schmerzen, sie hatte deshalb keine Interesse an einer Einkehr im Gasthof Rødekro, das der Stadt den Namen gegeben hat, als wir diese endlich erreichen, sondern steuert direkt den Bahnhof an. Mit den 30 Kilometer hierher gebe ich mich natürlich nicht zufrieden.

Der restliche Heerweg bis zur Grenze ist reich an Entfernungen und arm an Sehenswürdigkeiten.

Bei Hjordkær gibt es ein rekonstruiertes Steinzeitgrab, bei Urnehoved ein Rastplatz mit Gedenksteinen, leider nur in Dänisch. Viele Kilometer weiter bei Povlsbro ist eine 1744 erbaute Steinbrücke zu bewundern.

Vor Kliplev erfolgt ein nicht ganz nachvollziehbarer Umweg, der hier abgehende Radweg führt erst wieder bei der Bomerlund Plantage mit dem Fußweg zusammen. Der letztere macht bis dahin einen Umweg entlang eines Bahndamms und dann durch die Feldmark – die Wege sind jedoch Fahrwege.

Nach Durchquerung der Bommerlund Plantage stellt sich nach der Überquerung der Autobahn die Frage, wie der Heerweg den Anschluss zum deutschen E1 am Grenzübergang Kupfermühle findet.

Im Prinzip gibt es hier zwei Möglichkeiten. Die kürzeste wäre es, 300 Meter nach der Überquerung der Autobahn (hier steht auch eine Jugendherberge) nicht nach Süden in Richtung Padborg abzubiegen, sondern geradeaus nach Kruså zu wandern. Dort befindet sich der Grenzübergang Kupfermühle. Diese nur ca. 5 km lange Variante ist eine reine Straßenwanderung.

Die wahrscheinlich „offizielle", die ich gegangen bin, besteht darin, dem Heerweg bis zur Grenze zu folgen. Dabei kommt man noch an der Kirche von Bov vorbei. Da es sich um den „falschen" Übergang handelt, muss man anschließend in einem knapp acht Kilometer langen Bogen nach Nordosten auf dem Gendarmenpfad (Gendarmstien) zum Grenzübergang Kupfermühle wandern.

Trotz des Hochsommers wurde es so langsam dunkel. Der Gendarmenpfad machte seinen Namen alle Ehre. Wahrscheinlich habe ich mich durch Joggen in unmittelbarer Grenznähe wieder mal verdächtig gemacht. Obwohl ich doch auf einem markierten Wanderweg war! Zumindest kam mir nach ca. einem Kilometer ein dänischer Grenzsoldat mit Gewehr und Hund entgegen, der meine Papiere sehen wollte. Neugierig war der auch noch, sein Glauben an die von mir zurückgelegte Entfernung von Vojens schien sich in Grenzen zu halten. Wie heißt es „Was man selber nicht kann, glaubt man den anderen auch nicht." Soviel zum Schengener Abkommen in der Wanderpraxis.

Mit Ausblick auf eine Seenlandschaft kam ich an der Straße zum Grenzübergang Kupfermühle. Den Supermarkt „Rita" gibt es dort immer noch. Vor zwanzig Jahren wurde bei der Rückfahrt von Dänemark im Rahmen der inzwischen von der EU verbotenen „Butterfahrten" dort immer gehalten. Irgendwann nicht mehr. Die deutschen Gäste hatten zuviel geklaut. Der Laden scheint es aber überlebt zu haben.

Neben einer viersprurigen Straße passierte ich das Schild „Bundesrepublik Deutschland" und beendete meine Wanderung Göteborg – Genua / Lago Santo Parmese an der Stelle, an der die deutschen Wanderer ihre E1 – Wanderung üblicherweise beginnen. Die Rollstreppe gab es auch noch, natürlich nicht fahrbereit.

Mit dem Bus fuhr ich zum Bahnhof wo ich von Daisy schon sehnsüchtig erwartet wurde. Immerhin hat das erste Abholen am E1 gut geklappt.

Familienurlaub in Grövelsjön

Trotz der wunden Füße hat Daisy das Wandern in Dänemark gut gefallen. So beschlossen wir, einen Teil des Familienurlaubes in Grövelsjön am Anfang des E1 zu verbringen. Ende Juni / Anfang Juli schien uns hierfür als die günstigste Zeit in Schweden, wo die Kälte schon weg aber die Mücken noch nicht da sind.

Die Anreise war sehr lang. Nach Grövelsjön sind es 1500 km, verglichen mit 1100 km nach Chiavari. Keine Chance also, die nördlichen Teile des schwedischen E1 als Wochenendtouren anzugehen. Um Mitternacht waren wir da. Die schwedische Polizei war um die Zeit der Sonnenwende mehr an Alkoholikern denn an Rasern interessiert und hatte mich einmal zum Pusten angehalten.

Bei der Fjällstation Grövelsjön handelt es sich offiziell um eine Jugendherberge, es ist aber sowohl was die Ausstattung als auch die Preise angeht schon fast ein Berghotel. Mit den Kindern unternahmen wir Wanderungen in der Umgebung. Außer der schönen Umgebung gibt es auch hier in der Nähe einen Geocache zu entdecken (Grövelsjöns Fjällstation, GCK66Z) Faszinierend ist im Sommer, dass es die ganze Nacht hell ist. Das ermöglicht es, problemlos bis zu nächsten Übernachtungs- oder Abholmöglichkeit ohne Rücksicht auf die Tageszeit zu wandern.

Der E1 ist auf dem ersten Wegabschnitt Grövelsjön – Sälen nicht als solcher markiert. Man beginnt einfach an der 1,5 km von der Fjällstation gelegenen Hängebrücke und wandert nach Süden immer den Kungsleden entlang. Dieser ca. 185 km lange Wanderweg kreuzt nur dreimal Straßen mit Versorgungsmöglichkeiten.

Ich bin diesen Abschnitt in drei Etappen gewandert.
1. Grövelsjön – Flötningen (ca. 45 km)
2. Flötningen – Drevdagen (ca. 20 km)

3a. Drevdagen - Fulufjällets Nationalpark (ca. 60 km)
3b. Fulufjällets Nationalpark – Sälen (ca. 60 km)

Bei den beiden ersten Etappen wurde ich jeweils von Daisy mit den Kindern abgeholt. Schön, diese einsamen und flachen Straßen in Schweden. Bei den beiden letzten Etappen übernachtete ich in einer unbewirtschafteten Hütte im Nationalpark. Hierbei handelte es sich jedoch um ein richtiges Haus, nicht um eine Windschutzhütte. Eine Versorgungsmöglichkeit besteht vor dem Einstieg in den Nationalpark in Gördalen. Eine Wanderung ohne weitere Hilfe ist in diesem Abschnitt des E1 m. E. nicht möglich, es sei denn, Verpflegung für mehrere Tage und Schlafsack wird mitgeführt.

Der schönste Abschnitt hier ist der Fulufjällets Nationalpark aber auch die anderen Teile durch den Wald und über die einsame Plateaus haben ihren Reiz.

Der erste Hinweis auf den E1 in der Natur findet sich in Sälen beim Einstieg in den Vasaloppsleden nach Mora. Auf den lokalen Wanderkarten von Touristenbüros ist der E1 eingezeichnet, nicht jedoch auf den nationalen Wanderkarten.

Uns hat es in Schweden gut gefallen, obwohl Anfang Juli die Mücken langsam aber sicher kamen.

Wie geht es weiter?

Andere Fernwanderwege reizen mich irgendwie nicht besonders. Ich bin zwar schon mal Abschnitte des E6 sowie des E3 gewandert. Für diese Wege konnte ich mich aber nie so richtig erwärmen. Ich weiß nicht woran das lag. Vielleicht, weil es keine klare Übersichten für diese Wege ähnlich denen für den E1 gab. Weil es beim E3 einige Varianten wie z.B. Böhmische und Erzgebirgsvariante gibt. Darüber hinaus gibt es da noch den EB Als Protestant habe ich für den Jacobsweg, von dem meistens nur das Schlussstück des E3 in Spanien begangen wird, nicht so viel Interesse.

Ich finde die Fernwanderwege sind schon sehr lang. Da sollte es einen klaren Verlauf geben. Es zwar auch beim E1 Alternativen. Diese sind aber erst recht spät in Italien im Ticino – Tal. Sie sind von der Länge her auch überschaubar.

Mit den Fernwanderwegen gibt es noch andere Probleme. Die Markierungen! Da gibt es, was den E1 angeht, in allen fünf Ländern etwas zu tun. Am meisten in Italien. Am wenigsten in der Schweiz und in Schweden. Die anderen Fernwanderwege sind noch weniger gepflegt.

Wenn wieder mal ein Fernwanderweg, dann würde ich ehesten den E1 in Schweden und Italien komplettieren. Beides wird aber, denke ich, als ein langfristiges Projekt zu sehen. Im Rahmen von Familienurlauben. Wobei Daisy bezüglich der Straßen Schweden besser findet.

Meine Frau und ich wandern so gerne. Es wäre schön, wenn später einmal wenigstens eines der Kinder dieses Hobby mit uns teilen und ein paar kurze Etappen mitmachen würde. Bisher üben die Kinder auf dem E1 Abschnitt Nienstedter Pass – Annaturm. Immerhin sind es hin und zurück 6 km mit 150 Höhenmetern An- und Abstieg. Die Pommes und Eis oben locken aber immer wieder.

ANHANG
Etappenplan für die italienische Strecke bis Genua Pegli

Bei diesem Plan handelt es um einen Vorschlag, wie die italienischen Etappen unterteilt werden könnten. Ich habe versucht wenn möglich Orte mit größerem Übernachtungsangebot falls möglich als Etappenendpunkte zu setzen. Es kann natürlich keine Gewähr für die Richtigkeit übernommen werden.

Etappe Nr.	Etappenplan Italien aktuelle Wegführung		
	Strecke	**Entfernung ca. km**	**Übernachtungsmöglichkeiten**
1	Porto Ceresio - Brinzio	25	Pension 500 m links an der Hauptstraße (rechts abbiegen)
2	Brinzio - Gavirate	20	Größerer Ort mehrere Möglichkeiten
3	Gavirate - Sesto Calende	25	Größerer Ort mehrere Möglichkeiten
	Ostseite:		
4a	Sesto Calende - Turbigo	32	Größerer Ort mehrere Möglichkeiten
5a	Turbigo (Ostseite) - Abbiategrasso (4 km abseits E1)	33	Albergo Italia, Tel.: 02 9462851, notfalls Vorortzug nach Mailand
6a	Abbiategrasso - Bereguardo (3 km abseits E1)	36	Hotel an der Kreuzung, 3 km abseits des E1 oder Filippo, Tel.:0382 928097
	Westseite:		
4b	Sesto Calende - Varalla Pomba (Westseite)	19	Albergo Baldina, Tel.:0321/95232 oder 921700
5b	Varalla Pomba - Turbigo	31	Größerer Ort mehrere Möglichkeiten
6b	Turbigo - Ponte di Boffalora	18	Grotta Verde, Tel.:02 9754492
7b	Ponte di Boffalora - Abbiategrasso (4 km abseits E1) Strecke teilw. identisch mit 5a und auf der Ostseite	22	Albergo Italia, Tel.: 02 9462851, notfalls Vorortzug nach Mailand
8b	Abbiategrasso - Vigevano (2 km abseits E1) - bis zu Santa Maria del Bosco identisch mit 6a und auf der Ostseite	16	Hotel Europa, Tel.: 0381 908511
9b	Vigevano - Bereguardo (3 km abseits E1)	26	Hotel an der Kreuzung, 3 km abseits des E1 oder Filippo, Tel.:0382 928097
	Einheitliche Fortsetzung:		
10	Bereguardo - Pavia	20	Stadt, mehrere Möglichkeiten
11	Pavia - Voghera	30	Stadt, mehrere Möglichkeiten

12	Voghera - Tortona	16	Stadt, mehrere Möglichkeiten
13	Tortona - Albergo il Ciliegio	25	sehr schön gelegen!
14	Albergo il Ciliegio - Arquata Scrivia	20	nur Hotel Arquata, Tel.:0143 667970
15	Arquata Scrivia - Fraconalto	20	nur Hotel Borgo Sereno,Tel.:010 930079
16	Fraconalto - Genova Pegli	30	ggf. mit dem Bus ins Zentrum
-	Summe:	464	

Internetseite der italienischen Bahn mit Fahrplanauskunft:

http://www.trenitalia.it

GPS – Waypoints

Anleitung

Die Waypoints sind tabellarisch angegeben. Es wird eine kurze Beschreibung sowie ggf. die Richtung in die sich der E1 nach dem Waypoint wendet, angegeben. Die Koordinaten als dezimale Werte angegeben.

Beispiel: 8,713444 8 Grad entsprechen 8 Grad, 42 Minuten und 48 Sekunden. Berechnung 0,713444 mit 60 multiplizieren. Ergebnis sind dann Minuten. Im Beispiel 42,80664. Jetzt aus dem Ergebnis die Zahl hinter dem Komma ebenfalls mit 60 multiplizieren, um die Sekunden zu berechnen. 48,39 Sekunden

In den beiden letzten Spalten befinden sich die Entfernung vom Vorgänger sowie die Entfernung vom Anfang des Abschnittes.

Dabei ist zu beachten, dass es sich zwischen den Waypoints um die jeweiligen Luftlinienentfernungen handelt. Die tatsächlich zu wandernde Strecke liegt nach meinen Erfahrungen ca. 10 % - 20 % höher. Das sollte bei der Wanderplanung berücksichtigt werden.

Waypoints für italienische Streckenteile

Nummer:	Gavirate - Ponte di Porto Torre	Breite (D):	Länge (D):	km vom Vorgänger:	km Gesamt:
301	Gavirate Kreisverkehr	45,841944	8,713444	0,00	0,00
302	Bardello Stadttor	45,834444	8,698861	1,40	1,40

Nummer:	Gavirate - Ponte di Porto Torre	Breite (D):	Länge (D):	km vom Vorgänger:	km Gesamt:
303	Le Casacce	45,831639	8,696556	0,36	1,76
304	Abzweigung links Waldweg	45,827139	8,693639	0,55	2,31
305	rechts hoch halten	45,823111	8,698222	0,57	2,88
306	Straße wird wieder erreicht	45,821778	8,699750	0,19	3,07
307	rechts hoch in die Via Garibaldi	45,821139	8,700972	0,12	3,19
308	hier schräg links (SO)	45,815944	8,705389	0,67	3,86
309	Kreuz.m.falscher Markierung r.n.Travedonna (SW)	45,813194	8,710528	0,50	4,37
310	Straße weiter folgen	45,810028	8,707583	0,42	4,78
311	Bahnlinie wird überquert	45,807056	8,697472	0,85	5,64
312	Abzweigung links in den Wald (S)	45,806306	8,695500	0,17	5,81
313	Hochhäuser	45,801833	8,698194	0,54	6,35
314	Via Vittorio Veneto nach rechts (W)	45,799722	8,699083	0,24	6,59
315	vor Spedition links hoch (S)	45,800139	8,697889	0,10	6,70
316	Wegpunkt Wald 1	45,798583	8,696500	0,20	6,90
317	Wegpunkt Wald 2	45,798389	8,693056	0,27	7,17
318	Wegpunkt Wald 3	45,796583	8,693111	0,20	7,37
319	Wegpunkt Wald 4	45,796167	8,691417	0,14	7,51
320	Wegpunkt Wald 5	45,794444	8,690889	0,20	7,70
321	Zufahrt Steinbruch / Kieswerk, kurz danach rechts (N)	45,792528	8,690833	0,21	7,92
322	Tor ohne Zaun, hier links (W)	45,794361	8,688972	0,25	8,17
323	Steinweg, hier geradeaus runter	45,795889	8,684000	0,42	8,59
324	Sportplatz Travedona Monate,hier links (S)	45,796556	8,680583	0,28	8,86
325	defektes E1-Schild, hier geradeaus (S)	45,795889	8,680417	0,08	8,94
326	nach einem Anstieg nach rechts (W)	45,793139	8,682917	0,36	9,30
327	Straße nach links (S)	45,792083	8,679444	0,29	9,59
328	Überquerung SS629	45,783694	8,680278	0,93	10,53
329	Stranknick nach links (S)	45,783528	8,678028	0,18	10,70
330	Cascina Zerbino nach rechts hoch (NW)	45,779889	8,674083	0,51	11,21
331	Eingang Naturpark, hier links (S)	45,784556	8,663278	0,99	12,20
332	Feldweg bei der Hochspannungsleitung	45,784306	8,662139	0,09	12,29
333	Trafohaus	45,777361	8,658500	0,82	13,11

Nummer:	Gavirate - Ponte di Porto Torre	Breite (D):	Länge (D):	km vom Vorgänger:	km Gesamt:
334	Oberhalb Lentato Verbano 1	45,771194	8,656583	0,70	13,81
335	Oberhalb Lentato Verbano 2 (nach links)	45,766139	8,653917	0,60	14,41
336	Oberhalb Lentato Verbano 3	45,764361	8,654972	0,21	14,63
337	Abstieg nach Santa Fe nach rechts (W)	45,756889	8,649250	0,94	15,57
338	Santa Fe auf Straße links (S)	45,758167	8,646222	0,27	15,84
339	Santa Fe Straße, nach links (O)	45,756306	8,644583	0,24	16,09
340	seltsame Wegweiser, hier rechts (S)	45,745917	8,651167	1,26	17,35
341	Oriano, hier rechts runter	45,737639	8,652611	0,93	18,28
342	In den Feldweg schräg links (SO)	45,734417	8,653889	0,37	18,65
343	Feldweg überquert Fahrweg (SO)	45,731389	8,657667	0,45	19,09
344	Vor Bahndamm links	45,725222	8,660389	0,72	19,81
345	links zur SS 33	45,723972	8,659806	0,15	19,96
346	SS 33 nach rechts (S) verlassen	45,722361	8,662444	0,27	20,23
347	rechts Via Motte folgen	45,719306	8,663194	0,34	20,57
348	gerade aus auf Via Sculani	45,718194	8,662278	0,14	20,72
349	links hoch in den Wald	45,714583	8,659667	0,45	21,17
350	Nähe Tunnelportal A26	45,714167	8,663028	0,26	21,43
351	Waldweg 1, weiter SO	45,711889	8,666056	0,35	21,78
352	Waldweg 2, weiter SO	45,707639	8,668028	0,50	22,27
353	Straße nach Golasecca, weiter SO	45,704500	8,669667	0,37	22,64
354	Waldweg 3, weiter SO	45,700278	8,674778	0,61	23,26
355	Gasstation, nach rechts ehemaliger Bahndamm	45,695861	8,683750	0,85	24,11
356	Viale Europa, hier links	45,692333	8,680778	0,46	24,57
357	Madonna, hier nach rechts (S)	45,691833	8,682000	0,11	24,68
358	Wald, weiter S	45,688056	8,680917	0,43	25,10
359	Breiter Waldweg links (W)	45,683194	8,681444	0,54	25,65
360	Schräg links (SW)	45,684361	8,677639	0,32	25,97
361	Ruine im Wald	45,680972	8,672167	0,57	26,54
362	falscher Wegweiser, hier scharf links runter	45,680667	8,667361	0,37	26,91
901	Ponte di Porto Torre (Ostseite)	45,677667	8,669778	0,38	27,30

Nummer:	westliche Variante Ponte di Porto Torre - Varalla Pomba	Breite (D):	Länge (D):	km vom Vorgänger:	km Gesamt:
401	Ponte di Porto Torre (Ostseite)	45,677667	8,669778	0,00	0,00
402	Ponte di Porto Torre (Westseite)	45,674286	8,671496	0,40	0,40
403	SS 336 km 22	45,672944	8,669250	0,23	0,63
404	SS 336 km 23	45,670111	8,658000	0,93	1,56
405	E1 verlässt die SS 336 nach links	45,670187	8,656175	0,14	1,70
406	Waldweg, weiter nach Osten	45,668814	8,662162	0,49	2,19
407	Knick, jetzt nach Süden	45,667849	8,663707	0,16	2,35
408	Knick, jetzt nach SO	45,667098	8,663557	0,08	2,43
409	weiter nach Süden	45,664330	8,665638	0,35	2,78
410	Abzweigung TT3 / E1, jetzt rechts nach Westen	45,660982	8,663599	0,40	3,19
411	Am Damm, jetzt rechts nach Norden	45,662699	8,655896	0,63	3,81
412	Wegkreuzung, jetzt links nach Westen	45,666969	8,658643	0,52	4,34
413	Bogen nach links (S) beginnt	45,667763	8,656197	0,21	4,54
414	Knick nach rechts (W) direkter Weg von WP 405 hierher	45,667226	8,655167	0,10	4,64
415	Knick nach links (S)	45,667698	8,653386	0,15	4,79
416	Abzweigung Varalla Pomba, hier runter nach Süden	45,663643	8,648880	0,57	5,36
499	(Varalla Pomba - Zentrum / Albergo)	45,665359	8,633301	1,23	6,59

Nummer:	westliche Variante Varalla Pomba - Ponte di Turbigo	Breite (D):	Länge (D):	km vom Vorgänger:	km Gesamt:
500	(Varalla Pomba - Zentrum / Albergo)	45,665359	8,633301	0,00	0,00
501	Abzweigung Varalla Pomba, hier runter nach Süden	45,663643	8,648880	1,23	1,23
502	Serpentinen beginnen, weiter runter	45,660489	8,650424	0,37	1,60
503	Betonierter Kanal, hier rechts	45,658364	8,651218	0,24	1,84
504	Kanalbrücke nach links (S) überqueren	45,657785	8,650811	0,07	1,91
505	Feldweg zu Ende, jetzt rechts (W)	45,651283	8,654652	0,78	2,69
506	Kreuzung, Kanal, jetzt Asphaltstraße nach Süden	45,651725	8,645194	0,74	3,43

Nummer:	westliche Variante Varalla Pomba - Ponte di Turbigo	Breite (D):	Länge (D):	km vom Vorgänger:	km Gesamt:
507	Abzweigung rechts, weiter gerade aus (S)	45,648236	8,643987	0,40	3,83
508	Abzweigung rechts, weiter gerade aus (S)	45,646176	8,643193	0,24	4,07
509	Kleine Siedlung, weiter gerade aus (S)	45,643494	8,642228	0,31	4,37
510	Via Molisa, weiter gerade aus (S)	45,641917	8,642750	0,18	4,55
511	Schräg rechts (nicht reshts) weiter (SW)	45,640812	8,643258	0,13	4,68
512	Asphaltstraße SP 148, jetzt links nach Osten	45,638387	8,642163	0,28	4,97
513	Kanalüberquerung SP 148, dann Knick nach rechts (S)	45,638301	8,646584	0,34	5,31
514	SP 148, Knick nach links (O)	45,635555	8,647635	0,32	5,63
515	SP 148, km 5	45,635719	8,649333	0,13	5,76
516	SP 148, km 4, hier nach rechts (W)	45,632143	8,660830	0,98	6,74
517	SP 148 nach links (SW)	45,629933	8,657269	0,37	7,11
518	SP 148 schräg links weiter (S)	45,627701	8,655574	0,28	7,39
519	SP 148, km 3	45,625222	8,657083	0,30	7,69
520	SP 148 auf Feldweg geradeaus verlassen	45,624389	8,657472	0,10	7,79
521	Ticino wird erreicht	45,621243	8,662226	0,51	8,29
522	Ticino wird nach rechts verlassen	45,619204	8,664608	0,29	8,59
523	Knick nach links (SO)	45,618689	8,663857	0,08	8,67
524	Vor einem Kanal Abzweigung nach links (O)	45,615342	8,669693	0,59	9,26
525	Abzweigung nach rechts (S)	45,615621	8,670788	0,09	9,35
526	Centro Parco, hier links (O)	45,614183	8,673148	0,24	9,59
527	Haus mit Schleusen, Knick nach rechts (S)	45,613518	8,675916	0,23	9,82
528	Abzweigung nach links (O)	45,608025	8,677526	0,62	10,44
529	Knick nach rechts (S)	45,607896	8,680122	0,20	10,64
530	Abzweigung nach rechts, weiter gerade aus (S)	45,602531	8,682439	0,62	11,27
531	Knick nach rechts (SW)	45,598948	8,684735	0,44	11,70
532	Restaurant, auf Asphalstraße rechts (SO)	45,597017	8,683190	0,25	11,95
533	Auf SP 527 links (SO)	45,594270	8,688383	0,51	12,46

Nummer:	westliche Variante Varalla Pomba - Ponte di Turbigo	Breite (D):	Länge (D):	km vom Vorgänger:	km Gesamt:
534	SP 527 nach rechts (S) verlassen	45,592854	8,691173	0,27	12,72
535	Asphaltweg nach links (SO) folgen	45,590687	8,690464	0,25	12,97
536	Asphaltweg, weiter nach Süden	45,587876	8,693275	0,38	13,35
537	Ticnoecke, jetzt nach rechts (W)	45,579615	8,692160	0,92	14,27
538	Scharf links auf anderen Asphaltweg (SO)	45,578349	8,686259	0,48	14,75
539	Im Wald der Straße nach rechts (W) folgen	45,574272	8,691001	0,58	15,34
540	Knick nach links (S)	45,573177	8,687675	0,29	15,63
541	Anglerteich, rechts halten zum Parkplatz (S)	45,571568	8,688984	0,21	15,83
542	Abzweigung, weiter gerade aus nach Süden	45,570452	8,688297	0,14	15,97
543	Knick nach links (O)	45,562384	8,693490	0,98	16,95
544	Vor dem Parkplatz nach rechts (S)	45,562406	8,695571	0,16	17,11
545	Ticino folgen, Hochspannungsleitungen (SO, dann S)	45,557642	8,697267	0,55	17,66
546	Rastplatz mit Bänken	45,544660	8,708060	1,67	19,33
547	Vor La Quercia nach rechts auf Asphaltstraße	45,540841	8,710248	0,46	19,79
548	Brücke, weiter Straße folgen	45,538588	8,704691	0,50	20,29
549	Straße freies Feld, Anstieg beginnt (SW, dann S)	45,537300	8,701365	0,30	20,58
550	Belvedere di Cameri, auf Feldweg gerade aus (S)	45,532794	8,699713	0,52	21,10
551	Cascina Zaboina, weiter gerade aus (S)	45,528481	8,702352	0,52	21,62
552	Y-Abzweigung, hier rechten Weg gerade aus (S)	45,525305	8,702288	0,35	21,97
553	Blick auf Staustufe	45,520070	8,706236	0,66	22,63
554	Knick nach rechts (W)	45,516636	8,708317	0,41	23,05
555	Vor Piccetta, Kreuzung, nach links (S)	45,515435	8,703339	0,41	23,46
556	Bahnübergang, kurz danach nach links (NO) ohne Zeichen!	45,501788	8,714111	1,73	25,19
557	Knick nach rechts (SO) mit Zeichen	45,504663	8,716621	0,37	25,57
558	Straße SS 341, jetzt nach links (NO)	45,501251	8,719497	0,44	26,01
559	Straße SS 341, KM 11, Ponte di	45,507646	8,719819	0,71	26,72

Nummer:	westliche Variante Varalla Pomba - Ponte di Turbigo Turbigo	Breite (D):	Länge (D):	km vom Vorgänger:	km Gesamt:
1001	(Turbigo Via Roma Brücke (Ostseite))	45,528278	8,732972	2,51	29,23

Nummer:	westliche Variante Ponte di Turbigo - Ponte di Boffalore	Breite (D):	Länge (D):	km vom Vorgänger:	km Gesamt:
1001	(Turbigo Via Roma Brücke (Ostseite))	45,528278	8,732972	0,00	0,00
601	Straße SS 341, KM 11, Ponte di Turbigo	45,507646	8,719819	2,51	2,51
602	Asphaltierter Weg, weiter gerade aus (S)	45,504470	8,722351	0,40	2,92
603	Abzweigung, hier links (O)	45,500565	8,725011	0,48	3,40
604	Rechts nach Süden	45,500951	8,726492	0,12	3,52
605	Nach der Brücke nach rechts, Kanal folgen	45,499921	8,730698	0,35	3,87
606	Knick nach links (SO)	45,497110	8,730783	0,31	4,18
607	Abzweigung, weiter geradeaus (SO)	45,494170	8,738444	0,68	4,86
608	Kanalüberquerung, weiter nach Süden	45,493528	8,739528	0,11	4,97
609	lnks auf Straße nach Osten	45,490952	8,740997	0,31	5,28
610	rechts von der Straße auf Feldweg (S)	45,490930	8,742671	0,13	5,41
611	Ruine, weiter nach Osten	45,487111	8,749838	0,70	6,11
612	Weg von rechts, östliche Richtung gerade aus weiter	45,487325	8,751383	0,12	6,24
613	abbiegen nach links (N)	45,485373	8,763657	0,98	7,22
614	abbiegen nach rechts (O)	45,486274	8,763850	0,10	7,32
615	abbiegen nach rechts (S)	45,485952	8,766103	0,18	7,50
616	abbiegen nach links (O)	45,485008	8,766038	0,11	7,60
617	Kanal wird erreicht (O, dann SO)	45,484579	8,772497	0,51	8,11
618	Knick nach Süden	45,481317	8,781595	0,80	8,90
619	Rote Brücke überqueren, Knick nach Osten	45,478570	8,782153	0,31	9,21
620	Knick nach rechts (S)	45,479107	8,785071	0,24	9,45
621	Knick nach rechts (W), Kanal wieder überqueren	45,472991	8,784170	0,68	10,13
622	Ruine, Kreuzung, hier nach links (S)	45,472820	8,781767	0,19	10,32
623	Knick nach rechts (W)	45,470138	8,781466	0,30	10,62

Nummer:	westliche Variante Ponte di Turbigo - Ponte di Boffalore	Breite (D):	Länge (D):	km vom Vorgänger:	km Gesamt:
624	Knick nach links zur Autobahnüberführung (S)	45,470459	8,777046	0,35	10,97
625	Nach den Autobahn und Schnellbahn nach Süden	45,467927	8,777926	0,29	11,25
626	Am östlichen Kanalufer weiter in Richtung Süden	45,467026	8,778055	0,10	11,36
627	Abzweigung, hier schräg rechts (SW)	45,463572	8,779171	0,39	11,75
628	Hof, hier nach rechts (W), Kanal und hoch	45,461726	8,778119	0,22	11,97
629	Kreuzung, ohne Zeichen nach links (S)	45,461426	8,774729	0,27	12,24
630	Abzweigung, ohne Zeichen nach links (O)	45,453851	8,778033	0,88	13,12
631	Abzweigung, E1 geradeaus auf Feldweg (O)	45,453701	8,780158	0,17	13,28
632	Abzweigung, hier nach links halten (O)	45,453422	8,783956	0,30	13,58
633	Kanal und Schranke trotz Verbote überqueren (O)	45,456512	8,790178	0,59	14,18
634	Knick nach rechts (S)	45,456748	8,790951	0,07	14,24
635	Gaststätte "Alla Spina", weiter gerade aus (S)	45,455246	8,791916	0,18	14,43
636	Hydrologisches Gebäude, weiter gerade aus (S)	45,453486	8,792968	0,21	14,64
637	Strasse SS 11 überschreiten, Parallelweg nach links (W)	45,448165	8,795500	0,62	15,26
638	Ponte di Boffalora (Westseite)	45,450461	8,802538	0,61	15,87
1035	Ponte di Boffalora (Ostseite)	45,451500	8,807778	0,42	16,29

Nummer:	östliche Variante Ponte di Porto Torre - Turbigo	Breite (D):	Länge (D):	km vom Vorgänger:	km Gesamt:
901	Ponte di Porto Torre (Ostseite)	45,677667	8,669778	0,00	0,00
902	SS 35 Punkt1	45,677972	8,671806	0,16	0,16
903	SS 35 Punkt2	45,678833	8,676472	0,37	0,54
904	SS 35 Punkt3	45,678417	8,680778	0,34	0,87
905	Abzweigung Süd	45,677389	8,684167	0,29	1,16

Nummer:	östliche Variante Ponte di Porto Torre - Turbigo	Breite (D):	Länge (D):	km vom Vorgänger:	km Gesamt:
906	Großes Wehr	45,671639	8,683306	0,64	1,80
907	Haus	45,670944	8,683028	0,08	1,88
908	Übergang Ost	45,666944	8,678472	0,57	2,45
909	Übergang West	45,667139	8,677000	0,63	3,08
910	Kanal Westseite	45,666250	8,677361	0,68	3,77
911	Brücke 1 - auf Westseite bleiben	45,661167	8,677056	0,65	4,42
912	Brücke 2 - auf Westseite bleiben	45,654417	8,685806	1,57	5,99
913	Kanalkurve 1	45,647639	8,691389	2,34	8,33
914	Kanalkurve 2	45,636639	8,689972	1,23	9,56
915	Bei Castelnovate	45,632028	8,683917	0,70	10,25
916	Abzweigung vor Staustufe	45,629639	8,683972	0,27	10,52
917	Staustufe West	45,627639	8,682139	0,26	10,78
918	Staustufe Ost	45,627111	8,684611	0,20	10,98
919	Überquerung SS 527 - auf Ostseite bleiben	45,586694	8,707194	4,82	15,81
920	Vor Turbigo - Verbindung zum westlichen E1	45,545500	8,723833	4,76	20,57
1001	Turbigo Via Roma Brücke (Ostseite)	45,528278	8,732972	2,04	22,61

Nummer:	östliche Variante Turbigo - Ponte di Boffalore	Breite (D):	Länge (D):	km vom Vorgänger:	km Gesamt:
1001	Turbigo Via Roma Brücke	45,528278	8,732972	0,00	0,00
1002	Turbigo Bahnlinie	45,525889	8,735778	0,34	0,34
1003	Turbigo Industrie	45,522778	8,742194	0,61	0,95
1004	Kanalquerung Ost	45,516778	8,750889	0,95	1,90
1005	Kanalquerung West	45,516472	8,750694	0,04	1,94
1006	Abzweigung E1b	45,485778	8,798278	5,04	6,98
1007	E1b Punkt1	45,484778	8,797278	0,14	7,11
1008	E1b Punkt2	45,484083	8,795889	0,13	7,25
1009	E1b Punkt3	45,483083	8,796583	0,12	7,37
1010	E1b Punkt4	45,481194	8,795889	0,22	7,59
1011	E1b Punkt5	45,479444	8,796583	0,20	7,79
1012	E1b Punkt6	45,478472	8,795472	0,14	7,93

156

Nummer:	östliche Variante Turbigo - Ponte di Boffalore	Breite (D):	Länge (D):	km vom Vorgänger:	km Gesamt:
1013	E1b Punkt5	45,477889	8,794889	0,08	8,01
1014	Ticino	45,477278	8,792889	0,17	8,18
1015	Autobahn	45,470278	8,792000	0,78	8,96
1016	Knick nach Süden vor Baustelle	45,470583	8,797778	0,45	9,41
1035	Ponte di Boffalora (Ostseite)	45,451500	8,807778	2,26	11,67

Nummer:	Ponte di Boffalora- Abbiategrasso	Breite (D):	Länge (D):	km vom Vorgänger:	km Gesamt:
1035	Ponte di Boffalora (Ostseite)	45,451500	8,807778	0,00	0,00
1036	Ticino Punkt1	45,451083	8,806694	0,10	0,10
1037	Ticino Punkt2	45,446083	8,811889	0,69	0,78
1038	Ticino Punkt3	45,443194	8,814694	0,39	1,17
1039	Ticino wird verlassen	45,435889	8,816697	0,83	2,00
1040	Ticino Umgebung 1	45,431972	8,822639	0,64	2,64
1041	Ticino Umgebung 2 links (O)	45,427333	8,828639	0,70	3,33
1042	Feldmark 1 rechts (S)	45,427778	8,829722	0,10	3,43
1043	Feldmark 2 rechts (W)	45,424333	8,832722	0,45	3,88
1044	Feldmark 3 links (S)	45,424333	8,831583	0,09	3,97
1045	Feldmark 4 rechts (W)	45,423139	8,831889	0,13	4,10
1046	Feldmark 5 rechts (S)	45,423250	8,829639	0,18	4,28
1047	Fahrweg wird erreicht (O)	45,420667	8,830167	0,29	4,57
1048	Dem Weg folgen (S)	45,421278	8,832861	0,22	4,79
1049	Dem Weg folgen (O)	45,419389	8,834167	0,23	5,02
1050	Weg - Verzw.nach links (O)	45,418917	8,842917	0,68	5,71
1051	Scharf rechts abbieben (S)	45,424250	8,865250	1,84	7,55
1052	Nach links abbiegen (W)	45,412278	8,857778	1,45	9,00
1053	Fahrwegkurve	45,411361	8,860000	0,20	9,20
1054	'"Verbotene" Hofdurchquerung	45,410722	8,862833	0,23	9,44
1055	Betonierter Kanal / n.rechts (W)	45,407500	8,865083	0,40	9,83
1056	Kleiner Weg links (S)	45,404194	8,855806	0,81	10,65
1057	Feldweg rechts (W)	45,400417	8,859611	0,51	11,16
1058	Feldweg links (S)	45,399611	8,857583	0,18	11,34

Nummer:	Ponte di Boffalora- Abbiategrasso	Breite (D):	Länge (D):	km vom Vorgänger:	km Gesamt:
1059	Feldweg rechts (W)	45,397944	8,857889	0,19	11,53
1060	Feldweg links (S)	45,398361	8,854500	0,27	11,80
1061	Feldweg rechts (W)	45,396472	8,854639	0,21	12,01
1062	Vor dem Wald nach Süden	45,394833	8,851278	0,32	12,33
1063	Ticino wird wieder erreicht	45,390528	8,851333	0,48	12,81
1064	Nach Osten am Kanal	45,385806	8,852917	0,54	13,35
1065	Kanalbrücke	45,386944	8,859250	0,51	13,86
1066	Waldweg nach Ca' di Bis	45,383667	8,857750	0,38	14,24
1067	Hof mit blauem Brunnen	45,381250	8,859056	0,29	14,53
1068	E1 verlässt die Straße nach rechts (S)	45,382083	8,866639	0,60	15,13
1069	(Abbiategrasso Bahnhof)	45,397639	8,920389	4,54	19,67

Nummer:	Abbiategrasso - Santa Maria del Bosco	Breite (D):	Länge (D):	km vom Vorgänger:	km Gesamt:
1100	(Abbiategrasso Bahnhof)	45,397639	8,920389	0,00	0,00
1101	E1 verlässt die Straße nach rechts (S)	45,382083	8,866639	4,54	4,54
1102	Felder nach links (SO)	45,378139	8,866611	0,44	4,98
1103	Am Hof (C. na Gaianella) nach links (O)	45,374111	8,875750	0,84	5,82
1104	Feldweg an C.na Nouva Kluzer nach rechts (S)	45,374111	8,878472	0,21	6,03
1105	Straße nach rechts (SW)	45,372889	8,879250	0,15	6,18
1106	Am Hof (C. na Remondata) links (S)	45,369222	8,874500	0,55	6,73
1107	Nach rechts zum Waldrand (SW)	45,364306	8,879333	0,66	7,40
1108	Am Hof links (C. na Broggina)	45,360722	8,880139	0,40	7,80
1109	Am Hof rechts (S) (C. na Broggina)	45,360667	8,881167	0,08	7,88
1110	Wegverzweigung links (SO)	45,359472	8,881361	0,13	8,01
1111	Wegesbiegung	45,357306	8,883667	0,30	8,32
1112	Wegesbiegung Waldrand	45,355250	8,888500	0,44	8,76
1113	Casina Guzzona rechts (O)	45,360167	8,896750	0,85	9,60
1114	SS 494 rechts (S) in Soria Vecchia	45,357556	8,908778	0,98	10,59
1115	Santa Maria del Bosco	45,353222	8,908028	0,49	11,07

Nummer:	Santa - Maria del Bosco - Ponte di Barche, östliche Variante	Breite (D):	Länge (D):	km vom Vorgänger:	km Gesamt:
1115	Östlichen E1 folgen (S) am Santa Maria del Bosco	45,353222	8,908028	0,00	0,00
1116	Zwischen Fluss und Kanal (S)	45,349361	8,907472	0,43	0,43
1117	Schwenk nach Südosten	45,342361	8,907444	0,78	1,21
1118	Am Hof nach rechts (S)	45,336000	8,922028	1,34	2,55
1119	Wegbiegung links (O)	45,334361	8,923278	0,21	2,76
1120	Wegbiegungrechts (S)	45,334333	8,924889	0,13	2,88
1121	Reiterhof (O)	45,330444	8,926500	0,45	3,33
1122	Abzweigung nach Morimondo (S)	45,333306	8,934306	0,69	4,02
1123	Kleiner Kanal	45,326639	8,942611	0,99	5,01
1124	Großer Hof 1	45,321361	8,946083	0,65	5,65
1125	Großer Hof 2	45,318667	8,946583	0,30	5,96
1126	vor Besate (S)	45,313944	8,957333	0,99	6,95
1127	Besate nach rechts (W) Infotafel	45,311333	8,966028	0,74	7,69
1128	Feldweg nach links (S)	45,309528	8,958778	0,60	8,29
1129	Feldweg nach rechts(SW)	45,305972	8,959472	0,40	8,69
1130	Feldweg gerade aus (SW)	45,305306	8,957806	0,15	8,84
1131	Vor Hof links (S)	45,301361	8,953000	0,58	9,41
1132	Nach Hof rechts (W)	45,300556	8,953167	0,09	9,50
1133	Parkplatz am Ticino / Imbiss	45,299722	8,950389	0,24	9,74
1134	Ticino - Ufer (S)	45,299028	8,948556	0,16	9,90
1135	Ticino - Hochwasser - Wanderweg überflutet	45,296861	8,948417	0,24	10,14
1136	Ticino Uferweg wird verlassen	45,296278	8,948167	0,07	10,21
1137	Waldweg nach Südosten	45,294778	8,949278	0,19	10,40
1138	links abbiegen, Wegweiser fehlt! (O)	45,289306	8,953333	0,69	11,09
1139	Bogen nach Süden	45,288928	8,958149	0,38	11,47
1140	Querzuflus	45,284464	8,961561	0,56	12,03
1141	rechts nach (S)	45,284615	8,964629	0,24	12,27
1142	Flussarm folgen (SO)	45,283417	8,966583	0,20	12,47
1143	Knick nach links (O)	45,280044	8,969650	0,45	12,92
1144	Parkplatz Westseite	45,280222	8,973500	0,30	13,22
1145	Restaurant, Parkplatz Ost	45,279778	8,975389	0,16	13,37
1146	Ufo-Restaurant	45,279194	8,978083	0,22	13,60
1147	Knick, kurz NO	45,278028	8,979111	0,15	13,75

Nummer:	Santa - Maria del Bosco - Ponte di Barche, östliche Variante	Breite (D):	Länge (D):	km vom Vorgänger:	km Gesamt:
1148	weiter nach SO	45,277889	8,980528	0,11	13,86
1149	Parkinformation	45,275361	8,982611	0,32	14,18
1150	Knick nach rechts SO,dann S	45,270972	8,987694	0,63	14,81
1151	Aufstieg aus dem Tal nach links (O)	45,268728	8,987667	0,25	15,06
1152	Knick nach rechts (SO)	45,269611	8,990056	0,21	15,28
1153	Feldwegbogen nach links (NO)	45,268389	8,991972	0,20	15,48
1154	Aufstieg beendet, jetzt nach rechts O z,Str,	45,271056	8,994944	0,38	15,85
1155	Straße SP 170, jetzt nach rechts (SW)	45,268500	9,002139	0,63	16,48
1156	Infortafel in Zelata, nach rechts (W)	45,264833	9,000389	0,43	16,91
1157	abgerissenes Zeichen, hier links (S)	45,265833	8,998194	0,20	17,12
1158	Bogen nach rechts (W)	45,264528	8,996944	0,18	17,29
1159	Am Silo nach links (S)	45,264611	8,995333	0,13	17,42
1160	Abstieg zum Fluss - Haus	45,262778	8,994056	0,23	17,65
1161	Dammweg 1, links (SO)	45,258583	8,993889	0,47	18,11
1162	Dammweg 2, rechts (S)	45,258278	8,994861	0,08	18,20
1163	Uferweg, weiter S	45,253250	8,991583	0,62	18,81
1164	Uferweg , weiter SO	45,250278	8,992417	0,34	19,15
1165	kurz rechts halten (SW)	45,246139	8,996361	0,55	19,70
1166	Knick nach links (SO)	45,245639	8,995833	0,07	19,77
1167	weiter nach SO	45,240806	9,000528	0,65	20,42
1168	weiter nach O	45,236778	9,004556	0,55	20,97
1169	Bootsbrücke - Ponte di Barche / Ostufer	45,236163	9,007802	0,26	21,23
1201	Bootsbrücke - Ponte di Barche / Westufer	45,233972	9,006889	0,25	21,49
1200	(Berenguardo - Kreuzung)	45,257861	9,027528	3,11	24,60

Nummer:	Santa - Maria del Bosco - Ponte di Barche, westliche Variante	Breite (D):	Länge (D):	km vom Vorgänger:	km Gesamt:
1115	westlichen E1 folgen (S) am Santa Maria del Bosco	45,353222	8,908028	0,00	0,00
2101	SS 494 folgen	45,348083	8,892278	1,36	1,36
2102	Ponte de Vigevano Ost	45,342694	8,880861	1,07	2,43
2103	Ponte de Vigevano West	45,340583	8,878861	0,28	2,71
2104	nach links (O) in dieVia Lungotico	45,338139	8,877083	0,31	3,02

Nummer:	Santa - Maria del Bosco - Ponte di Barche, westliche Variante	Breite (D):	Länge (D):	km vom Vorgänger:	km Gesamt:
2105	weiter geradeaus	45,336472	8,883633	0,54	3,56
2106	schräg rechts (SO)	45,335813	8,885944	0,19	3,76
2107	Vor Conca Azzura nach rechts (S)	45,333538	8,887918	0,30	4,05
2108	Nach Conca Azzura nach links (O)	45,333028	8,887528	0,06	4,12
2109	Knick nach rechts (S)	45,331972	8,889722	0,21	4,33
2110	weiter geradeaus nach SW	45,328946	8,889270	0,34	4,66
2111	schräg links hoch links abbiegen auf Via Vento	45,325778	8,885483	0,46	5,12
2112	links (O) auf Via San Giovanni	45,323639	8,886111	0,24	5,37
2113	schräg rechts vom Ufer weg nach Süden	45,323750	8,896778	0,83	6,20
2114	nach links (O) in dieVia Aguzzafame	45,319250	8,899611	0,55	6,75
2115	rechts haltend auf Teerweg bleiben nach SO	45,318875	8,904583	0,39	7,14
2216	Ticinoufer nach rechts (S) Uferweg folgen	45,319319	8,910250	0,45	7,59
2217	Uferweg weiter folgen	45,317638	8,912508	0,26	7,84
2218	Am Kanal nach rechts zur Brücke	45,317083	8,916222	0,30	8,14
2219	Ticino Richtung Süden verlassen	45,316167	8,916972	0,12	8,26
2220	geschlossenes Tor, kurz dan.l + sofort wieder rechts	45,311250	8,915972	0,55	8,81
2221	dreifach-Abzweigung, hier schräg rechts	45,307222	8,919778	0,54	9,35
2222	weiter geradeaus nach Süden	45,305235	8,920105	0,22	9,57
2223	weiter geradeaus nach SO	45,296972	8,923917	0,97	10,53
2224	weiter geradeaus nach SO	45,294306	8,927167	0,39	10,93
2225	Knick nach rechts (W)	45,292618	8,932228	0,44	11,36
2226	Kurve nach links (S)	45,290666	8,930662	0,25	11,61
2227	Steinbrücke, hier links (O)	45,288556	8,932528	0,28	11,89
2228	Wegweiser, hier nach rechts (S)	45,289278	8,934583	0,18	12,07
2229	geradeaus weiter (S), Freiflächen links	45,287278	8,935222	0,23	12,30
2230	weiter nach S, wieder in den Wald	45,283971	8,939502	0,50	12,79
2231	Alternativweg S3 rechts, E1 geradeaus (SO)	45,278972	8,946500	0,78	13,57
2232	E1 rechts (S) halten, Abzweigung zum Ticino links	45,276667	8,954361	0,67	14,24

Nummer:	Santa - Maria del Bosco - Ponte di Barche, westliche Variante	Breite (D):	Länge (D):	km vom Vorgänger:	km Gesamt:
2233	S3 kommt von rechts zurück, weiter (S)	45,273361	8,956278	0,40	14,64
2234	Weg über Freiflächen 1, jetzt O	45,268521	8,960660	0,64	15,28
2235	Weg über Freiflächen 2, jetzt S	45,269766	8,966196	0,45	15,73
2236	Abzweigung, hier rechts (W)	45,267672	8,970278	0,40	16,12
2237	schlängelnder Waldweg, weiter gerade aus (S)	45,262728	8,972204	0,57	16,69
2238	Brücke mit Kette (Radefahrerfalle?)	45,258611	8,970083	0,49	17,18
2239	Abzweigung, hier nach links (O)	45,258056	8,968528	0,14	17,32
2240	Knick nach links (N)	45,258111	8,972944	0,35	17,66
2241	Knick nach rechts (O)	45,259166	8,974929	0,19	17,86
2242	Knick nach rechts (SW)	45,258307	8,977160	0,20	18,06
2243	freies Feld überqueren, weiter SW	45,257213	8,975809	0,16	18,22
2244	leicht links in den Wald (S)	45,256183	8,974864	0,14	18,36
2245	weiter Feldweg leicht links (S)	45,254722	8,975750	0,18	18,53
2246	Kanal wird überschritten, weiter (S)	45,252889	8,978194	0,28	18,81
2247	nach links (O) abbiegen	45,252097	8,978222	0,09	18,90
2248	Knick nach SO, später Süden, Flussarm folgen	45,253158	8,981388	0,27	19,17
2249	weiter nach Süden	45,246527	8,985701	0,81	19,98
2250	Flussufer leicht nach rechts (S) verlassen	45,243781	8,993425	0,68	20,66
2251	Knick nach rechts (W), Rastmöglichkeit	45,238459	8,995442	0,61	21,27
2252	Brücke nach links (S), dann weiter links (O)	45,237806	8,991222	0,34	21,61
2253	Villenruine 1, jetzt SO	45,237451	8,993168	0,16	21,77
2254	Villenruine 2, jetzt O	45,234339	9,000567	0,67	22,44
1201	Bootsbrücke - Ponte di Barche / Westufer	45,233972	9,006889	0,50	22,94
1200	(Berenguardo - Kreuzung)	45,257861	9,027528	3,11	26,05

Nummer:	Ponte di Barche - Cascina Venara	Breite (D):	Länge (D):	km vom Vorgänger:	km Gesamt:
1200	(Berenguardo - Kreuzung)	45,257861	9,027528	0,00	0,00
1201	Bootsbrücke - Ponte di Barche /	45,233972	9,006889	3,11	3,11

Nummer:	Ponte di Barche - Cascina Venara Westufer	Breite (D):	Länge (D):	km vom Vorgänger:	km Gesamt:
1202	Geradeaus auf Feldweg / Cascina Dogana	45,232778	9,006194	0,14	3,25
1203	Feldweg nach Osten	45,231528	9,006444	0,14	3,39
1204	Unterquerung A7	45,227806	9,026444	1,62	5,01
1205	Abzweigung Cascina Venara	45,213056	9,045972	2,24	7,25

Nummer:	Straßenstrecke nach Tortona (alter Verlauf)	Breite (D):	Länge (D):	km vom Vorgänger:	km Gesamt:
1205	Abzweigung Cascina Venara	45,213056	9,045972	0,00	0,00
1206	Cascina Venara - Infotafel	45,212750	9,044083	0,15	0,15
1207	Feldweg nach Westen	45,213250	9,042972	0,10	0,26
1208	Cascina Malpaga	45,210028	9,021861	1,69	1,95
1301	Zerbolo, Autobahnbrücke	45,206528	9,017333	0,53	2,47
1302	Zerbolo, Zentrum	45,206361	9,011333	0,47	2,94
1303	Zerbolo, Ortsgrenze	45,207694	9,008000	0,30	3,24
1304	Abzweigung nach Gropello	45,208333	9,001889	0,48	3,73
1305	Gropello Cairoli, Abzweigung	45,186694	8,996972	2,44	6,16
1306	Gropello Cairoli, Zentrum	45,176472	8,993111	1,18	7,34
1307	Kreisverkehr	45,166700	8,988694	1,14	8,48
1308	Straßenknick	45,162694	8,987500	0,46	8,94
1309	Kreuzung Dorno	45,157389	8,962389	2,06	10,99
1310	E1 - Markierung Terdoppio	45,145278	8,943389	2,01	13,00
1311	Scaldasole	45,128889	8,912778	3,01	16,01
1312	Kreisverkehr Sannazzaro	45,115194	8,910694	1,53	17,54
1313	Sannazzaro Zentrum	45,104000	8,910694	1,24	18,79
1314	Sannazzaro Via Roma	45,103111	8,904972	0,46	19,25
1315	Sannazzaro Kreuzung	45,097389	8,907778	0,67	19,92
1316	Po-ZuFluss	45,072500	8,903083	2,79	22,71
1317	Werbetafel	45,068389	8,902297	0,46	23,17
1318	Po-Brücke	45,064472	8,903611	0,45	23,62
1319	Cornale 1	45,051194	8,908694	1,53	25,15
1320	Cornale 2	45,041278	8,906389	1,12	26,27

Nummer:	Straßenstrecke nach Tortona (alter Verlauf)	Breite (D):	Länge (D):	km vom Vorgänger:	km Gesamt:
1321	Cornale 3	45,037694	8,907194	0,40	26,67
1322	Abzweigung nach Gropello	45,027778	8,912583	1,18	27,85
1323	Abzweigung Umgehungsstraße	45,026778	8,903000	0,76	28,61
1324	Straße nach Castelnouvo Scrivia 1	45,016083	8,890000	1,57	30,18
1325	Straße nach Castelnouvo Scrivia 2	45,005278	8,886583	1,23	31,41
1326	Straße nach Castelnouvo Scrivia 3	44,996778	8,884300	0,96	32,37
1327	Castelnuovo Scrivia Stadttor	44,986694	8,881083	1,15	33,52
1328	Castelnuovo Scrivia 1	44,981806	8,880250	0,55	34,07
1329	Castelnuovo Scrivia 2	44,979528	8,881250	0,27	34,34
1330	Castelnuovo Ortsausgang	44,977083	8,882500	0,29	34,63
1331	Landstraße nach Tortona 1	44,966778	8,878583	1,19	35,81
1332	Überführung A7	44,962583	8,881083	0,51	36,32
1333	Landstraße nach Tortona 2	44,949778	8,879389	1,43	37,75
1334	Überführung A21	44,927083	8,872583	2,58	40,33
1335	Kreisverkehr in Tortona	44,907500	8,870000	2,19	42,51
1336	Zweiter Kreisverkehr in Tortona	44,903472	8,871389	0,46	42,97
1337	Bahnhof Tortona	44,899694	8,862556	0,81	43,79

Nummer:	Ticino-Variante nach Pavia (neuer Verlauf)	Breite (D):	Länge (D):	km vom Vorgänger:	km Gesamt:
1205	Abzweigung Cascina Venara	45,213056	9,045972	0,00	0,00
1210	Dammweg 1	45,211111	9,046472	0,22	0,22
1211	Dammweg 2	45,210889	9,052861	0,50	0,72
1212	Waldweg 1	45,210972	9,055639	0,22	0,94
1213	Waldweg 2	45,209778	9,057222	0,18	1,12
1214	Waldweg 3	45,207889	9,061167	0,37	1,49
1215	Abzweigung - hier geradeaus!	45,206111	9,063083	0,25	1,74
1216	Waldende - drei E1-Zeichen	45,205222	9,064639	0,16	1,90
1217	Anfang Feldweg nach Süden	45,205083	9,064917	0,03	1,93
1218	Feldweg nach Süden	45,199083	9,063556	0,68	2,60
1219	Abzweigung nach links (O)	45,197389	9,063917	0,19	2,79
1220	Fahrweg nach rechts (S) Brücke mit Gittertor	45,196111	9,069028	0,42	3,22

Nummer:	Ticino-Variante nach Pavia (neuer Verlauf)	Breite (D):	Länge (D):	km vom Vorgänger:	km Gesamt:
1221	Fahrweg Richtung Süden	45,191250	9,068306	0,54	3,76
1222	Straße nach links (O)	45,188833	9,065917	0,33	4,09
1223	Straße nach Canarazzo 1	45,186861	9,072667	0,57	4,66
1224	Straße nach Canarazzo 2	45,187972	9,082111	0,75	5,41
1225	Canarazzo	45,193056	9,086083	0,65	6,06
1226	Straße wird verlassen	45,195722	9,087639	0,32	6,38
1227	Auenweg 1	45,198083	9,087639	0,26	6,64
1228	Auenweg 2	45,200417	9,088889	0,28	6,92
1229	Auenweg 3	45,201833	9,092556	0,33	7,24
1230	Abzweigung links	45,201111	9,096611	0,33	7,57
1231	Uferwirtschaft, jetzt rechts (S)	45,201361	9,098333	0,14	7,71
1232	Feldweg nach links (O)	45,199361	9,097000	0,25	7,95
1233	Schräg rechts (SO)	45,199139	9,097417	0,04	8,00
1234	Flussbiegung nach Osten	45,192306	9,099917	0,78	8,78
1235	Parallel zu Straße	45,191056	9,106750	0,55	9,33
1236	Knick nach NO	45,189556	9,111889	0,44	9,77
1237	Knick nach O	45,190306	9,115833	0,32	10,09
1238	Am See	45,189306	9,119083	0,28	10,37
1239	Zum Gasthaus 1	45,188694	9,121972	0,24	10,60
1240	Zum Gasthaus 2	45,189583	9,123306	0,14	10,75
1241	Zum Gasthaus 3	45,190972	9,123250	0,15	10,90
1242	Gasthaus am Ufer	45,190333	9,124639	0,13	11,03
1243	Vom Gasthaus	45,188417	9,123306	0,24	11,27
1244	Unterquerung A54	45,187694	9,125194	0,17	11,44
1245	Unterquerung Eisenbahnbrücke	45,182611	9,134722	0,94	12,37
1246	Auf Feldweg geradeaus	45,182139	9,136194	0,13	12,50
1247	Unterquerung SS 35	45,179667	9,146528	0,86	13,36
1248	Nach rechts zu Straße	45,179750	9,148583	0,16	13,52
1249	Straße nach links	45,178833	9,149500	0,12	13,64
1250	Pavia - Ponte Vecchio	45,179917	9,152278	0,25	13,89

Nummer:	Pavia - Richtung Tortona	Breite (D):	Länge (D):	km vom Vorgänger:	km Gesamt:
1251	Pavia - Ponte Veccio Südseite	45,179987	9,153156	0,00	0,00
1252	Erstes E1 - Zeichen weiter nach Osten	45,179056	9,157417	0,35	0,35
1253	Schöne Häuser, weiter nach Osten, leicht SO	45,177197	9,162190	0,43	0,78
1254	Rohleitung, weiter SO	45,172444	9,169097	0,76	1,53
1255	nach Brücke scharf rechts (W) ohne Zeichen	45,169988	9,171224	0,32	1,85
1256	kurz vor Ort scharf nach links auf Damm (S) o. Zeichen	45,170825	9,166503	0,38	2,23
1257	Damm nahe Straßenknick, weiter Damm folgen (SO)	45,165803	9,167640	0,57	2,80
1258	kleines Gebäude, weiter Damm folgen (SO)	45,161233	9,169958	0,54	3,34
1259	Cascina dell'Orologio,Restaurant, weiter Damm (O)	45,154002	9,185579	1,46	4,80
1260	nach rechts abbiegen (SW)	45,153122	9,191351	0,46	5,27
1261	Knick nach rechts (W)	45,149710	9,188991	0,42	5,69
1262	geschlossene Kapelle, weiter gerade aus (W)	45,147028	9,179667	0,79	6,48
1263	Valbona, weiter gerade aus (W)	45,142822	9,167855	1,04	7,52
1264	Höhe Via Po, weiter gerade aus (W)	45,140247	9,162061	0,54	8,05
1265	Knick nach Süden, weiter Damm folgen	45,139539	9,156847	0,42	8,47
1266	Abzweigung, weiter Damm folgen (SW)	45,136986	9,155409	0,31	8,78
1267	Ruine, weiter Damm folgen (SW)	45,131686	9,145796	0,96	9,73
1268	Linksknick, weiter Damm nach Süden folgen	45,127223	9,137900	0,79	10,53
1269	falsch angebrachtes Zeichen, weiter auf dem Damm (S)	45,125871	9,137514	0,15	10,68
1270	Knick nach rechts, weiter Damm folgen (SW)	45,118425	9,135046	0,85	11,53
1271	Mezzana Corti, Bus nach Pavia, weiter auf dem Damm	45,113876	9,127171	0,80	12,33
1272	Kurve nach rechts (N), letztes E/1-Zeichen	45,112116	9,121356	0,50	12,82
1273	SS35, Restaurant, hjer links auf die Brücke	45,117180	9,113717	0,82	13,65

Nummer:	Pavia - Richtung Tortona	Breite (D):	Länge (D):	km vom Vorgänger:	km Gesamt:
1274	SS35, Po-Brücke	45,104556	9,115167	1,41	15,06
1275	SS35, Kreisverkehr in Bottarone	45,090981	9,118524	1,53	16,59
1276	Bottarone Bahnhof	45,086174	9,111056	0,79	17,38

Nummer:	Tortona - Arquata Scrivia	Breite (D):	Länge (D):	km vom Vorgänger:	km Gesamt:
1401	Bahnhof Tortona	44,899694	8,862556	0,00	0,00
1402	Santuario Madonna della Guardia	44,889000	8,859694	1,21	1,21
1403	SP 130 Anfang	44,871333	8,857056	1,98	3,19
1404	SP 130 E1-Zeichen	44,865389	8,871611	1,32	4,51
1405	Abzweigung zu Il Mulino	44,856028	8,880750	1,27	5,77
1406	Il Mulino	44,849583	8,881139	0,72	6,49
1407	Abzweigung zu Cascina Boschetto	44,848750	8,883917	0,24	6,73
1408	Wanderweg Via Boschetto 1	44,846278	8,883861	0,27	7,00
1409	Wanderweg Via Boschetto 2	44,842944	8,890750	0,66	7,66
1410	Wanderweg Via Boschetto 3 (links)	44,841139	8,893944	0,32	7,98
1411	Rechtsknick vor Weiler	44,842444	8,896861	0,27	8,26
1412	Wanderweg nach Montale Celli 1	44,838639	8,902917	0,64	8,89
1413	Wanderweg nach Montale Celli 2	44,833789	8,903611	0,54	9,44
1414	Wanderweg nach Montale Celli 3	44,827694	8,910583	0,87	10,31
1415	Montale Celli	44,823361	8,914833	0,59	10,89
1416	Montale Celli Ortsausgang	44,818889	8,917972	0,56	11,45
1417	Cascina Montesono	44,817306	8,918139	0,18	11,63
1418	Oberhalb von Costa Vescovate	44,814028	8,924167	0,60	12,23
1419	SP 130 Vermessungskilometer 11	44,811333	8,925861	0,33	12,55
1420	Feldweg nach oben	44,808028	8,928278	0,41	12,97
1421	Straße, hier nach links	44,805389	8,925806	0,35	13,32
1422	Abzweigung, hier rechts halten	44,801472	8,936194	0,93	14,25
1423	San Alosio, Ortseingang	44,798639	8,937722	0,34	14,59
1424	San Alosio, Burg	44,798472	8,941694	0,31	14,90
1425	San Alosio, Ortsausgang	44,796750	8,941528	0,19	15,09
1426	Wanderweg zu Albergo il Ciliegio 1	44,796500	8,947167	0,45	15,54

Nummer:	Tortona - Arquata Scrivia	Breite (D):	Länge (D):	km vom Vorgänger:	km Gesamt:
1427	Wanderweg zu Albergo il Ciliegio 2	44,793556	8,949056	0,36	15,90
1428	Wanderweg zu Albergo il Ciliegio 3	44,789639	8,955722	0,68	16,58
1429	Abzweigung, hier geradeaus	44,790278	8,958444	0,23	16,81
1430	2. Abzweigung hier geradeaus	44,782333	8,970333	1,29	18,09
1431	3. Abzweigung hier geradeaus	44,779389	8,971556	0,34	18,44
1432	Albergo il Ciliegio	44,773556	8,975833	0,73	19,17
1433	SS 135 Punkt 1	44,772056	8,976667	0,18	19,35
1434	SS 135 Punkt 2	44,768889	8,981361	0,51	19,86
1435	SS 135 Knick nach rechts (Westen)	44,766389	8,983667	0,33	20,19
1436	Häuser an der SS 135	44,763583	8,971917	0,98	21,17
1437	SS 135 Kehre 1	44,758528	8,959639	1,12	22,29
1438	SS 135 Kehre 2	44,759167	8,957500	0,18	22,47
1439	Kreuzung, hier geradeaus	44,757167	8,959056	0,25	22,73
1440	SS·135 Knick nach rechts	44,753500	8,957694	0,42	23,15
1441	Abzweigung Wanderweg links	44,753750	8,956222	0,12	23,27
1442	Wanderweg Knick	44,750250	8,953306	0,45	23,72
1443	Wanderweg 200 Punkt1	44,748417	8,944750	0,71	24,42
1444	Wanderweg 200 Punkt2	44,746194	8,941389	0,36	24,79
1445	Wanderweg 200 Rechtskurve	44,743750	8,938611	0,35	25,14
1446	Wanderweg 200 Spitzkehre nach links	44,744778	8,936306	0,21	25,35
1447	Kapelle Madonna della Neve di Ca' del Bello (W)	44,742528	8,936472	0,25	25,60
1448	Wanderweg 200 Wegkurve links (SW)	44,742333	8,933361	0,25	25,85
1449	Wanderweg 200 Wegkurve rechts (W)	44,740972	8,932611	0,16	26,01
1450	Wanderweg 200 Abzweigung links (S)	44,741417	8,928194	0,35	26,36
1451	W. 200 Kurve rechts (W) Abzw. geradeaus	44,738667	8,923694	0,47	26,83
1452	Wanderweg 200, weiter nach Westen	44,740306	8,919778	0,36	27,19
1453	W. 200, Masseria Bajardo (SW)	44,738389	8,913389	0,55	27,74
1454	Wanderweg 200, Kurve nach links (S)	44,736222	8,911083	0,30	28,04
1455	Einsamer Hof	44,731528	8,903806	0,78	28,82
1456	W. 200 - Abzweigung geradeaus (SW)	44,730861	8,902056	0,16	28,97
1457	Wanderweg 200 - weiter Südwest 1	44,724139	8,898278	0,80	29,78
1458	Wanderweg 200 - weiter Südwest 2	44,719500	8,892361	0,70	30,47

Nummer:	Tortona - Arquata Scrivia	Breite (D):	Länge (D):	km vom Vorgänger:	km Gesamt:
1459	Wanderweg 200 - weiter Südwest 3	44,718778	8,889111	0,27	30,74
1460	Am Fuße des Monte Spineto (N)	44,717083	8,886361	0,29	31,03
1461	Spitzkehre beim Abstieg (S)	44,719472	8,885194	0,28	31,31
1462	Gebäude an der Zufahrtstraße (W)	44,716361	8,883361	0,37	31,69
1463	Straße nach rechts, Wanderweg gerade aus (NW)	44,717639	8,880972	0,24	31,92
1464	weiteres Gebäude links (NW)	44,718583	8,879056	0,18	32,11
1465	altes Kollegium	44,724806	8,869806	1,01	33,11
1466	Abstieg Stazzano Spitzkehre 1	44,726806	8,869972	0,22	33,34
1467	Abstieg Stazzano Spitzkehre 2	44,725639	8,869000	0,15	33,49
1468	Abstieg Stazzano Spitzkehre 3	44,727556	8,868972	0,21	33,70
1469	Stazzano Kreuzung	44,726778	8,867861	0,12	33,82
1470	Stazzano links auf Via Verdi (S)	44,726722	8,866556	0,10	33,93
1471	Knick nach Südwest	44,722528	8,865833	0,47	34,40
1472	Kreuzung, hier nach rechts auf Via Pietro Forni (W)	44,720556	8,864056	0,26	34,66
1473	Unter der A7 (Mailand - Genua)	44,720389	8,863194	0,07	34,73
1474	Brücke Torrente Scrivia	44,720222	8,860111	0,24	34,97
1475	Rathaus Serravalle Scrivia (S)	44,718389	8,859389	0,21	35,18
1476	SS 35 Punkt 1	44,717056	8,860444	0,17	35,35
1477	SS 35 Punkt 2	44,714194	8,860944	0,32	35,67
1478	Abzweigung, hier weiter links halten auf SS 35	44,711306	8,860528	0,32	36,00
1479	SS 35 Punkt 3	44,708361	8,861972	0,35	36,34
1480	Abzweigung Ausgrabungen Libarma, weiter SS 35	44,704861	8,865611	0,48	36,83
1481	SS 35 Punkt 4	44,698806	8,871806	0,83	37,66
1482	SS 35 Punkt 5	44,694250	8,877472	0,68	38,34
1501	Arquata Scrivia E1 - Wegweiser nach Genua	44,688556	8,884972	0,87	39,20

Nummer:	Arquata Scrivia - Abzweigung E7	Breite (D):	Länge (D):	km vom Vorgänger:	km Gesamt:
1501	Arquata Scrivia E1 - Wegweiser nach Genua	44,688556	8,884972	0,00	0,00
1502	Knick nach Süden	44,676444	8,878278	1,45	1,45
1503	Knick nach Südosten	44,669611	8,883333	0,86	2,31
1504	Knick nach Südwesten	44,666750	8,888944	0,55	2,85
1505	Weiter nach Südwesten	44,665417	8,886389	0,25	3,10
1506	Knick nach Westen	44,661417	8,881333	0,60	3,70
1507	Abstieg nach Süden	44,661222	8,872000	0,74	4,44
1508	Straße nach links (O)	44,656167	8,869417	0,60	5,04
1509	Straßenknick nach rechts (S) und hoch	44,656361	8,871139	0,14	5,17
1510	Sottovalle	44,652722	8,873472	0,44	5,62
1511	Aufstieg 1	44,652000	8,873583	0,08	5,70
1512	Aufstieg 2	44,651500	8,875306	0,15	5,85
1513	Aufstieg 3	44,651583	8,876528	0,10	5,94
1514	Aufstieg 4	44,651417	8,876944	0,04	5,98
1515	Aufstieg 5	44,649639	8,880667	0,35	6,34
1516	Knick nach Süden	44,649917	8,882528	0,15	6,49
1517	Monte Zuccaro, jetzt SO	44,645250	8,886972	0,63	7,11
1518	Weg, nach rechts (W)	44,641722	8,894833	0,74	7,85
1519	Straßenbogen, Casa Fraccia jetzt nach Osten	44,639444	8,893194	0,28	8,13
1520	Straße gerade aus nach Osten verlassen	44,637889	8,897333	0,37	8,50
1521	Knick nach Süden	44,636694	8,901806	0,38	8,88
1522	Weiter nach Südwesten	44,630778	8,897639	0,74	9,62
1523	Weiter aufsteigen nach Süden	44,627000	8,893083	0,55	10,17
1524	nach Osten wenden	44,625306	8,892528	0,19	10,36
1525	Abzweigung, hier rechts (S)	44,623000	8,902056	0,80	11,16
1526	Höhenweg (S)	44,619361	8,902972	0,41	11,57
1527	Am Grat - Knick Südwesten (SW)	44,615361	8,903861	0,45	12,02
1528	Kapelle am Berg (W)	44,614361	8,902639	0,15	12,17
1529	Spitzkehre beim Abstieg (SO)	44,613583	8,893167	0,75	12,92
1530	Knick nach Süden	44,611889	8,896889	0,35	13,27

Nummer:	Arquata Scrivia - Abzweigung E7	Breite (D):	Länge (D):	km vom Vorgänger:	km Gesamt:
1531	Knick nach Westen	44,610861	8,897417	0,12	13,39
1532	Knick nach Südosten	44,610389	8,896083	0,12	13,51
1533	Straße, hier rechts (weiter SO)	44,610000	8,896750	0,07	13,58
1534	Straßenkurve links, jetzt NO	44,607861	8,897861	0,25	13,83
1535	Straßenkurve rechts, weit S	44,608611	8,899222	0,14	13,97
1536	Straßenkurve links, jetzt W	44,607194	8,898806	0,16	14,13
1537	Abzweigung, Hauptweg links folgen (S)	44,607139	8,895278	0,28	14,41
1538	Castagnola (S)	44,604972	8,896556	0,26	14,67
1539	Straße, weiter nach Süden	44,601278	8,894139	0,45	15,13
1540	Kreuzung, hier hoch auf SS 164 (W)	44,597972	8,886833	0,69	15,81
1541	SS 164 Kurve 1, jetzt S	44,599472	8,882944	0,35	16,16
1542	SS 164 Hälfte des Weges	44,596583	8,881583	0,34	16,50
1543	Fraconalto Kreuzung, jetzt links (S)	44,591278	8,878639	0,63	17,13
1544	Straße, weiter nach Süden	44,589389	8,879444	0,22	17,35
1545	Abzweigung Waldweg nach rechts (S)	44,586361	8,881639	0,38	17,73
1546	Knick nach rechts (W)	44,585556	8,881972	0,09	17,83
1547	Knick nach links hoch (S)	44,585778	8,880639	0,11	17,93
1548	Knick nach rechts (SO)	44,583139	8,879056	0,32	18,25
1549	Wanderweg nach Süden	44,578528	8,886167	0,76	19,01
1550	Wanderweg nach Süden 2	44,574778	8,887583	0,43	19,45
1551	Wanderweg verlässt Kamm nach links (SO)	44,567083	8,891139	0,90	20,35
1552	Spitze Abzweigung, jetzt rechts hoch (S)	44,566583	8,892694	0,14	20,48
1553	Weiter nach Süden halten	44,565833	8,894083	0,14	20,62
1554	Wegknick, weiter nach Süden	44,565167	8,893389	0,09	20,71
1555	Wanderweg, weiter nach Süden	44,563333	8,893583	0,20	20,92
1556	Wanderweg, jetzt Südosten	44,561694	8,893667	0,18	21,10
1557	Wanderweg, wieder Süden	44,560222	8,895222	0,20	21,30
1558	Anhöhe, weiter nach Süden	44,557806	8,895417	0,27	21,57
1559	kleiner Weg, jetzt durch Gestrüpp nach links (O)	44,554972	8,894167	0,33	21,90
1560	Verzweigung E1 / E7	44,554667	8,895278	0,09	22,00

Nummer:	Abzweigung E7 - Genua Pegli	Breite (D):	Länge (D):	km vom Vorgänger:	km Gesamt:
1601	Verzweigung E1 / E7	44,554667	8,895278	0,00	0,00
1602	Gemeinschaftsstrecke SW	44,552667	8,893583	0,26	0,26
1603	Gemeinschaftsstrecke W runter	44,549944	8,890472	0,39	0,65
1604	Passo della Bocheta, jetzt NW	44,550611	8,887861	0,22	0,87
1605	Gemeinschaftsstrecke NW	44,551750	8,885750	0,21	1,08
1606	Knick SW	44,553861	8,881528	0,41	1,49
1607	Knick N	44,553306	8,879806	0,15	1,64
1608	Knick NW	44,554361	8,880250	0,12	1,76
1609	Wegabzweigung v.Übertr., jetzt links (W), dann NW	44,560389	8,877806	0,70	2,46
1610	Kurve nach Süden	44,566000	8,865944	1,13	3,59
1611	Kurve nach Westen	44,560639	8,860444	0,74	4,32
1612	Knick nach Süden	44,563278	8,856278	0,44	4,77
1613	An der Nordseite in Richtung Westen	44,560000	8,853083	0,44	5,21
1614	Alpenpanorama, weiter Richtung Westen	44,560694	8,848500	0,37	5,58
1615	Passo Mezzano, jetzt links runter (SO)	44,562417	8,844778	0,35	5,93
1616	Knick O	44,561083	8,845167	0,15	6,08
1617	Knick S	44,560333	8,847194	0,18	6,26
1618	Persugo, weiter nach S	44,555972	8,848778	0,50	6,77
1619	Bergweg, weiter nach Süden	44,550722	8,845639	0,63	7,40
1620	Bergweg, Knick nach SW	44,545833	8,843778	0,56	7,96
1621	Bergweg, hier gerade aus runter in Steinrinne	44,542556	8,840111	0,47	8,43
1622	Steinrinne 1	44,541833	8,839583	0,09	8,52
1623	Steinrinne 2	44,541278	8,839333	0,06	8,58
1624	Steinrinne 3	44,539944	8,839028	0,15	8,73
1625	Steinrinne 4	44,538500	8,839417	0,16	8,90
1626	Fahrweg, geradeaus weiter	44,536861	8,839278	0,18	9,08
1627	Fahrweg nach rechts (S) in der Kurve verlassen	44,528861	8,834444	0,97	10,05
1628	Waldweg SW	44,527806	8,833306	0,15	10,20
1629	Waldweg , hier scharf links (O), nicht geradeaus	44,526667	8,830111	0,28	10,48

Nummer:	Abzweigung E7 - Genua Pegli	Breite (D):	Länge (D):	km vom Vorgänger:	km Gesamt:
1630	Knick nach Süden	44,525472	8,831778	0,19	10,67
1631	Knick nach Westen	44,525333	8,831361	0,04	10,70
1632	Knick nach Südwesten	44,526000	8,830306	0,11	10,82
1633	Wanderweg, Anstieg nach SW	44,524389	8,826500	0,35	11,17
1634	Prou René	44,521556	8,823444	0,40	11,56
1635	Über den Hügel 1	44,521278	8,822583	0,07	11,64
1636	Über den Hügel 2	44,520889	8,820944	0,14	11,78
1637	Weiter hoch auf Straße nach Süden	44,520444	8,820194	0,08	11,85
1638	Straße nach links verlassen (SO)	44,516472	8,817778	0,48	12,33
1639	Wanderweg, Knick nach links (O)	44,514389	8,816056	0,27	12,60
1640	Wanderweg, Kurve nach rechts (S)	44,513444	8,817194	0,14	12,74
1641	Abzweigung, weiter geradeaus (SO)	44,509417	8,815806	0,46	13,20
1642	Wanderweg, weiter SO	44,503861	8,818944	0,67	13,87
1643	Abzweigung, hier rechts (W), Blick auf Genua	44,500139	8,820361	0,43	14,30
1644	Abzweigung, geradeaus (SW)	44,498444	8,816167	0,38	14,68
1645	Wanderweg, weiter SW1	44,495139	8,812139	0,49	15,17
1646	Wanderweg, weiter SW2	44,490250	8,807194	0,67	15,84
1647	Knick nach Süden	44,488778	8,803306	0,35	16,19
1648	Abzweigung E1 / E7 am Monte Peneelo	44,483028	8,801917	0,65	16,83
1649	Abstieg nach Genua 1	44,481667	8,802000	0,15	16,99
1650	Abstieg nach Genua 2	44,479194	8,801139	0,28	17,27
1651	Abstieg nach Genua 3	44,476111	8,800500	0,35	17,62
1652	Rastplatz, weiter nach Süden	44,473361	8,798611	0,34	17,96
1653	Spitzkehre, jetzt NW	44,469056	8,794694	0,57	18,53
1654	Spitzkehre2, jetzt nach Süden	44,469250	8,795972	0,10	18,63
1655	Weiter nach Süden	44,466222	8,794556	0,35	18,99
1656	Abzweigung, schräg rechts runter	44,463806	8,794750	0,27	19,26
1657	weiter nach SO absteigen	44,462167	8,794778	0,18	19,44
1658	Abzweigung, gerade weiter nach SO	44,458750	8,798361	0,47	19,91
1659	Knick nach SW	44,457500	8,799250	0,16	20,07
1660	Knick nach O	44,456111	8,798556	0,16	20,23
1661	Knick nach SW	44,456500	8,799278	0,07	20,30
1662	Abzweigung, weiter geradeaus (S)	44,450056	8,801611	0,74	21,04

Nummer:	Abzweigung E7 - Genua Pegli	Breite (D):	Länge (D):	km vom Vorgänger:	km Gesamt:
1663	Fahrweg, weiter gerade aus (S)	44,444639	8,803611	0,62	21,67
1664	Fahrweg, rechts halten (SW)	44,442972	8,804500	0,20	21,86
1665	Waldweg, weiter SW	44,439583	8,801917	0,43	22,29
1666	Wekreuzung, hier südlich halten	44,437417	8,801528	0,24	22,54
1667	Schmaler Buschweg, weiter S	44,436000	8,802333	0,17	22,71
1668	geteerter Weg (Via Scarpanto), weiter absteigen	44,433667	8,803528	0,28	22,98
1669	Straßeneinmündung links halten (S)	44,430972	8,802667	0,31	23,29
1670	links runter Weg durch den Park (SO)	44,429667	8,803417	0,16	23,45
1671	Parco Villa Durazzo Pallavicini (SO)	44,428389	8,806389	0,28	23,72
1672	Parkausgang - erste Treppe (SO)	44,428222	8,807889	0,12	23,84
1673	Zweite Treppe (SO)	44,426972	8,808556	0,15	23,99
1674	Ende des E1 - Genova Pegli	44,426111	8,810917	0,21	24,20
1675	Mittelmeerstrand - Genova Pegli	44,424056	8,812472	0,26	24,46

Waypoints für dänische Streckenteile

Nummer:	Grenå -Rugård Camping	Breite (D):	Länge (D):	km vom Vorgänger:	km Gesamt:
1	Fähranleger Grenå	56,407135	10,923543	0,00	0,00
2	Brücke Grenå	56,407371	10,921397	0,13	0,13
3	links auf die Wiese, Markierungsbeginn	56,406405	10,919144	0,18	0,31
4	rechts halten	56,402972	10,918844	0,38	0,69
5	links halten, in die Ferienhaussiedlung	56,401877	10,917234	0,16	0,85
6	Ferienhaussiedlung, weiter nach Süden	56,397200	10,918865	0,53	1,38
7	leicht rechts nach Südosten	56,392457	10,920024	0,53	1,91
8	rechts, dann gleich wieder links	56,391642	10,918908	0,11	2,02
9	Priel, weiter dem Strandverlauf folgen	56,363618	10,914059	3,13	5,15
10	Steilküstenabschnitt	56,343942	10,914552	2,19	7,34
11	Plattenweg, weiter dem Strandverlauf folgen	56,317356	10,880671	3,62	10,96
12	Priel und Informationstafel	56,311648	10,872023	0,83	11,79
13	Werkgelände 1	56,301134	10,862839	1,30	13,09
14	Werkgelände 2	56,300812	10,859985	0,18	13,27
15	Werkgelände 3	56,299353	10,856767	0,26	13,52
16	Priel, wird auf einer Brücke überquert	56,296349	10,846832	0,70	14,22
17	nach links, kurz danach wieder rechts	56,295512	10,844750	0,16	14,38
18	E1 wieder in Strandnähe	56,288817	10,834665	0,97	15,35
19	Baumtisch, weiter nach Süden am Strand	56,280320	10,826833	1,06	16,41
20	Campingplatzgrenze, nach rechts	56,276522	10,823894	0,46	16,87
21	Am Zaun nach links	56,277015	10,821447	0,16	17,03
22	Rugård camping, Rezeption	56,272702	10,820289	0,48	17,52

Nummer:	Rugård Camping - Krakær Camping	Breite (D):	Länge (D):	km vom Vorgänger:	km Gesamt:
101	Rugård camping, Rezeption	56,272702	10,820289	0,00	0,00
102	Forstweg (Rugårdvej)	56,273754	10,810332	0,63	0,63
103	Straße erreicht, hier nach links	56,275835	10,799496	0,71	1,33

Nummer:	Rugård Camping - Krakær Camping (Süden)	Breite (D):	Länge (D):	km vom Vorgänger:	km Gesamt:
104	Hof, hier nach rechts (Norden)	56,270170	10,794110	0,71	2,05
105	In den Bergvejen links (Westen)	56,272402	10,788403	0,43	2,48
106	Hof, Bjergvejen weiter folgen	56,267123	10,779026	0,82	3,30
107	Hulgaden, hier nach links (Süden)	56,266479	10,771966	0,44	3,74
108	Alsphaltierte Straße schräg rechts verlassen	56,263261	10,772781	0,36	4,10
109	150 Meter vor Bauernhof rechts nach Norden	56,256888	10,768232	0,76	4,87
110	Wegbogen in westliche Richtung folgen	56,258047	10,764863	0,24	5,11
111	Abzweigung, hier nach links (SW)	56,260922	10,742183	1,44	6,55
112	Stubbe Søvej - Straße nach rechts (W) folgen	56,255901	10,735145	0,71	7,25
113	Auf alte Bahnstrecke nach links	56,255472	10,732033	0,20	7,45
114	links auf Stubbe Søvej - Straße	56,237726	10,713580	2,28	9,73
115	Straße nach links verlassen - Gut Skærsö	56,239893	10,711005	0,29	10,02
116	Skærse Søvej weiter folgen (W)	56,238306	10,704374	0,45	10,47
117	Im Wald Weg weiter folgen, Richtung Norden	56,239722	10,696349	0,52	10,99
118	Y-Einmündung, weiter gerade aus (W)	56,245730	10,680535	1,18	12,17
119	Fahrstraße (Ebeltofvej) nach rechts (N)	56,250794	10,665772	1,07	13,24
120	Fahrstraße schräg nach links verlassen. (NW)	56,251545	10,665879	0,08	13,33
121	weiter geradeaus (NW)	56,253777	10,657425	0,58	13,90
122	Borgen nach links (W)	56,260686	10,647211	0,99	14,90
123	Rastplatz mit alter Mühle (Ørnbjerg Mølle)	56,260407	10,634379	0,79	15,69
124	Abzweigung, hier nach links (W)	56,262789	10,635152	0,27	15,96
125	Straße Nr. 21 kreuzen. Nach Süden geht es zum Camping.	56,260833	10,620556	0,93	16,89
126	Krakær Camping	56,252472	10,602222	1,46	18,35

Nummer:	Krakær Camping - Rønde	Breite (D):	Länge (D):	km vom Vorgänger:	km Gesamt:
201	Krakær Camping	56,252472	10,602222	0,00	0,00
202	Straße Nr. 21 Wanderweg nach links (W)	56,260833	10,620556	1,46	1,46
203	Gelbe Gebäude, weiter gerade aus (W)	56,260264	10,617075	0,22	1,69
204	Jeshøjvej, hier schräg links (S), dann wieder (W)	56,259162	10,583525	2,08	3,76
205	Einmündung von links, weiter gerade aus (W)	56,258283	10,573246	0,64	4,41
206	Kreuzung, nach rechts abbiegen (N)	56,259656	10,564706	0,55	4,96
207	Kjelstrup Hauptstraße, nach links (W)	56,268775	10,557926	1,10	6,05
208	Kjelstrup Kreuzung, nach links (S)	56,268690	10,555351	0,16	6,21
209	Kjelstrup nach rechts verlassen (W)	56,267939	10,555093	0,09	6,30
210	An einem Waldstück nach links (S)	56,269956	10,536940	1,14	7,44
211	Egens Kirke, hier nach rechts (W)	56,267595	10,520611	1,04	8,48
212	Straße weiter folgen (NW-W)	56,276243	10,506964	1,28	9,76
213	Bootshafen, weiter der Straße folgen (W)	56,277831	10,495763	0,71	10,47
214	Imbissbude, Straße verlassen geradeaus (W)	56,283517	10,481343	1,09	11,56
215	Am Waldrand weiter geradeaus (W)	56,282272	10,473983	0,47	12,04
216	Wegweiser nach links zum Strand. Da unpassierbar gerade aus gehen.	56,282122	10,469477	0,28	12,32
217	Spazierweg weiter gerade aus. (W)	56,282251	10,463641	0,36	12,68
218	Wanderweg wieder da, weiter gerade aus. (N)	56,287744	10,454950	0,81	13,49
219	Waldweg Richtung Nordosten.	56,291993	10,464242	0,74	14,23
220	Ortsrand von Rønde, nach links (W)	56,295877	10,473747	0,73	14,96

Nummer:	Rønde-Århus	Breite (D):	Länge (D):	km vom Vorgänger:	km Gesamt:
301	Ortsrand von Rønde, nach links (W)	56,295877	10,473747	0,00	0,00
302	Abzweigung, links halten	56,299717	10,455251	1,22	1,22
303	Links abbiegen in Richtung Bucht	56,299031	10,453041	0,16	1,37
304	Strandnähe, schlechtes Durchkommen	56,291499	10,446002	0,94	2,32

Nummer:	Rønde-Århus	Breite (D):	Länge (D):	km vom Vorgänger:	km Gesamt:
305	Bed & Breakfast - Haus	56,292553	10,443397	0,20	2,52
306	Parallel zum Strand nach Westen	56,294310	10,438085	0,38	2,90
307	Strandvejen, auf diem Weg weiter gerade aus (W)	56,295984	10,429630	0,55	3,45
308	Ausflug zum Strand 1	56,292744	10,416799	0,87	4,32
309	Ausflug zum Strand 2	56,291950	10,415854	0,11	4,43
310	Ausflug zum Strand 3	56,291542	10,413365	0,16	4,59
311	Ausflug zum Strand 4	56,292658	10,410640	0,21	4,80
312	Abzweigung, hier NICHT zum Strand (W)	56,293173	10,405726	0,31	5,11
313	Abzweigung weiter gerade aus. (SW)	56,292315	10,386393	1,20	6,30
314	Løtgen bugt, leicht links (SO)	56,287422	10,379355	0,70	7,00
315	Bucht erreicht, von dieser nach rechts weg (W)	56,283324	10,382745	0,50	7,50
316	Schloß an der rechten Seite, weiter gerade aus.	56,282380	10,352662	1,86	9,36
317	Feldweg nach links (S)	56,282590	10,346546	0,38	9,74
318	Y-Krezung, hier links	56,265213	10,339315	1,98	11,72
319	Knick nach rechts (S), Strandverlauf folgen	56,262896	10,345473	0,46	12,18
320	Studstrup, jetzt vom Strand weg nach rechts (W)	56,256695	10,346825	0,69	12,87
321	Links abbiegen auf Straße Richtung Süden	56,256416	10,345387	0,09	12,97
322	Scharf rechts durch den Wald	56,253583	10,346482	0,32	13,29
323	Waldweg 1 - Linkskurve	56,254721	10,343349	0,23	13,52
324	Waldweg 2 - weiter links halten	56,254549	10,341525	0,11	13,64
325	Zufahrtstraße Kraftwerk kreuzen, geradeaus (S), Abzw. Bus	56,253905	10,341311	0,07	13,71
326	2. Zufahrtstraße - weiter gerade aus (S)	56,252017	10,340023	0,22	13,93
327	3. Zufahrtstraße - weiter gerade aus (SO)	56,251417	10,340161	0,07	14,00
328	Kraftwerkzaun, gerade aus (SO)	56,250365	10,340538	0,12	14,12
329	Wegbogen nach rechts (SW)	56,249313	10,341783	0,14	14,26
330	Yachthafen, weiter Strand folgen - geradeaus (S)	56,246846	10,338521	0,34	14,60

Nummer:	Rønde-Århus	Breite (D):	Länge (D):	km vom Vorgänger:	km Gesamt:
331	Wiesenweg weiter folgen (S)	56,238971	10,339165	0,88	15,48
332	Am Strand, weiter Gerade aus (S-SW), Abzw. Bus	56,235945	10,338650	0,34	15,81
333	Joggingpfad, Strand weiter folgen (SW-W)	56,229972	10,322245	1,21	17,03
334	E1 wieder markiert, hier schräg links zum Strand	56,227276	10,307665	0,95	17,97
335	Schotterweg, weiter Strandverlauf folgen	56,219273	10,297794	1,08	19,05
336	Pfad kleines Stück vom Strand entfernt	56,215067	10,291808	0,60	19,65
337	Mini-Forest	56,213414	10,290103	0,21	19,86
338	am Yachthafen	56,210647	10,286250	0,39	20,25
339	Unterführung	56,210024	10,285499	0,08	20,33
340	Knick nach links (SO)	56,208093	10,284770	0,22	20,55
341	Flussbrücke, weiter nach SO	56,206806	10,284190	0,15	20,70
342	Bus 6 Endstation, weiter Strandverlauf folgen	56,203051	10,283182	0,42	21,12
343	Strandbogen nach rechts (W)	56,200261	10,280585	0,35	21,47
344	Grillstelle, weiter Standverlauf folgen (SW)	56,198051	10,268161	0,81	22,28
345	Strand weiter folgen (SW)	56,195369	10,260887	0,54	22,82
346	Strand verlassen - Straße mit Villen	56,187215	10,242970	1,43	24,25
347	nach rechts (W) zur Bahnüberführung	56,184897	10,239279	0,34	24,60
348	auf Stationsgade links (S)	56,185348	10,236962	0,15	24,75
349	Fußweg gerade aus weiter (S)	56,180756	10,234258	0,54	25,28
350	Kiosk, Informationstafeln, Markierungsende	56,176443	10,230525	0,53	25,82

Nummer:	Durchquerung Århus	Breite (D):	Länge (D):	km vom Vorgänger:	km Gesamt:
401	Kiosk, Informationstafeln, Markierungsende	56,176443	10,230525	0,00	0,00
402	Waldweg, weiter gerade aus (S)	56,172860	10,226083	0,48	0,48

Nummer:	Durchquerung Århus	Breite (D):	Länge (D):	km vom Vorgänger:	km Gesamt:
403	Bootshafen, weiter gerade aus (S)	56,169105	10,221834	0,49	0,98
404	auf Skovvejen links (S)	56,165671	10,218122	0,45	1,42
405	schräg rechts auf Mejlgade (S)	56,163418	10,215912	0,29	1,71
405	Dom, weiter gerade aus (S) auf Skolegade	56,156487	10,211234	0,82	2,53
406	Scharf rechts auf Åboulevarden (NW)	56,154492	10,211256	0,22	2,75
407	Åboulevarden folgen 1 (NW)	56,155565	10,209239	0,17	2,93
408	Åboulevarden folgen 2 (SW)	56,155801	10,203745	0,34	3,27
409	schräg rechts auf Thorvaldsengade (NW)	56,155136	10,199239	0,29	3,56
410	links auf Carl Blochs Gade (SW)	56,156337	10,195570	0,26	3,82
411	ByMuseet (Stadtmuseum)	56,155103	10,194067	0,17	3,99
412	Straßenbogen nach rechts (W) auf Søren Frichs Vej	56,152389	10,189476	0,41	4,40
413	Überquerung Vestre Ringgade	56,153440	10,182652	0,44	4,84
414	links Beginn Åbrinkvej, Anfang Wanderweg Århus - Silkeborg	56,153312	10,182103	0,04	4,88

Nummer:	Århus-Skanderborg	Breite (D):	Länge (D):	km vom Vorgänger:	km Gesamt:
501	links Beginn Åbrinkvej, Anfang Wanderweg Århus - Silkeborg	56,153312	10,182103	0,00	0,00
502	Gerade aus Radweg folgen (S)	56,151810	10,178726	0,27	0,27
503	Radweg weiter (S)	56,146703	10,175400	0,60	0,87
504	Bahnunterführung links	56,143999	10,173233	0,33	1,20
505	Brücke rechts	56,143227	10,173318	0,09	1,29
506	Bahnstrecke entlang weiter (W)	56,142690	10,167675	0,35	1,64
507	Fluß weiter folgen im Linksbogen (S)	56,142411	10,154757	0,80	2,44
508	Straße 15 nach Westen unterqueren	56,140630	10,154672	0,20	2,64
509	nach links zur Brücke abbiegen (S)	56,141188	10,144436	0,64	3,28
510	Naturschutzgebiet 1	56,139214	10,140789	0,31	3,59
511	Naturschutzgebiet 2	56,134880	10,137677	0,52	4,11
512	Naturschutzgebiet 3 (Brücke)	56,133807	10,134459	0,23	4,34
513	Naturschutzgebiet 4	56,136360	10,127978	0,49	4,84

Nummer:	Århus-Skanderborg	Breite (D):	Länge (D):	km vom Vorgänger:	km Gesamt:
514	Siedlung hier schräg rechts weiter (N)	56,139557	10,118923	0,06	5,50
515	Abzweigung zum Turm	56,140501	10,118902	0,10	5,60
516	Naturschutzgebiet 5, weiter gerade aus (W)	56,143355	10,114417	0,42	6,03
517	auf Söskovvej links (S)	56,141510	10,089612	1,55	7,58
518	suf südlich der Straße verlaufenden Feldweg links (W)	56,140351	10,090041	0,13	7,71
519	Kreuzung, weit gerade aus (W)	56,137200	10,077317	0,86	8,57
520	Straße kreuzen gerade aus (N)	56,136719	10,073797	0,22	8,79
521	Zweiter Beobachtungsturm, weiter gerade aus (W)	56,135952	10,061224	0,78	9,58
522	Hauptweg auf Feldweg rechts verlassen (W)	56,131232	10,044787	1,15	10,72
523	Holmbaekvej schräg links kreuzen, weiter nach Westen	56,130888	10,040796	0,25	10,97
524	Autobahnunterführung, weiter gerade aus (W)	56,130352	10,035217	0,35	11,32
525	Alte Mühle, Wirtshaus, schrägr rechts weiter (W) (Harlevholmvej)	56,130717	10,032197	0,19	11,52
526	Abzweigung, hier gerade aus (W)	56,127326	10,014102	1,18	12,70
527	Sitaestrup links weiter (W)	56,127589	10,011303	0,18	12,88
528	Tarskov Mølle links, weiter gerade aus (SW)	56,125782	10,003524	0,52	13,40
529	nach links zum Flußtal	56,124494	9,998202	0,36	13,76
530	Knick nach rechts, jetzt im Flußtal (S)	56,122863	9,999640	0,20	13,96
531	Flußtal weiter folgen (S)	56,119022	9,995863	0,49	14,45
532	Fusvadvej überqueren, weiter gerade aus (S)	56,114151	9,996207	0,54	14,99
533	Schlucht, Knick nach rechts runter (W)	56,110482	9,998331	0,43	15,42
534	Knick links hoch (S)	56,110740	9,995177	0,20	15,61
535	weiter Richtung SW	56,108186	9,989662	0,44	16,06
536	auf Kollens Möllevej rechts (W)	56,106985	9,983997	0,38	16,43
537	Kollens Möllevej verlassen gerade aus (SW)	56,106749	9,981873	0,13	16,57
538	weiter nach Süden	56,105418	9,979792	0,20	16,76
539	kleine Brücke	56,101255	9,980929	0,47	17,23
540	Knick nach links (O)	56,100419	9,980929	0,09	17,33

Nummer:	Århus-Skanderborg	Breite (D):	Länge (D):	km vom Vorgänger:	km Gesamt:
541	Knick nach rechts (S)	56,100376	9,982238	0,08	17,41
542	Knick nach rechts (W)	56,098208	9,982088	0,24	17,65
543	auf Kolskovvej weiter (SW)	56,097951	9,977152	0,31	17,96
544	Straße nach rechts folgen (W)	56,095312	9,973783	0,36	18,32
545	Jeksen, Kreuzung, jetzt links nach Süden	56,095290	9,972196	0,10	18,41
546	leicht links auf Hauptstraße 511	56,091664	9,969578	0,43	18,85
547	HS 511 schräg rechts (SW) in den Gamle Randervej verlassen	56,088874	9,970350	0,31	19,16
548	Hofgebäude und See links, weiter gerade aus (S)	56,083167	9,965200	0,71	19,87
549	Kreuzung mit Ny Stillingvej, weiter gerade aus (S)	56,068831	9,965142	1,59	21,47
550	Straßenführung nach rechts (SW)	56,064370	9,966574	0,50	21,97
551	Kreuzung, jetzt nach links (S)	56,062417	9,962261	0,34	22,32
552	Autobahnunterführung, danach rechts und links (S)	56,058404	9,959986	0,47	22,78
553	Partisanendenkmal, weiter der Straße über die Bahn folgen (S)	56,055851	9,957410	0,33	23,11
554	Gamla Randersvej zu Ende, Markierungsende, Infotafel	56,054285	9,956532	0,18	23,29

Nummer:	Durchquerung Skanderborg:	Breite (D):	Länge (D):	km vom Vorgänger:	km Gesamt:
601	Gamla Randersvej zu Ende, geradeaus auf Sverigesvej (S)	56,054285	9,956532	0,00	0,00
602	Danmarksvej kreuzt Skanderborgvej, weiter geradeaus (S)	56,051044	9,959064	0,39	0,39
603	nach rechts in den Grönnedalsvej (W)	56,050293	9,958613	0,09	0,48
604	nach links in den Höjvangen (S)	56,047976	9,947455	0,74	1,22
605	nach rechts in den Kildevej (W)	56,046367	9,947584	0,18	1,40
606	kurz nach links (S)	56,045852	9,945803	0,12	1,52
607	Schulgelände, hier nach rechts (W)	56,045465	9,945717	0,04	1,57
608	Hohlweg zur Schule folgen (W)	56,044371	9,942026	0,26	1,83

Nummer:	Durchquerung Skanderborg:	Breite (D):	Länge (D):	km vom Vorgänger:	km Gesamt:
609	Odervej kreuzen zum Skanderborg Sø, dann am Ufer rechts (NW)	56,042891	9,938099	0,29	2,12
610	links auf Sölistvej (S)	56,043556	9,930353	0,49	2,61
611	rechts hoch und links auf Nørregade (S)	56,042354	9,929795	0,14	2,75
612	Kreuzung Banegårsvej, Stadtzentrum, auf Adelgade weiter (S)	56,038771	9,929731	0,40	3,14
613	Adelgade, Brücke	56,027977	9,935246	1,25	4,39
614	Kirche, weiter gerade aus (W)	56,026797	9,933679	0,16	4,56
615	Straße nach links (S) zum See verlassen	56,025918	9,930546	0,22	4,77
616	Pfadknick nach rechts (W)	56,024394	9,931147	0,17	4,95
617	Waldweg, weiter gerade aus (SW)	56,022141	9,925311	0,44	5,39
618	Knick nach rechts (NW) zur Jugendherberge	56,020575	9,919024	0,43	5,82
619	Jugendherberge mit Freiheitsmuseum im Bunker hier zum See (W)	56,021712	9,916577	0,20	6,01
620	Strandweg rechts (NW)	56,021369	9,915762	0,06	6,08
621	Straße Dyrehaven nach rechts (O)	56,026518	9,906557	0,81	6,89
622	nach links in den Døjsøvej (N)	56,026819	9,909518	0,19	7,07
623	links der Døjsø	56,030381	9,908252	0,40	7,48
624	Döjsövej zu Ende, links auf Vroldvej (409) (SW)	56,036432	9,906793	0,68	8,15
625	Bahnüberführung, weiter auf 409 gerade aus (SW)	56,033653	9,900403	0,50	8,66
626	Mossøvej, Markierung wird wieder aufgenommen	56,031582	9,894176	0,45	9,11

Nummer:	Skanderborg-Ry.:	Breite (D):	Länge (D):	km vom Vorgänger:	km Gesamt:
701	Mossøvej, Markierung wird wieder aufgenommen	56,031582	9,894176	0,00	0,00
702	Autobahnunterführung, weiter gerade aus (NW)	56,035694	9,886236	0,67	0,67
703	Abzweigung, weiter gerade aus (NW)	56,039758	9,876924	0,73	1,41
704	Auf Vaedebrovej rechts (N)	56,042848	9,854479	1,44	2,84

Nummer:	Skanderborg-Ry.:	Breite (D):	Länge (D):	km vom Vorgänger:	km Gesamt:
705	In Alken auf Emborgvej links (W)	56,051474	9,847333	1,06	3,90
706	Abzweigung, weiter gerade aus (W)	56,051452	9,830425	1,05	4,95
707	Abzweigung, nach links zum Wald (S)	56,051173	9,820468	0,62	5,57
708	Am Waldeck nach rechts (W)	56,046238	9,819868	0,55	6,12
709	Abzweigung nach links (S)	56,050401	9,800942	1,26	7,38
710	Knick nach rechts (W)	56,049650	9,800684	0,09	7,47
711	Auf Fahrweg gerade aus (W)	56,050229	9,792831	0,49	7,96
712	Linksknick in den Süden zum See (S)	56,050057	9,789720	0,19	8,15
713	Rechtsknick am See, weiter nach Westen	56,047997	9,786952	0,29	8,44
714	Knick nach rechts (N)	56,049800	9,778626	0,55	8,99
715	Knick nach links (W)	56,051645	9,779849	0,22	9,21
716	Auf Hauptstraße nach links (W)	56,055121	9,773583	0,55	9,76
717	Aufzweigung rechts, weiter gerade aus (W)	56,055044	9,768989	0,29	10,04
718	Auf Munkevej links (SW)	56,052461	9,757147	0,79	10,83
719	Klsterruine Rø, hier links (W)	56,052825	9,749873	0,45	11,29
720	In den Lindholvej nach links (S), dann SW	56,052632	9,748521	0,09	11,37
721	Lindholmverj weiter gerade aus folgen (SW)	56,052106	9,747325	0,09	11,47
722	Hofabzweigung, leicht links halten (SW)	56,049457	9,739122	0,59	12,06
723	Abzweigung, hier gerade aus weiter (SW)	56,047504	9,731419	0,53	12,58
724	Abzweigung, nach rechts (N)	56,048384	9,719489	0,75	13,33
725	links auf Hauptstraße (Emborgvej) (W)	56,058297	9,722450	1,12	14,45
726	Brücke, weiter der Hauptstraße folgen (W)	56,059263	9,719124	0,23	14,68
727	Haupstraße verlassen rechts auf Henjaesvej (NO)	56,061258	9,716055	0,29	14,97
728	Hof, weiter gerade aus (NO)	56,065614	9,728115	0,89	15,86
729	Hofabzweigung, weiter gerade aus (O)	56,068608	9,749494	1,37	17,23
730	Abzweigung, nach links (N)	56,069884	9,758692	0,59	17,82
731	Abzweigung, weiter gerade aus (N)	56,071708	9,757404	0,22	18,04
732	Ry Mølle Sø, weiter gerade aus (N)	56,078360	9,754572	0,76	18,80

Nummer:	Skanderborg-Ry.:	Breite (D):	Länge (D):	km vom Vorgänger:	km Gesamt:
733	Hauptstraße 445, hier nach rechts (N)	56,088295	9,749787	1,14	19,94
734	Hauptstraße 445 nach links (NW) verlassen, gerade aus nach Ry	56,088767	9,750323	0,06	20,00

Nummer:	Ry-Silkeborg:	Breite (D):	Länge (D):	km vom Vorgänger:	km Gesamt:
801	Hauptstraße 445 nach links (NW) verlassen	56,088767	9,750323	0,00	0,00
802	Weg wendet sich nach Westen, weiter folgen	56,090655	9,745495	0,37	0,37
803	Abzweigung nach links, weiter geradeaus (W)	56,090003	9,732381	0,82	1,18
804	Weg schlängelt sich nach Norden, weiter folgen	56,093595	9,719489	0,89	2,08
805	Abzweigung, Hauptweg gerade aus folgen (W)	56,104023	9,713073	1,23	3,30
806	Abzweigung rechts, gerade aus weiter (W)	56,107585	9,696186	1,12	4,42
807	Abzweigung Hotel, gerade aus weiter (W)	56,109045	9,683719	0,79	5,21
808	nach rechts durch den Wald (N)	56,108336	9,671853	0,74	5,95
809	durch den Wald	56,109495	9,669857	0,18	6,13
810	am Parkplatz wird Hauptweg wieder erreicht.	56,109838	9,666703	0,20	6,33
811	auf anderen Forstweg schräg links	56,110461	9,663076	0,24	6,56
812	Forstwegabzweigung recht halten	56,109946	9,656017	0,44	7,01
813	Forstweg nach links (W) verlassen	56,111212	9,654837	0,16	7,16
814	Bergweg 1, weiter gerade aus (W)	56,111619	9,653141	0,11	7,28
815	Bergweg 2, weiter gerade aus (W)	56,111062	9,650288	0,19	7,47
816	Bergweg 3, jetzt nach Norden halten	56,110911	9,646661	0,23	7,69
817	Svejbaekvej, nach rechts verlassen (N)	56,121589	9,632414	1,48	9,17
818	Nordostecke Slåensø, weiter nach Westen	56,125044	9,626289	0,54	9,71
819	Südufer Borresø, weiter nach Westen	56,125417	9,609368	1,05	10,76
820	Uferweg Börresø, Knick nach rechts	56,124601	9,604712	0,30	11,06

Nummer:	Ry-Silkeborg: (N)	Breite (D):	Länge (D):	km vom Vorgänger:	km Gesamt:
821	Uferweg Börresø, weiter nach Westen	56,125975	9,603059	0,18	11,25
822	Abzweigung, nach rechts halten (N)	56,123121	9,591837	0,76	12,01
823	Knick nach links (S)	56,123915	9,586644	0,33	12,34
824	Paradisvejen nach rechts (W)	56,121640	9,586086	0,26	12,60
825	Paradisvejen nach rechts verlassen (N)	56,124516	9,579520	0,52	13,12
826	Waldweg weiter nach Norden folgen	56,129086	9,581409	0,52	13,64
827	Uferweg weiter folgen nach NO	56,131918	9,586194	0,43	14,07
828	Knick nach Norden	56,132841	9,593768	0,48	14,55
829	Knick nach Nordwesten	56,133720	9,594326	0,10	14,66
830	weiter nach Nordwesten	56,134944	9,591515	0,22	14,88
831	weiter nach Westen	56,136253	9,585721	0,39	15,26
832	Knick nach Nordwesten	56,137304	9,580207	0,36	15,62
833	weiter nach Norden	56,138077	9,579177	0,11	15,73
834	kurz nach Westen, dann weiter nach Norden	56,140072	9,577997	0,23	15,97
835	Uferweg, See auf der linken Seite, nach Norden	56,141102	9,576945	0,13	16,10
836	schöne Brücke nach links (W) überqueren	56,144900	9,575722	0,43	16,53
837	Weg schwenkt nach Südwesten	56,144900	9,572031	0,23	16,75
838	Weg schwenkt nach Westen	56,142948	9,568985	0,29	17,04
839	Weg schwenkt nach Norden	56,144300	9,560015	0,58	17,62
840	Zwischen zwei Seen schräg rechts (NO)	56,147239	9,559050	0,33	17,95
841	Brücke, weiter nach Nordosten	56,150951	9,563212	0,49	18,44
842	Knick nach links (N)	56,153333	9,566989	0,35	18,79
843	Campingplatz links, hier nach links (W)	56,157024	9,564693	0,43	19,22
844	Kleingartenkolonie, Markierungsende	56,157389	9,560959	0,23	19,46

Nummer:	Silkeborg bis zum Haervejen:	Breite (D):	Länge (D):	km vom Vorgänger:	km Gesamt:
901	Kleingartenkolonie, Markierungsende, weiter nach rechts (N)	56,157389	9,560959	0,00	0,00
902	Schräg rechts durch den Wald (NO)	56,159878	9,559586	0,29	0,29
903	nach links in die Åhave Allee (N)	56,160994	9,560466	0,14	0,42
904	links in den Remstrupvej (W)	56,162367	9,558234	0,21	0,63
905	schräg rechts in den Åhavevej (NW)	56,162281	9,557161	0,07	0,70
906	links in die Adler Lunds Gade (W)	56,163311	9,553320	0,26	0,96
907	rechts in die Frederiksberggade (N)	56,162839	9,551110	0,15	1,11
908	Jugendherberge, links in den Drewsenvej (W)	56,164598	9,551604	0,20	1,31
909	Silkeborg Bahnhof weiter gerade aus (W)	56,164148	9,544201	0,46	1,77
910	nach links (S) durch die Bahnunterführung	56,164298	9,535511	0,54	2,31
911	nach rechts (W) in die Dalgasgade	56,163440	9,534996	0,10	2,41
912	nach rechts (N) in die Søndre Ringvej, über die Bahn	56,162839	9,528966	0,38	2,79
913	nach links in den Herningvej (W)	56,164513	9,527764	0,20	2,99
914	Wegverlauf nach Südosten weiter folgen	56,162689	9,519954	0,52	3,51
915	Omsø Herningvej links, Herningvej weiter folgen (W)	56,156852	9,513988	0,75	4,26
916	in Funder links auf die Hauptstraße 15 (W)	56,152689	9,497080	1,14	5,40
917	Straße Funder Bake in westliche Richtung weiter folgen	56,151059	9,487274	0,63	6,04
918	Hügel, weiter gerade aus nach Westen	56,147861	9,474828	0,85	6,88
919	Haervejen (Radweg) erreicht, jetzt nach links (Süden)	56,147175	9,462190	0,79	7,67
920	auf blau markierten Wanderweg VOR der Bahn rechts (W)	56,136942	9,466806	1,17	8,84
921	Wanderweg parallel zur Bahn weiter folgen1	56,132244	9,458144	0,75	9,59
922	Wanderweg parallel zur Bahn weiter folgen2	56,132519	9,441698	1,02	10,61
923	Alter Bahnviadukt	56,134131	9,431200	0,67	11,29

Nummer:	Silkeborg bis zum Haervejen:	Breite (D):	Länge (D):	km vom Vorgänger:	km Gesamt:
924	Haervejen (Fußgänger) erreicht, weiter gerade aus (S)	56,131918	9,425304	0,44	11,73
925	Zeltplatz	56,124614	9,423600	0,82	12,55
926	HV verlässt die alte Bahnstrecke nach links (O)	56,117520	9,419982	0,82	13,37
	... HV ist gut markiert .. Keine Waypoints notwendig ...				
999	Nørre Snede Ortsrand	55,964592	9,406507	17,02	30,39